Nicole Schöfmann

Das Geheimnis von Licht und Schatten

NICOLE SCHÖFMANN

Das Geheimnis von Licht und Schatten

Die dunklen Kräfte überwinden mit indianischer Lichtarbeit

Allegria

Allegria ist ein Verlag der Ullstein Buchverlage GmbH
Herausgeber: Michael Görden

ISBN 978-3-7934-2163-4

Umschlaggestaltung: FranklDesign, München
Umschlagillustration: Mona Becker/Ateet Frankl
Gesetzt aus der Baskerville
Satz: Keller & Keller GbR
Druck und Bindearbeiten: Bercker, Kevelaer
Printed in Germany

Für das Haus Al Sabet.

Für Flower und Prinzessin.

*Für das Licht,
das wir durch Glück und Harmonie erhalten.*

Inhalt

Einleitung

Ein Rabe zog am Himmel behutsam seine Kreise. Er landete vor mir und legte seine Flügel geschmeidig an den Körper. Geduldig wie ein einfühlsamer Lehrer nickte er mir zu und legte den Kopf zur Seite. Dann hopste er in Rabenart in meine Richtung, was mich erschrecken und zurückweichen ließ. Erst in diesem Moment sah ich bewusst die Landschaft um mich herum: Steilwände, ein weites Tal vor mir und schließlich ein Plateau, auf dem wir uns befanden, getaucht in verschiedene Nuancen von Terrakotta. Ein mächtiger Fluss, der das Tal durchzog, spaltete die Landschaft vor mir auf. Es war seltsam, ich wusste, dass es nur ein Traum war – bis vor wenigen Augenblicken hatte ich noch gelesen und war dann schlafen gegangen. Ich konnte meinen Körper im Schlaf spüren, mein Geist aber stand in diesem Tal und wurde von dem Vogel aufmerksam gemustert. Sein Gefieder changierte blauschwarz in der Sonne und seine Augen glänzten wie dunkle Perlen. Um ihn nicht zu erschrecken, setzte ich mich langsam auf die Erde – sogar den Staub und die kleinen Steine konnte ich deutlich in den Händen spüren. Der Rabe, der keinerlei Angst zeigte, kam noch ein Stück näher und ließ mich dabei keinen Moment aus den Augen. Seinen Kopf hielt er immer noch ein wenig zur Seite geneigt, um mich besser fokussieren zu können. Ich streckte ihm meine rechte Hand sanft entgegen, er ignorierte sie und sprang direkt auf meinen Schoß, was mich erschrak, denn ich konnte im Traum sein Gewicht und seine Wärme deutlich spüren. Mit seinem Schnabel tippte er nach oben an mein

Herz, sah mich noch einmal eindringlich an und sprang dann wieder hinunter auf die Erde. Es folgte ein lautes Krächzen; mit einem kleinen Anlauf spreizte er seine Flügel und erhob sich wieder in die Lüfte. Ein leichtes Kitzeln in meiner Hand lenkte meine Aufmerksamkeit dorthin – er hatte eine große Feder als Geschenk zurückgelassen. Als ich aufsah, um mich bei dem Raben zu bedanken, war er fort und der Horizont und die Landschaft lösten sich auf, ich spürte wieder das warme Bett um mich herum und fiel in einen tiefen Schlaf. Am Morgen dachte ich noch an das weite Tal und den Raben, der mir begegnet war, aber schon nach wenigen Stunden hatte mich der Alltag eingeholt und die Bilder verloren an Bedeutung.

Einige Jahre später reiste ich tatsächlich in besagte Landschaft. Erst im Nachhinein begriff ich, dass mich der Rabe dorthin geführt hatte. Den Traum und die außergewöhnliche Begegnung mit dem Raben hatte ich inzwischen vollkommen vergessen. Vielmehr suchte ich den Kontakt zu einer Kultur, die meine Fähigkeiten der Tierkommunikation und Lichtarbeit durch ihr Wissen stärken und vertiefen konnte. Ich recherchierte in Bildbänden und Büchern über die verschiedenen Stämme Nordamerikas, um mir einen Überblick zu verschaffen. An einem regnerischen Nachmittag blätterte ich mich in meiner örtlichen Bibliothek durch einen vergilbten Bildband über Arizona und New Mexico, als ich auf einem kleinen Schwarz-Weiß-Foto klar abgebildet die Landschaft aus dem Traum erkannte. Die Aufnahme war älter und zudem etwas unscharf, und es dauerte einen Moment, bis ich den Zusammenhang erkannte. Auf dem Foto war deutlich der Colorado River zu sehen, der durch die mächtigen Schluchten des Gran Canyon floss und von einem Hochplateau aus fotografiert war. Alles war exakt wie in meinem Traum. Natürlich wunderte ich mich, hielt das Bild aber noch für einen netten Zufall, bis ich die Seite umblätterte und eine große schwarze Feder in der Mitte des Buches fand. Ich musste mich zurücksetzen und tief durchatmen, mir war übel und um mich herum drehte sich alles. Erst langsam kam ich zur Ruhe und konnte klar denken. Es war unmissverständlich, der Rabe hatte mir erneut ein

Zeichen gegeben. Nun konnte ich also hasenfüßig sein und alles für einen dummen Zufall halten oder meinem Raben vertrauen und seinen Hinweisen folgen. Glücklicherweise entschied ich mich für das Letztere und machte mich daran, meine Reise in die Welt der Indianer zu planen.

Ich zögerte nicht mit meiner Entscheidung. Für meine Seele war es wichtig, diesen Weg zu gehen, ich wollte die Lichtarbeit und Tierkommunikation von ihren Ursprüngen her verstehen. Mit einem Flugticket mit unbestimmtem Rückflug und einem ziemlich großen Koffer brach ich auf nach Amerika. Als das Flugzeug in Albuquerque, New Mexico, landete, bekam ich erneut ein Zeichen. Kurz nach der Landung – ich hatte die Maschine gerade verlassen und wartete auf den Bus, der mich zum Terminal bringen sollte – hüpfte ein aufdringlicher Rabe einige Meter von mir entfernt auf und ab. Ich nahm Kontakt mit dem Tier auf. Der Rabe sagte, dass er mein Krafttier sei und mich von nun an begleiten würde. Dann flatterte er davon, seine Präsenz aber konnte ich von diesem Augenblick an in meinem Energiefeld spüren. Zum Glück war da John, ein alter Bekannter aus einem buddhistischen Meditationscamp, der mich vom Flughafen abholte. Er ist halb Amerikaner, halb Cherokee, und hat Freunde im Navaho-Reservat, zu denen er mich in dem alten Pick-up chauffierte. Dort sollte ich erst einmal einige Wochen leben und meinen Westgeist entgiften, wie er es nannte. Er hatte mich vor meiner Ankunft bei seinen Freunden im Navaho-Reservat angekündigt und sich durch seinen Einfluss für mich um Lehrer aus dem Stamm der Navahos bemüht.

Die letzten Stunden hatte ich damit verbracht, aus dem staubigen Fenster des Wagens zu sehen. Ich dachte über die Menschen nach, die mir begegnen würden, und unweigerlich hatte ich die Bilder von Winnetou aus meiner Kindheit vor Augen. Als Kind hatten mich die Gerechtigkeit und das Ehrgefühl fasziniert, die diese Figur ausstrahlte und sie über alle anderen Figuren des Buches zu erheben schienen. Ich verscheuchte die Gedanken in dem Bewusstsein, dass mir bei meiner Ankunft bestimmt kein Winnetou entgegenreiten würde. Diese Gedanken begleiteten mich, als wir rechts in einen unbeschilderten Weg abbogen und langsamer weiterfuhren.

Natürlich hatte ich mich vorher ausgiebig über die Navaho-Indianer informiert. Die Vorfahren der Navahos, die sich selbst Diné nennen, waren aus dem Nahen Osten nach Tibet gekommen und hatten sich mit dem indischen Volk vermischt, bevor sie nach Kanada und Alaska wanderten. Vor über 1000 Jahren zogen sie dann aus dem Nordwesten Kanadas und Alaskas in ihren heutigen Lebensraum. John erklärte mir, dass ihr Glaube monotheistisch ist und die vielen Götter, die sich in der Natur widerspiegeln, im Grunde einen Ursprung, den Großen Geist, haben. Auf der Fahrt erfuhr ich weiter, dass die Diné, die Erdenwanderer, wie sie sich nannten, mittlerweile zu den wohlhabendsten Stämmen gehörten. Diese Tatsache beruht auf ihren besonderen handwerklichen Fähigkeiten, mit denen sie sich in der Schmuckproduktion und in der kunstvollen Herstellung von Sandbildern unter den Stämmen Nordamerikas einen Namen gemacht haben. Außerdem gehören zu den Diné-Reservaten touristisch erschlossene Sehenswürdigkeiten wie das Gebiet um den Gran Canyon und das Monument Valley. Zumindest in diesem Augenblick fühlte ich mich noch wie ein Tourist. Der Wagen bog noch einmal scharf nach links und kam dann mit einem sterbenden Knattern endgültig zum Stehen. Mittlerweile war es dunkel geworden und außer den Scheinwerfern, die ein surreales Licht in unsere Umgebung warfen, konnte ich schwer etwas erkennen. Als sich meine Augen an die Dunkelheit gewöhnt hatten, nahm ich einige schwache Lichter in einer Art Trailerpark wahr. Einzelne Türen wurden geöffnet und dadurch wurde es etwas heller. Ein Mann kam auf uns zu und begrüßte uns herzlich. Als er näher ins Licht trat, konnte ich sein Gesicht deutlicher sehen. Marvin hatte ein offenes Gesicht mit großen mandelförmigen Augen. Sein Haar war schulterlang und zu einem Zopf gebunden. Er trug Jeans und T-Shirt – die moderne Tracht der Indianer – und führte mich zu meinem Wohnwagen, der bescheidensten Luxus versprach. Ich rätselte, wie alt Marvin war, er konnte Ende 30, aber auch Ende 50 sein, ein schwer zu definierendes Alter – ein Phänomen, das mir während meines Aufenthaltes noch oft begegnen sollte. John, der uns begleitete, rügte mich später für mein offensichtliches Starren. Indianer, so erklärte er mir, hielten dies für äußerst unhöflich.

Einige Zeit später setzten wir uns um ein kleines offenes Feuer und Marvins Frau Elena nahm meine Hände. Aus einem kleinen Beutel holte sie ein Kraut, brach es und setzte damit ätherische Öle frei. Dann rieb sie meine Handflächen und meinen Puls damit ein. Sekunden später fühlte ich eine starke Wärme und Entspannung von den Handflächen aus in den Körper fließen. Mein Jetlag verschwand wie durch Zauberhand und als ich mich umsah, war es, als ob eine Reihe von Lichtwesen um das Feuer herum Wache hielten. Ohne die Erfahrung zu bewerten, ging ich schlafen und ließ John mit dem Paar alleine.

Die Vorfahren der Diné, die durch lange Wanderungen immer wieder das Wissen und Handwerk anderer Stämme und Völker angenommen haben, hatten sich der rauen Landschaft angepasst. Im Gegensatz zu mir – wie es nach dieser ersten kühlen Nacht im Wohnwagen schien – waren die Diné unter den nordamerikanischen Stämmen der wohl anpassungsfähigste und, was ihre Spiritualität betrifft, klarste Stamm.

Am nächsten Morgen hielten alle bis auf mich Tonbecher in den Händen. Da die Diné Tongefäße ohne Glasur nutzen, die dementsprechend empfindlich auf Kosmetik aller Art reagieren, bekam ich meinen Frühstückskaffee in einem Blechbecher, während Marvin, Elena und John grinsend aus Tonbechern tranken. Durchgefroren wie ich war, sah ich mich jetzt zum ersten Mal um. In einer flachen Landschaft parkten eine Reihe von einfachen Wohnwagen, die wohl Mitte der 60er-Jahre gebaut worden waren. Links von uns waren drei rituelle Bauten, Hogans, die, streng geometrisch angelegt wie überdimensionierte Waben, ein amüsantes Gegengewicht zu den stählernen Behausungen setzten. Vor dem äußersten Hogan, der in unsere Richtung zeigte, saß eine kleine, runde Diné-Frau in einem karierten Männerhemd. Aufrecht an die Wand gelehnt, schien sie zu schlafen. Marvin, der meinem Blick folgte und erstaunlich gutes Amerikanisch sprach, meinte, sie würde die Visionen für den Tag lesen. Als ob er meinen Gedanken gehört hatte, erklärte er weiter, dass traditionelle Kleidung entweder für Touristen oder zu Ritualzwecken getragen wird, nicht jedoch im Alltag. Außerdem, so fügte er hinzu, hätten die Diné sehr unspektakuläre Kleidung aus Leder und Stoff, mit relativ wenig Schmuck und ohne Federn getragen, da jeder Prunk verboten ist, nur der Eitelkeit dient und somit negative Energien anzieht. Meine Tracht hingegen wäre viel traditioneller als seine. Ich trug einen hellblauen Jogginganzug und Turnschuhe und kam zu dem Schluss, dass Marvin unerwartet viel Humor besaß.

An diesem ersten Tag lernte ich viel über das Lichtverständnis im Alltag der Indianer. Marvin erklärte mir, dass überliefertes Heiliges Wissen in der Herstellung von Töpferwaren, Kleidung und geflochtenen Körben und in den Alltagsgegenständen Ausdruck findet. Sein Stamm lebt nach wie vor mit einem besonderen Bewusstsein für das tägliche Leben, denn jeder Gegenstand, jedes Kleidungsstück war und ist mit einer besonderen Energie versehen. Nichts wird dem Zufall überlassen oder ist ohne energetische Bedeutung. Von anderen Stämmen wie den Pueblo oder den Hopi lernten und perfektionierten die Diné das Flechten von Körben und die Herstellung von Silberschmuck. Marvin erklärte mir an jenem Tag, dass seelisches Wachstum durch Lernen und Erfahrung des Alltags und die daraus resultierende Selbsterkenntnis stattfindet. Vervollkommnung ist im Glauben der Indianer ein Fundament von Spiritualität und Lichtarbeit. Durch eine meditative Arbeitshaltung hat der Mensch Träume, Ideen und Visionen, deren Energien dann über die Gegenstände und den Arbeitsablauf in das Tagesbewusstsein einfließen. Diese Visionen finden unter anderem als Malereien auf den Gegenständen Ausdruck und auch Marvins Tonbecher von diesem Morgen war mit solchen Malereien geschmückt.

Die kommenden sechs Monate verbrachte ich nun im Stamm der Diné-Indianer in New Mexico und Arizona. Jeden Morgen erwachte ich in einer atemberaubenden Landschaft, in der jeder Felsen von einem Göttlichen Architekten gemeißelt scheint; mit jedem Sonnenaufgang wurde ich ruhiger und mein Geist klärte sich. Mehr und mehr erkannte ich Gott in jedem Stein und jeder Pflanze, in jedem Tier um mich herum. Ich hatte nicht mehr das Gefühl, das Außen zu beobachten, vielmehr wurde ich ein Teil allen Lebens. An manchen Tagen spürte ich keine Trennung zwischen mir und meiner Umwelt. Es war, als würde ein Herzschlag alles Leben erhalten und miteinander verbinden, und ich konnte dieses Herz in mir spüren.

Als diese Gefühle immer stärker wurden, stellte mich Marv, wie ich ihn liebevoll nannte, meinen beiden Diné-Lehrern vor. Sie sollten mich von nun an leiten und führen. Auf die spezielle Bitte meiner Lehrer möchte ich ihren Wunsch respektieren und nenne Namen im folgenden Buch nicht. Ich zog also in die Siedlung meiner Lehrer um. Marvin und seine Frau, auch John begleiteten mich jedoch zu vielen Gelegenheiten, einfach um mich wiederzusehen.

Ich lernte von nun an, dass Lichtarbeit völlig anders sein konnte, als mir bisher bekannt war. Ich hatte mich bereits sehr früh über die Tierkommunikation der Lichtarbeit zugewandt. Die Aura von Tieren und Menschen, auch Engel und sonstige Energiewesen konnte ich seit meiner Kindheit sehen, ich konnte mit diesen Wesen sprechen, aber der Sinn dieser Fähigkeit war mir nicht klar. Auf der Suche nach Zusammenhängen hatte ich mich der Lichtarbeit zugewandt. In Deutschland gab es zu jener Zeit wenig Literatur zu diesen Themen. Ich reiste viel in andere Länder und kam auf diese Weise mit den ersten Büchern zum Thema Lichtarbeit in Kontakt. Wie sich herausstellen sollte, waren die Ursprünge der Lichtarbeit und Tierkommunikation in anderen Kulturen tief verankert und wichtige Bestandteile von deren Lichtwissen.

Durch das Wissen und die Liebe, die mir von meinen Diné-Lehrern zuteil wurde, möchte ich Ihnen, meinen Lesern, helfen, Ihre Verbindung zum Licht mit wirksamen Techniken zu heilen und das Licht uneingeschränkt durch Ihre Existenz fließen zu lassen. Sie erhalten einen wundervollen und authentischen Weg der Lichtarbeit, der die Grundlagen der indianischen Lichtarbeit und Spiritualität praktikabel und zeitgemäß zugänglich macht. Jedes Kapitel ist voneinander unabhängig lesbar, sodass Sie sich von Ihrer Intuition durch die Themen führen lassen können. Ich wünsche Ihnen viele Einsichten und segensreiche Momente auf dieser Reise in das Licht.

1

Zum Ursprung des Lichts

Lichtarbeit ist ein Teil der kulturellen Entwicklung eines Volkes. Die Hüter des Lichts, die ursprünglichen Lichtarbeiter, finden sich in Nordamerika, im Nahen Osten und in Teilen Asiens. Ich lernte, dass nicht nur indianische Stämme Hüter des Lichts auf Erden waren, sondern auch Mönche in tibetischen Klöstern, Zarathustraner im Iran und Sufis im Hindukusch-Gebirge in Pakistan. Meine Lehrer erklärten mir, dass alle Menschen, die angstfrei und mit einer klaren Anbindung an einen Gott leben, als Lichtarbeiter zu bezeichnen sind. Mit dem jahrtausendealten überlieferten Bewusstsein für das Licht und die daraus je nach Kultur unterschiedliche Lichtarbeit wird das Licht auf unserer Erde erhalten.

Diese Lichtarbeit mit ihrem Wissen und ihren Techniken findet wenig Übertragung in den Westen und seine moderne Spiritualität. Im Westen wird vielfach aus Unkenntnis über das alte Wissen »neues« Wissen erfunden und als Lichtarbeit deklariert. Aufstiegstechniken, die höchstens zwanzig Jahre alt sind und als ihre Quellen Channelings benennen, sollen den »Göttlichen Funken« im Menschen berühren und möglichst schnell erwecken. Mein indianischer

Lehrer hat mich gelehrt, dass dieser Göttliche Funke von Reinkarnation zu Reinkarnation unberührt im Menschen ruht, bis er schließlich durch Erkenntnis erweckt und der Mensch bewusst wird. Bewusstsein ist ein Zustand, der durch geistige Klarheit, Angstfreiheit und tiefe Liebe für das Licht getragen wird. In der indianischen wie allen anderen alten Lichtkulturen ist nie von Techniken, die sich als spirituelle Handlungen verstehen, die Rede. Es geht nicht darum, das Licht im Menschen schneller zu entwickeln, denn aus diesem Wunsch heraus haben Meditationen und Gebete nur kosmetische Wirkung und berühren den Göttlichen Funken nicht. Diese wirken durch Fantasie und Vorstellungskraft auf die Wahrnehmung des Menschen und belassen ihn in einer oberflächlichen Lichtverbindung.

Der Göttliche Funke, der jeden Einzelnen von uns aus der unbewussten Welt erlöst, kann nur mit den Techniken, dem Wissen und überlieferten Licht jener Lichthüter eröffnet werden, die nie in einen unbewussten Zustand, in einen Verlust des Lichts gegangen sind. Viele von ihnen haben das Heilige Wissen um das Licht innerhalb eines Stammes oder einer Familie von Generation zu Generation weitergegeben, den Augenblick herbeisehnend, in dem die Menschheit für dieses Wissen bereit wird. Die Seele öffnet sich im indianischen Glauben für das Licht, wenn sie beginnt, Leiden abzulehnen. Es bleibt jedem Menschen selbst überlassen, in welchem Augenblick er sich wirklich für das Licht entscheidet und seine Suche beginnt.

Auf der Suche nach dem Licht sollten wir uns an die Menschen wenden, die die Lichtarbeit »erfunden« haben. Nur wenige spirituelle Lehrer wagen es, das alte Wissen mit den neuen Techniken zu verbinden und eine sinnvolle Form der Lichtarbeit anzubieten. Ein Grund hierfür mag sein, dass diese Lichtarbeit mit tiefen Prozessen und einer Auseinandersetzung mit dem eigenen Menschsein einhergeht, die keinen Raum für das Ego lassen, was dem Wunsch einer »erlebnisorientierten« Esoterik widerspricht. Für meine Diné-Lehrer war es nie wichtig, dass ich möglichst schnell hellsichtiger werde oder stärkere Heilkräfte bekomme, auch gilt das Erfahren der eigenen Lebensaufgabe in der wahren Lichtarbeit nicht als erstrebenswertes Ziel. Ich habe vielmehr eine Anleitung bekommen, das Licht in mir wahrhaftig zu entwickeln und zu verstärken. Lichtarbeit bedeutet, das Bewusstsein für Gott im Menschen zu erwecken und mit dieser »Göttlichen« Menschlichkeit, die frei von Begierden und Missgunst ist, Liebe und positive Aktion in die Umwelt einzubringen. Im Denken der Indianer beginnt die eigentliche Lichtarbeit damit, dieses Lichtbewusstsein im Alltag zu erhalten. Zu Beginn hebt das Licht, das jetzt im Menschen heranwächst, seine dunklen Seiten hervor und zwingt ihn, sich zu konfrontieren. Unbewusste Ängste und Schwächen können nun mithilfe der Lichtarbeit geheilt werden; der bewusste Kontakt mit dem eigenen Licht, mit Gott, beginnt.

Zu Beginn der Lichtarbeit steht der Wunsch, die eigene Angst zu heilen

Trotz einiger Widerstände erkannte ich auf meiner Reise in dem Wunsch nach einer tieferen Verbindung zu den Tieren bald meinen Wunsch, Gott zu spüren. Zu Beginn meines Aufenthalts bei den Diné hatte ich meine Lehrer immer wieder darauf aufmerksam gemacht, dass ich doch ausschließlich wegen der Tiere diese weite Reise auf mich genommen hatte und ihnen damit helfen wollte. In der Tat waren mir mein ganzes Leben lang immer wieder Tiere als Führer und Herzöffner erschienen. Nun lernte ich, dass es um meine Verbindung zu Gott ging und dass ich zu Beginn meiner spirituellen Entwicklung nur den Zugang über die Tiere zugelassen hatte. Gott hatte sehr viel mit mir zu tun, er machte mich durch die Tiere auf sich aufmerksam.

Als mein Lehrer mir bei unserem Kennenlernen mitteilte, dass es jetzt um das Spüren von Gott ginge, schnürte sich mir die Kehle zu. Wäre ein Wildpferd in greifbarer Nähe gewesen, wäre ich sicher auf seinen Rücken gesprungen und davongaloppiert. Stattdessen teilte ich diesen Moment leichter Panik mit einigen Schmetterlingen und Mücken, die mir nicht zur Flucht verhelfen konnten. Das »Spüren« erforderte tiefe Leidenschaft, Mut und Hingabe, und mit der Zeit realisierte ich, dass meine kultivierten westlichen Ängste mein größtes Hindernis darstellten. Ich hatte Angst vor einer anderen Weltanschauung, vor einem anderen Verständnis von Licht, als es mir bisher bekannt war, und davor, vielleicht mehr zu erfahren, als mein Verstand begreifen konnte.

Auf Seminaren, Workshops und Esoterikmessen waren mir immer wieder eher dubiose Menschen begegnet, die sich als Lichtarbeiter bezeichnet hatten. Die traurige Wahrheit war, dass ich bei vielen von ihnen beim besten Willen weder Licht noch eine positive, angstfreie und mitfühlende Lebenseinstellung mit entsprechendem Handeln sehen konnte. Die Diné sagen, dass »Licht sein« vor allem bedeutet, ein gütiger und großzügiger Mensch zu sein und diese Eigenschaften in die Tat umzusetzen. Sie sagen, dass die wahre Lichtarbeit uns hilft, gleich einer Raupe eine verbrauchte Hülle abzulegen und als Schmetterling das Licht auf unseren Flügeln wieder einzufangen.

Lichtarbeiter zu sein bedeutet, in allen Bereichen des menschlichen Lebens einen geheilten, mit Gott verbundenen Zustand anzustreben. Lichtarbeit sollte die Kraft haben, uns die Schönheit und Perfektion des Lichts in unserer spirituellen Praxis und im Alltag zugänglich zu machen. Das Göttliche im Menschen wird durch sie erhoben und sichtbar gemacht. Licht in seiner ältesten und reinsten Form bedeutet nichts anderes als Gott. Dieser Gott, für den es unwichtig ist, welchen Namen wir ihm geben, macht sich im Laufe unserer seelischen Entwicklung über viele Leben hinweg immer stärker bemerkbar. Sie begegnen ihm auf der Suche nach Ihrem Lebenssinn, in den Augen eines liebevollen Menschen, oder Sie durchleben eine Krankheit und beginnen auf der Suche nach deren Ursache Ihre Spiritualität zu überdenken. Am Anfang jeglicher Entwicklung steht sicherlich, dass Menschen nach ihrer Verbindung zu Gott suchen, um ihre Lebensumstände zu verbessern, Krankheiten zu heilen und »Lichter« zu werden. Für jeden Menschen, dessen Gefühle und Gedanken wachsen, ist es jedoch an der Zeit, das eigene Licht zu erfahren und weiterzuentwickeln. Er beginnt den bewussten Weg der Lichtarbeit. Ich habe schnell gelernt, dass die indianische Lichtarbeit weit weg ist von esoterischer Wunschvorstellung und westlicher Spiritualität. Sie hat mich einen klaren Lebensweg, heilende Techniken und ein Unterscheiden zwischen wahrer Lichtarbeit oder in Licht verkleideter »Schattenarbeit« gelehrt. Die Notwendigkeit der inneren Ruhe, auf der sich das Licht aufbaut, spürte ich in der kargen Wüstenlandschaft unter der unnachgiebigen Sonne und der nachts teils eisigen Kälte. Sie lehrte mich, dass innere Ruhe bedeutet, sich in jedem Augenblick des Lebens in der absoluten Gegenwart zu befinden.

Gegenwart im Licht

Die Indianer glauben, dass es nicht das Ziel eines Menschen ist, irgendwo »anzukommen«, er sollte in sich »selbst« ruhen, zufrieden mit seinem Platz im Leben. Ich spürte schnell, dass dieses Bewusstsein nötig war, um in der Wüste und der gewaltig schönen Landschaft Nordamerikas und Kanadas nicht verrückt zu werden. Denn das ungereinigte Bewusstsein schlägt dort sonst nach einigen Tagen durch Halluzinationen Purzelbäume. Ich musste lernen, meinem innersten Göttlichen Licht zu vertrauen und sehr genau auf diesen Impuls zu hören. Die Sprache der Seele zu verstehen war der einzige Schutz, um nicht an der gewaltigen Energie zu zerbrechen, die zu Beginn im menschlichen Körper entfacht wurde. In der Stille wird das Ego unendlich laut und schreit mittels alter Bilder, Ängste und Hilflosigkeit nach Aufmerksamkeit. Die Lichtarbeit in meiner spirituellen Zukunft zeigte sich dort als ein Lehrweg für die spirituelle Vergangenheit der Erde. Das Reservat war der Ort, an dem ich die Suche danach begann.

Die erste Meditation mit meinen neuen Lehrern fand in einer sternenklaren Nacht unter offenem Himmel statt. Durch die Abwesenheit von elektrischem Licht hatte ich langsam gelernt, meinem Herzen, meinem Spüren mehr zu vertrauen als meinen Augen. Die Augen, auch das Dritte Auge, reinigen sich im Prozess der Bewusstwerdung und reflektieren viele innere Konflikte und ungelöste Themen in Form von Bildern. Meine Lehrer forderten von mir, diesen

Bildern nicht mehr zu folgen, sondern nur noch zu spüren. Zu Beginn der Meditation waren meine Lehrer und ihre Frauen und Kinder um mich, aber als einer der beiden damit begann, mich mit einer Räucherung, die in einer großen Muschel brannte, und mithilfe einer Feder abzuräuchern, verließen die anderen Teilnehmer nach und nach die Feuerstelle.

Ich hatte keine Ahnung, welche Stoffe verbrannt wurden; es war ein leicht süßlicher Geruch, der etwas Betäubendes an sich hatte. Mir wurde sehr warm und mein Körper entspannte sich tief. Meine einzige Anweisung lautete, die Augen nicht zu schließen, egal was passieren würde, egal wie müde ich war. Nach einer Weile war ich alleine vor dem Feuer. Das Bedürfnis, die Augen zuzumachen und mich vor der Dunkelheit der Nacht zu verstecken, war groß, aber ich wehrte mich mit jedem Atemzug und wandte den Blick in das flackernde Feuer. Je mehr ich entspannte, desto heller wurde es. Mit einem Mal war ein Gedanke in mir, der immer klarer zu werden schien. Ich wusste, dass ich nicht vor dem Feuer saß, ich wusste, dass ich neben dem Feuer stand, mit den anderen mitgegangen war und gleichzeitig an vielen Orten war, von denen ich nun Bilder empfing. Ich nahm mich in anderen Dimensionen wahr, die sich hier in diesem Moment vor dem Feuer zeigten, und konnte mich dort spüren und beobachten. Auf einmal wurde mir bewusst, dass es kein Ankommen gab, es gab nichts, wonach ich mich sehnte, und nichts, was ich erreichen wollte. Ich konnte keinen Druck, keine innere Spannung und Unklarheit mehr in mir spüren. Mein Geist war vollkommen ruhig. Ich schreckte auf, als mich eine Hand, die glühend heiß zu sein schien, auf der Stirn berührte. Im nächsten Augenblick wurde ich sehr müde und obwohl ich es nicht wollte, schlief ich ein.

Als ich erwachte, lag ich mit mehreren Wolldecken zugedeckt neben dem immer noch sanft brennenden Feuer. Es war bereits hell und ich konnte ein leises Stimmengewirr wahrnehmen. Als ich mich aufsetzte, erkannte ich die Familie meiner Lehrer um mich herum, sie aßen Sandwichs und tranken den obligatorischen schwarzen Kaffee. Wie man mir erklärte, war ich jetzt in der Gegenwart angelangt, denn ich hatte gelernt, den Druck, irgendwo anzukommen, loszulassen. Ich konnte nun mit den Worten meiner Lehrer sehen.

2

Die Schönheit der Lichtarbeit

Als wichtigste Voraussetzung für die Begegnung mit dem Licht nennen die Diné die wahrhaftige Suche danach. Durch diese Suche erwecken wir einen Göttlichen Impuls in uns, der wie ein sanftes und beständiges Licht durch unsere sozialen Masken hindurchleuchtet und mit der Quelle des Lichts, Gott, Kontakt aufnimmt. Diese Verbindung ist als Liebe, physische Kraft, Ruhe und Zufriedenheit deutlich spürbar. Zudem ist materielles Wohlergehen ein weiterer Ausdruck dieser Energie. Licht in jeder Form öffnet für alles Positive im Leben eines Wesens und zieht es auch von außen an. Gerade im täglichen Leben, in dem sich die Lichtarbeit bewähren muss, scheitert diese nach den bekannten Techniken häufig. Die Gründe sind einfach: Wenn das durch die Lichtarbeit visualisierte Licht kein reales Licht ist, nur imaginiertes, kann es sich nicht mit der Seele eines Menschen verbinden und den Göttlichen Impuls erwecken. Die Ängste und Widerstände im Alltag verändern sich mit diesem Licht nicht nachhaltig, sie bekommen nur ein neues Gewand. Nach meiner Zeit bei den Diné habe ich mich oft gefragt, wie alte und wahrhaftige Lichtarbeit in Vergessenheit geraten konnte und was Menschen dazu veranlasst hat, neue Systeme zu konstruieren. Um diese Entwicklung zu verstehen, müssen wir uns mit dem Weg des Lichts auf der Erde befassen und nachvollziehen, warum so wenig von dem alten Lichtwissen nach Europa kam.

Während Europa in seiner spirituellen Entwicklung noch in tiefstem Dornröschenschlaf lag, entwickelten andere Kulturen Glaubenssysteme, die das Licht über mehrere Stufen der Bewusstwerdung und eigenen Entwicklung für jeden Menschen zugänglich machten. Die Kulturen, in denen sich zuerst konkrete Formen der Lichtarbeit entwickelten, finden sich im Nahen Osten und Indien. In den Ländern von Sumer, Assyrien, Mesopotamien, zwischen Euphrat und Tigris und in Indien entwickelten sich durch konkrete Kontakte mit dem Licht und Engeln die ersten Lichtkulturen. Unter dem Einfluss der Brahmanen, der indischen Priesterkaste, entstand der Glaube an eine Quelle des Lichts, an einen Gott. Dieser Glaube verteilte sich durch Völkerwanderungen weiter nach Nord-, Mittel- und Südamerika.

Die Lichtarbeit der genannten Kulturen basiert in ihren Ursprüngen auf dem Glauben an einen Gott. Diese Erkenntnis ermöglichte es den Priestern und Schamanen, den Kontakt in die »Traumzeit«, d. h. in die höheren Schöpfungsdimensionen aufzubauen und mit Engeln und Lichtwesen in direkten Kontakt zu treten. Durch diesen bewussten Kontakt erhielten die Menschen von den Göttlichen Helfern gewissermaßen spirituelle Entwicklungshilfe in Form von Ritualen, empfangenen Schriften und Lebensregeln, den Geboten und Verboten, die die Menschen vor einem Verlust des Lichtbewusstseins bewahren sollten. (Eine Ausnahme bilden Aborigines, die sich mit ihrer Kultur vor vierzig- bis fünfzigtausend Jahren fast eigenständig und ohne Bildung einer Hochkultur entwickelten.)

Vor dem Anerkennen einer Schöpfungsquelle lebten die Menschen im Paläolithikum, in der Traumzeit der Menschheit (etwa 8000 v. Chr.). Die Diné unterteilen die anderen Schöpfungsebenen in höhere Welten oder Dimensionen. Das Bewusstsein der Menschheit liegt in ihrem Glauben in der vierten Welt und war im Paläolithikum noch nicht in die manifestierte Welt eingebracht worden.

Zu diesem Zeitpunkt waren die Menschen in der fünften Welt, unserer Existenzebene, noch mit dem Kampf um das tägliche Überleben beschäftigt. Auf diese frühen Menschen wirkten bereits die Energien der anderen Welten, der Natur und der Elemente und alle damit verbundenen sichtbaren und unsichtbaren Energien. Eine konkrete Bewusstwerdung erfolgte gemäß der Diné, als die Wesen der vierten Welt in die fünfte Welt kamen und die Menschen beseelten. Diese Beseelung beinhaltet ein konkretes Verständnis für die eigene Seele und deren Ursprung in Gott. Da die Wesen der vierten Welt von sehr viel Licht umgeben waren, sahen die Menschen die Sonne als ein Symbol für das Licht, für Gott, an. Tageslicht und wärmendes Feuer sind auch heute ein wichtiger Ausdruck der positiven Kräfte und verkörpern das Göttliche.

Für meine Diné-Lehrer befindet sich selbst in unserer Zeit der bewusste Seelenanteil vieler Menschen in der Traumzeit. Er wartet in der vierten Welt darauf, dass sich das Bewusstsein des inkarnierten Menschen genügend entwickelt, um mit ihm in Kontakt treten zu können. Dies setzt voraus, dass man sein Dasein nicht mehr aus der materiellen Welt heraus wahrnimmt, sondern Göttliche Liebe in sich spürt und diese weitergeben möchte. Tritt diese Bewusstwerdung nicht ein, empfindet man seine Tage als vergänglich und dementsprechend hektisch oder emotional ungeordnet werden sie verlebt. Der Göttliche Funke steht dann nicht mit der Traumzeit und anderen höheren Dimensionen in Verbindung. Für die Diné ist Angst das Ergebnis dieser Lebensführung. Der Mensch hat kein Gefühl für den tieferen Rhythmus der Schöpfung, stattdessen regeln in seinem Leben Ängste das subjektive Empfinden von Licht und Gott. Ich habe bei den Diné gelernt, dass das Erkennen von Licht als Ausdruck des Guten eigene, höhere Fähigkeiten freisetzt. Wenn ich mit Seminarteilnehmern über höhere oder erweiterte Fähigkeiten spreche, denken viele Zuhörer sofort an Hellsichtigkeit und an die Fähigkeit, mit Lichtwesen zu kommunizieren. Im Prinzip ist das ein richtiger Gedanke, jedoch gehören diese Fähigkeiten bei den Indianern gleichermaßen zur Entwicklung wie die Kunst, zu weben, zu töpfern, gezielt Vorräte anzulegen und Ritualplätze zu errichten.

Sogenannte höhere Fähigkeiten entwickeln sich nie, ohne einen Menschen im Ganzen zu verändern. Sie wuchsen in der Entwicklung der Menschheit gleichsam mit den sozialen Strukturen. Die ermöglichten es, das Göttliche in jedem Lebewesen zu erkennen und zu achten. Ganze Kulturen wurden durch den Kontakt mit dem Licht geformt und der Zugang zu Gott wurde von den späteren Priestern der Kultur jeweils individuell interpretiert. Die Aufgabe der Diné-Priester war es, genau wie in allen anderen Lichtkulturen, mithilfe der Lichtarbeit das Licht zu erhalten. Das sensible Gleichgewicht mit der Natur und all ihren Wesen musste erhalten bleiben, um nichts von dem neuen Bewusstsein um das Licht zu verlieren oder abzutrennen. In vielen Kulturen wie z. B. der Urform des Brahmanismus wurden die Teilenergien eines Gottes – also die Götter – zu einem Gott zusammengefügt und der Monotheismus entstand.

Harmonie in jeder Hinsicht ist die Grundlage für die Einheit mit Gott. Sie erhält das Licht, das seinen Ursprung in der Traumzeit hat. Für die Diné sind die Kräfte, die zum Erhalt dieser Einheit harmonisiert werden müssen, in männliche und weibliche Aspekte unterteilt. Ich habe bei meinen Lehrern sowie anderen Indianern immer einen starken Ausgleich zwischen männlichen und weiblichen Anteilen gespürt. Da die Diné das westliche Schema von männlich und weiblich als »stark« und »schwach« nicht kennen, wird keine Kraft, kein Geschlecht bevorzugt. Als westliche Menschen sind wir daran gewöhnt, in einer patriarchalischen Denkweise zu leben. Die weibliche Seite wird vielfach im Mann unterdrückt und es fällt schwer, diese Qualitäten zu entwickeln. Diese Kräfte würden sich dabei stärker mit der Natur verbinden. Ein Ausgleich der beiden Seiten ermöglicht es, höhere und stabilere Energien aufzubauen und diese als gebündelte Kraft in die Einheit mit Gott zu bringen. In der indianischen Gesellschaft werden die weiblichen Aspekte wie Fruchtbarkeit, Mitgefühl und Fürsorge von den männlichen Kräften der Konzentration, der inneren Ruhe und Stabilität gestützt und erhalten.

Die wahre Lichtarbeit verlangt von einem Menschen, seine Kräfte in etwas Höheres, Lichteres umzuwandeln, und den Mut, Gott zu begegnen. Der Zustand der Einheit mit Gott wird in der Sprache der Diné »Hozho« (sprich: hoso) genannt. In der Bedeutung des Wortes liegt das Verlangen, das innere Licht nicht mehr durch Krankheit oder psychische Instabilität zu beeinträchtigen. Hozho ist innerer Friede, der sich in der Gesundheit von Körper und Geist ausdrückt. Hozho steht im Alltag der Diné für den aktiven Gebrauch von zwei grundlegenden Fähigkeiten in der Lichtarbeit, dem Denken und der Kommunikation. Die Indianer sagen, dass wir angehalten sind, über das Licht in und um uns nachzudenken. Die Kommunikation steht für das Hinterfragen dieser Gedanken und die Auseinandersetzung mit Gott als spiritueller Praxis.

3

Spirituelle Praxis

Der Wunsch nach spiritueller Praxis wurde von meinen Lehrern oft überraschend und ohne Vorwarnung beantwortet. An einem Sonnenaufgang brachte mich einer von ihnen zu Big Mountain, einem der Heiligen Berge. Entlang des Felsens gingen wir einen schmalen Pfad hinauf, der abrupt in etwa 200 Metern Höhe vor einer in den Stein geschlagenen Höhle endete. Mit einem Handbesen aus Maisblättern fegte er den Vorplatz und das Innere der Höhle aus, die nicht mehr als zwei Meter im Durchmesser hatte. Wir schlugen das Zentrum der Höhle mit alten Wolldecken aus. Auf den bunten Figuren und kunstvollen Mustern ließen wir uns nieder und mein Lehrer, in der Tradition der Diné ein »Sänger« (Priester), begann mit Heiligen Gesängen und begleitete diese mit Räucherungen. Meine Aufgabe war es, die Augen offen zu halten und still zu sitzen, einfach nur zu atmen. Ungefähr eine Viertelstunde später fühlte ich mich etwas benommen von der hohen Energie, die sich in der Höhle aufgebaut hatte. Ich spürte am ganzen Körper ein starkes Pulsieren, vergleichbar mit leichten Stromschlägen, die bitzelten und sich bewegten.

Mein Lehrer warf nun verschiedene Kräuter auf die heißen Steine, die am Ausgang der Höhle neben einer kleinen Feuerstelle glühten. Mit einem Mal konnte ich ein strahlendes Licht um seinen Körper sehen, er war vollständig darin eingetaucht und es schien um ihn herum zu funkeln und ständig in Bewegung zu sein. Das Strahlen umfasste etwa einen halben Meter im Durchmesser und als ich versuchte, näher hinzusehen, konnte ich geometrische Formen und Verbindungen wahrnehmen. Ich blickte an meinem Körper hinab; auch er schien in goldenes Licht getaucht und voller Bewegungen und Geometrien. Ich konnte jedes Chakra spüren und die Rotation und Eigenbewegung, die ihm innewohnt. Ich bewegte meine Arme und sah auf meine Hände, die auch zu einer Kontur aus Licht geworden waren.

Im Hintergrund hörte ich, wie die Gesänge meines Lehrers weicher und langsamer zu werden schienen. Das Licht, das vorher klar und deutlich um uns war, strömte langsam aus und der Felsen um uns herum schien es aufzunehmen. Allmählich wurde alles wieder normal, wenn auch nicht vollständig, denn ein schwaches Vibrieren konnte ich immer noch in der Höhle wahrnehmen.

Als mein Lehrer nach einer Weile zur Ruhe gekommen war, teilte er mir mit, dass ich meinen Lichtkörper gesehen hätte. Als ich das Gefühl hatte, dass die Energie völlig weg war, forderte mein Lehrer mich auf, noch einmal tief zu atmen und ihn anzusehen. Nachdem ich ausgeatmet hatte, konnte ich das Licht wieder klar und deutlich in den vorher wahrgenommenen Strukturen um ihn und mich erkennen. Dann war das Sehen wieder fort.

Er bat mich, einen Blick auf die Decke der Höhle zu werfen und mich umzusehen. Ich war etwas beschämt, denn bisher hatte ich wenig auf meine Umgebung geachtet. Über mir waren in Erdtönen und mit schwarzer Kohle große Vögel gezeichnet, die überproportioniert über kleinen menschlichen Figuren thronten und diese zu beschützen schienen. Dieses Motiv wiederholte sich viele Male und setzte sich bis zum Ausgang der Höhle fort. Mir fiel nun auf, dass die Luft angenehm weich war und die Haut fast streichelte. Wie ich erfuhr, waren wir in einer Höhle der Holy People, der Heiligen der Diné. In diesen Höhlen hatten sie sich einst manifestiert und mit den Menschen Kontakt aufgenommen. Die Vögel waren, wie mein Lehrer mir mitteilte, Engel, und als Vögel mit entsprechendem Körper hätten sie die Menschen unterrichtet. Diesen Umstand fand ich später in anderen Kulturen wie bei den Sumerern bestätigt. In den Höhlen ist immer noch, Jahrtausende von Jahren später, ein sehr starkes Licht, das bei einem entsprechenden Ritual den Energiekörper sichtbar macht. Es befähigt den Menschen, dieses Sehen weiter in sich zu tragen. Als wir unsere Sachen gepackt hatten – mir war auf eine angenehme Art schwindlig –, wanderten wir wieder hinab, als wäre nichts vorgefallen.

Rituale und spirituelle Praxis hatten in allen genannten Kulturen die Aufgabe, den Kontakt zum Licht aufrechtzuerhalten. Die Indianer nutzen bis heute den Weg der spirituellen Praxis, um sich mit Heiligen Kräften und Energien zu verbinden. Über die regelmäßige Übung wird im Menschen eine Lichtidentität gebildet, die auf direktem Weg zu Gott führt. Die Notwendigkeit von regelmäßiger spiritueller Praxis ist vielen Menschen, die sich mit der Lichtarbeit beschäftigen, noch immer nicht klar. Erst das Festlegen auf einen bestimmten Ablauf, der eine Reinigungsphase, eine Phase des Energieaufbaus und eine Versiegelung der aufgebauten Energie enthält, ist als spirituelle Praxis und Lichtarbeit zu verstehen. Ebenso sind festgelegte Zeiten, die konsequent eingehalten werden, eine notwendige Voraussetzung, um den Geist neu zu konditionieren. Von meinen Diné-Lehrern habe ich viele festgelegte Rituale gelernt, die sich auf Jahreszeiten, Mondphasen oder bestimmte Zeichen, die die Natur gibt, beziehen. Die Grundlage während meiner Lehrzeit dort bildeten regelmäßige Meditation, ein Loslassen und innere Reinigung. Ich habe bereits auf den Unterschied zwischen wahrer und künstlicher Lichtarbeit hingewiesen. Auch ich musste lernen, einiges an Wunschdenken aufzulösen. Viele Techniken der modernen Lichtarbeit bauen auf imaginiertem Licht auf, das keinerlei Verbindung in die höheren Welten erreicht. Der Körper aber und jede seiner Zellen besitzen ein eigenes Bewusstsein und Verständnis von reinem Licht. Dies stellt seinen Ursprung dar, und dieses Wissen ist im Zellgedächtnis gespeichert.

Der Verstand eines Menschen lässt sich gerne in seiner Wahrnehmung täuschen und versucht, künstlich aufgebautes Licht oder Energie mit seiner Wunschvorstellung von Licht in Einklang zu bringen. Wenn er einen spirituellen Moment erlebt, vergleicht er diesen unbewusst mit seiner Erwartungshaltung für ein Ritual. An dem Erlebten verändert das Unterbewusstsein viele Elemente, um sich eigene Enttäuschungen zu ersparen. Der Verstand gaukelt Wachstum und Entwicklung vor, bleibt aber in Wahrheit seinen imaginierten und erwarteten Bildern verhaftet. Die Zellen, die von vielen Haupt- und Nebenchakren und einer Reihe von Meridianen mit Prana versorgt werden, benötigen das wahre Licht, das durch eine tatsächliche Hinwendung zu Gott aufgebaut wird. Die Zellen verarbeiten nur wirkliches Licht zu Prana und nur dieses hat die Kraft, Heilung und Transformation einzuleiten.

Das ist der Grund, wieso nach Jahren der westlichen Lichtarbeit immer noch dieselben Ängste und Probleme im Alltag auftauchen, vielleicht etwas abgemildert und in ein neues, lichteres Gewand gekleidet, aber immer noch vorhanden. Wächst das Bewusstsein für das wahre Licht und der Göttliche Funke wird erweckt, bekommt der Mensch Kontakt zur vierten Welt und lernt wirklich zu transformieren. Transformation bedeutet, Ängste zu erlösen und die frei gewordene Energie in Licht umzuwandeln, das sich wiederum mit Gott verbindet. Gelingt es, auf diese Weise Energien umzuwandeln, gewinnt er eine starke physische und energetische Kraft. Diese lässt ihn auch in hohem Alter sehr dynamisch, gesund und energetisch sein. In die Lichtarbeit einzutauchen beinhaltet stets, die neu gewonnenen Informationen mit dem bisherigen Verständnis von Spiritualität und Lichtarbeit zu vergleichen.

Übung

Versuchen Sie, in Ihrem Tagesablauf feste Zeiten für Ihre Lichtarbeit zu finden. Diese kann zu Beginn Meditation, Yoga oder einfach nur bewusstes Atmen umfassen.

Sinnvoll für Ihre spirituelle Praxis sind ein- bis dreimal täglich zehn Minuten. Diese sollten zu festen Zeiten stattfinden. Ich rate Ihnen, die letzten Übungen nicht nach 22 Uhr abends zu absolvieren, da sie eventuell viel Energie aufbauen und diese die Lebensgeister weckt. Achten Sie weiter darauf, immer am selben Ort und ohne Störquellen zu praktizieren. Wenn es Ihnen zu Beginn schwerfällt, zur Ruhe zu kommen, atmen Sie einfach bewusst weiter und entspannen Sie Ihren Körper. Innere Ruhe und Selbstbeobachtung bilden die Grundlage für sinnvolle und effektive Lichtarbeit.

4

Lichtarbeit als Lebensaufgabe

An einem Nachmittag hatte ich mich zum Meditieren auf eines der kleineren Plateaus in der Nähe der Siedlung zurückgezogen. Die Luft war trocken und ein wenig staubig, was nicht weiter schlimm war, denn mittlerweile hatte ich mich daran gewöhnt. Von meinem Platz aus konnte ich die Wohnwagen gut sehen und fühlte mich sicher. Als ich die Augen schloss, um meine Meditation zu beginnen, wehte ein leichter Wind, der angenehm kühlte und mir die Konzentration erleichterte. Während ich meditierte, wurde der Wind stärker und ich spürte nun Sand und winzige Steine, die mich berührten. Dann verstärkte sich der Wind noch mehr und vertrocknete Zweige wurden vom Wind getragen und gegen die Felsen geschleudert, die mich umgaben. Als ich die Augen öffnete, war die ganze Landschaft in rötlichen Wind getaucht. So schnell wie der Wind gekommen war, legte er sich wieder. Ich hatte gerade beschlossen, meine Meditation zu beenden und wieder zur Siedlung zu gehen, als ich auf einem Felsenvorsprung einen jungen Raben erblickte, der im Sterben lag. Ich setzte mich in gebührendem Abstand hin, um für ihn zu beten und ihm den Übergang zu erleichtern. Nach den Geboten der Diné durfte ich das Tier nicht anfassen, sondern nur mit seiner Seele Kontakt aufnehmen. Die Diné empfinden das Anfassen sterbender wilder Tiere als übergriffig und als Belastung für das Wesen. Innerhalb weniger Augenblicke waren mehrere, an ihrer Größe und dem ausgeprägten Gefieder als ältere Raben erkennbare Tiere um uns herum aufgetaucht. Sie starrten auf etwas hinter mir, was ich durch ihre Aufmerksamkeit nun als Wärme spürte. Mit einem Mal hatte ich eine starke Empfindung von unendlicher Freude und Leichtigkeit in meinem Herzen. Der junge Rabe vor mir war gegangen und ein sehr helles Licht erfüllte den Augenblick.

Als ich mich endlich umdrehte, erkannte ich einen meiner Lehrer, der wohl seit einiger Zeit hinter mir gesessen hatte und den die Raben intensiv beobachtet hatten. Er erklärte mir knapp, dass er die Verletzung eines Wesens gespürt hatte und auf die Suche gegangen war, als er uns fand. Er klopfte mir mit einem Lächeln auf die Schulter und erklärte, dass dies Lichtarbeit sei: zu erhalten, zu schützen und für alle Wesen Liebe zu geben, immer und überall. Als ich mich umsah, waren die Vögel verschwunden. Einzig der verstorbene Jungvogel, der vom Wind erfasst gegen den Stein geschleudert war, lag noch vor mir. Ich traute meinen Augen kaum, denn seine Federn begannen sich bereits zu lösen und verstreuten sich in der Landschaft.

Für die Indianer und andere Lichtkulturen ist der Lichtarbeiter der »Erhalter«. Seine Aufgabe ist es, Krankheiten zu heilen, verlorenes Wissen, Seelenanteile zurückzuholen oder einfach entlaufende Tiere nach Hause zu bringen und zu heilen. Sein Schutz bei dieser wichtigen Aufgabe ist sein Wissen um die Wichtigkeit jedes einzelnen Bestandteiles, denn jedes dieser Teilchen der Einheit muss ausbalanciert sein. Nur auf diese Weise kann er die lichten und dunklen Kräfte klar erkennen und voneinander trennen.

Der »Erhalter« nimmt im Lauf der menschlichen Geschichte andere Titel und Formen an, zuallererst jedoch den des Schamanen. Durch sein einfaches Handeln und seine unentwickelten energetischen Fähigkeiten erhält er die Energie von Lebewesen, indem er sie durch Tötung an sich nimmt und zu Menschen überleitet. Aus dem Schamanen entwickeln sich Priester und Tempelhüter, die ein feineres Verständnis für Energien und deren Erhaltung und Wirkung haben. Lange Zeit praktizieren sie auch als Heiler, indem sie energetische Disharmonien mittels Gebeten, Anrufungen oder Heilkräutern ausgleichen. Auf diese Priester und Heiler folgen als spirituelle Führer die Propheten und Patriarchen, die eine sich rasch ausbreitende Menschheit benötigen, um die Verbindung zum Licht zu erhalten. Sie sichern den Fortbestand eines lichtvollen Priestergeschlechtes und garantieren die Umsetzung von Gottes Willen. Aufgestiegene Meister und deren Verehrung hingegen sind eine Erscheinung des 20. Jahrhunderts. Ich habe von den Diné gelernt, dass es wichtig ist, dass sich der Lichtarbeiter als Erhalter versteht und keinen persönlichen Vorteil erlangen möchte. Nach indianischem Glauben leben die westlichen Völker in einer großen Disharmonie mit der Natur, da sie diese nicht mehr ehren und erhalten. Da die Natur Gott repräsentiert, haben sie sozusagen das Göttliche verloren. Lichtarbeit ist ein ständiges Wissen um Gott und eine klare Abwesenheit von Angst. Wir müssen lernen, dass der wahre Kontakt mit dem Licht nicht nur in einem Zimmer bei absoluter Ruhe und in Meditation stattfindet, bei der wir noch dazu Angst haben, gestört zu werden oder nicht genügend zu spüren. Der Lichtarbeiter lernt und entwickelt sich über menschliches Wirken, in der Einstellung seinen Mitlebewesen gegenüber und dem Bewusstsein für das, was ihn umgibt. Hält der Mensch dem Alltag, wie schwer er auch sein mag, nicht stand, ein Moment, das in anstrengenden indianischen Einweihungserfahrungen geprüft wird, hat er seinen Kontakt zu Gott noch nicht gefunden.

Aus der Sicht der wahren Lichtarbeit hat der Mensch heute vergessen, dass es seine Aufgabe ist, die Verbindung zum Licht zu erhalten. Durch dieses Vergessen wird er unzufrieden und beginnt nach seiner Lebensaufgabe zu fragen. Interessanterweise ist diese in der westlichen Spiritualität häufig gestellte Frage in keiner der alten Kulturen zu finden. Die Lebensaufgabe eines Wesens dreht sich nie um den Selbstzweck eines Menschen, sondern um die Art und Weise, wie er sein Bewusstsein um Licht in das der Gemeinschaft einbringt und dieses erweitert. Mir sind viele Menschen begegnet, die ein reduziertes, mechanisches Verständnis von spiritueller Entwicklung haben und leben. Sie sind erfüllt von Gedanken wie: Mit den Übungen muss ich diesen oder jenen Effekt erzielen, wenn ich weit genug entwickelt bin, erfahre ich den Namen meines Schutzengels und so fort. Hellseherische und heilerische Fähigkeiten reizen die egoverhafteten Anteile des ursprünglichen »Erhalters« und lassen diesen Archetyp in Vergessenheit geraten.

Lichtbewusste Kulturen und Völker wie die Diné, Tibeter und Zarathustraner sehen das Licht einzig als die Heilung der gefühlten Abwesenheit von Gott. Diese Lichtarbeit wird verstärkt durch die Kräfte der Natur, der Tiere, Engel und Elemente, die den Menschen begleiten und dabei selbst zur Vollendung kommen. Auch die Umgebung eines Menschen, die äußere Landschaft, die von seiner inneren Landschaft geprägt wird, z. B. dem Einfluss von Schulen, können ein solcher Lichtverstärker sein. Im indianischen Verständnis bilden die äußere Landschaft und deren harmonisierte Energien eine wichtige Unterstützung für das menschliche Wachstum. Die Horizontlinie, an der sich Berg und Himmel berühren, wird zu einem Treffpunkt vitaler Energien, die auf die umliegenden Landschaften wirken. Diese lebendigen Energien zeigen sich im wahrsten Sinne des Wortes in Wind, Wasser, in der Reife und dem Geschmack der Früchte und der Gesundheit des in ihnen eingebetteten Lebens. Man kann daher sagen, dass jeder Lichtarbeiter in seinem Verständnis und den Erwartungen, die er an das Licht hat, stark von seiner Umgebung beeinflusst ist sowie von Gefühlen und Gedanken, durch die er in vielen Leben zuvor geprägt wurde.

Leider wurde auch die indianische Spiritualität genau wie der Glaube anderer alter und lichtvoller Völker vom Wandel der Zeit geprägt und verändert. In den letzten 500 Jahren stand die nordamerikanische Kultur unter dem Einfluss spanischer und angloamerikanischer Eroberer und deren geistiger Orientierung. Als Häuptling Manuelito 1864 nach einer forcierten Auswanderung durch die amerikanischen Machthaber, bei der über 90 % der Diné-Bevölkerung starben, die Rückkehr in das Land der Diné begleitete und »Frieden« mit dem weißen Mann schloss, war das Heilige Wissen um die Erhaltung des Lichts wieder in die Traumzeit des Volkes zurückgezogen. Einzig der tiefe Glaube half den verbliebenen Indianern, ihr Bewusstsein für die Lichtarbeit zu erhalten. Die Diné haben wie viele Lichtkulturen in Krisenzeiten die Möglichkeit des geistigen Rückzugs für sich genutzt und damit eine Sicherheit vor der Unterwanderung von zugewanderten Kulturen gesucht.

Der tibetische Buddhismus, der eine starke Ähnlichkeit mit den spirituellen Grundlagen der Diné aufweist, wurde von der chinesischen Kultur vereinnahmt. Auch hier zogen die Mönche und Lamas das energetische Wissen aus dem Kollektivbewusstsein des Volkes zurück. Das überlieferte Wissen wirkt so kaum vorhanden oder greifbar und kann nicht von jedem Interessierten auf Anhieb erfasst werden. Selbigen Mechanismus finden wir in extremer Form in der Kabbala, dem jüdischen Mystizismus, und dem Sufismus, dem mystischen Weg des Islam. Für das Einbringen und Zurückziehen von Energie wurden Rituale und spezielle Gebete und Anrufungen des Lichts entwickelt.

5

Der Lichtkörper und seine höheren Fähigkeiten

Im indianischen Lichtverständnis gibt es im eigentlichen Sinne keinen Lichtkörper, den der Mensch erreichen oder entwickeln müsste. Der Lichtkörper ist ein in der Aura bereits integriertes Bewusstsein, das nicht durch Techniken oder Anrufungen erweckt werden kann. Einzig der Glaube an das Licht und Altruismus eröffnen den Zugang zu dieser erweiterten Aura und den dazugehörigen Bewusstseinsebenen. Auch das Sammeln von Wissen, um den Aufbau von Licht besser zu verstehen und den eigenen Geist zu klären, unterstützt das Erwecken des Lichtkörpers. Wer sich auf den Weg des spirituellen Wachstums begibt, merkt schnell, dass sich der physische Körper mitverändern, mitwachsen muss. In vielen Fällen beginnt der Körper auf das erweiterte Lichtbewusstsein und den damit stärkeren Pranafluss von selbst zu reagieren. Er verändert seinen Appetit, seine Wach- und Schlafgewohnheiten und wird sensibler im Kontakt mit dichten Energien, die durch ungelöste Emotionen und negative Gedanken entstehen. Unser Körper erinnert sich langsam an seine ursprüngliche Aufgabe, möglichst viel

Licht zu speichern und wieder in die Umwelt einfließen zu lassen. Stimulieren Sie den Körper regelmäßig mit einem erhöhten Pranafluss, wie es beispielsweise bei richtiger Atmung und Meditation geschieht, beginnen zuerst die Aura, dann die Zellen dieses Licht zu speichern und eine Art Depot anzulegen. Ist dieses Depot stabil, beginnt es deutlich spürbar den Wunsch nach mehr Energie im Menschen zu erwecken. Wir sehnen uns in diesem Entwicklungsstand nach ruhigen Momenten, in denen wir einfach nur »spüren« können. Prinzipiell ist dieses Spüren gut, kann aber exzessiv praktiziert dazu führen, dass eine Art Lichtego entwickelt wird. Dann hat der Mensch das Gefühl, nur unter der Veränderung von Lebensumständen und in der Ausübung von heilerischen Fähigkeiten sein Licht erweitern zu können. Dies beschreibt meistens den westlichen Weg der Lichtentwicklung im Menschen. Die wahre Lichtarbeit lädt uns dazu sein, unser Depot durch die aktive Weitergabe von Licht über positive Gedanken, Worte und Handlungen (auch ganz irdisch-konkreten) zu erweitern. Tatsächlich entwickelt sich dann eine Dynamik, die den Menschen in einen beständigen Zustand tiefer innerer Ruhe bei gleichzeitiger physischer und energetischer Kraft bringt. Natürlich gehört eine spirituelle Praxis dazu, der Hauptaspekt liegt aber in der bewussten Weitergabe des bereits erhaltenen Lichts.

Zusätzlich ist eine gesunde Ernährung, der Verzicht auf Fleisch, Zigaretten und regelmäßigen Alkoholgenuss zu empfehlen. Zigaretten, Fleisch und Alkohol verdichten die ohnehin durch Emotionen und Gedanken belasteten Energiefelder und führen zu einem Nichterkennen von lichten Energien. Als die Diné mit Supermärkten und Fertignahrung in Kontakt kamen, verloren viele von ihnen den Kontakt zu ihrem Göttlichen Funken. Das Lichtbewusstsein in ihren Körpern war nicht langsam an die meist energielose Nahrung gewöhnt worden. Die neue Nahrung überlagerte das alte Zellbewusstsein und ließ es dumpf werden.

Viele alte Kulturen kennen bereits den Begriff des Lichtkörpers; am deutlichsten finden wir seine Beschreibung in der altindischen Heilkunde, bei der er über 72 000 Chakren oder Energiepunkte hat.

Diese leiten das Prana als Energie durch den Körper und lassen ihn für den Aurasichtigen auf diese Weise als »Licht« erscheinen. Die chinesische Heilkunde hat 361 dieser Energiepunkte in ihre traditionelle Medizin eingebunden. In der normalen Lichtarbeit, die das Chakrensystem aus den Lehren des Yoga übernommen hat, gelten die sieben Hauptchakren als die traditionellen Ein- und Ausgänge für das Licht.

Zu diesen sieben Chakren gehören die entsprechend zugeordneten sieben Auraschichten. Auch die Indianer sind sich einer Aura und der entsprechenden Chakren bewusst und setzen dieses Wissen in der Spiritualität und bei der Heilbehandlung von Kranken voraus. Ihre Meinung ist, dass die innere Einstellung zum Licht und die entsprechenden Handlungen und Gefühle eine stärkere Korrektur als die Arbeit mit den Chakren hervorrufen kann.

In den Gesichts- und Körperbemalungen vieler indianischer Stämme werden Meridiane und Chakren durch die energetisch aufgeladene Bemalung stimuliert. In besonders stark ausgeprägter Form finden wir diesen Ausdruck bei den Ureinwohnern der Südseeinseln, den Maori in Neuseeland und bei den Aborigines. In der Neuzeit gibt es eine erwähnenswerte Weiterentwicklung dieser Meridianheilung; die Neue Homöopathie nach Dr. Erich Körpler. Sie nutzt spezielle Strichanordnungen, um die disbalancierten Meridiane heilsam auszugleichen.

Chakren, Aura und Lichtarbeit

Seien Sie nicht irritiert, falls Sie bereits mit den Chakren gearbeitet haben: Jedes Chakra kann im Prinzip jede Farbe annehmen. Diese Information wird zu Anfang zur Vermeidung von Irritation gerne vorenthalten. Alle Chakren versorgen die verschiedenen Auraschichten sowie den Aurakörper mit Prana und sind maßgeblich an deren Gleichgewicht und Entwicklung beteiligt. Nachfolgend möchte ich Ihnen die sieben Auraschichten speziell in Bezug auf die indianische Lichtarbeit erläutern. Diese Schichten werden von den Haupt- und Nebenchakren, zu denen auch die Drüsen gehören, gespeist. Diese wiederum haben einen Zugang zu unseren eigenen höheren Seelenanteilen. Die Chakren werden zum größten Teil über den Pranakanal, einen Lichtkanal, der im Körper über der Wirbelsäule liegt, mit Prana versorgt, dieser universellen Lebensenergie, die auch Chi genannt wird. Einen weiteren Teil des lebensnotwendigen Pranas nehmen wir über die normale Atmung, über die Energie in unseren Nahrungsmitteln, aber auch einfach aus der Umwelt auf, z. B. durch den Aufenthalt an einem besonders lichtvollen Ort. Die Lichtarbeit und Meditation sowie verschiedene östliche Techniken des Energieaufbaus wie Yoga und Tai-Chi regen die Aufnahme von Prana sehr stark an und sind deshalb für die Lichtarbeit unerlässlich. Auch der Aufenthalt in der Natur und Bewegung fördern die Aufnahme von Prana über die Chakren von außen nach innen.

Ein Chakra ist ein feinstoffliches Organ in der Aura, das das Prana in eine Schwingung versetzt, die dem jeweiligen Ausdruck der Auraschicht entspricht. Jedes Chakra regiert auf unsere Emotionen, Gedanken und erzeugt Schwingungen, die entsprechend positive oder negative Energien anziehen.

Besonders wurde mir dieser Zusammenhang an einem Tag im Diné-Reservat bewusst, an dem wir, wie es oft der Fall war, kleinere Wanderungen unternahmen und nach einigen Stunden einen kleinen Gaskocher und mitgebrachtes Essen auf einem Tuch ausbreiteten. John, der uns an diesem Tag begleitete, öffnete eine Dose mit Tomatensoße, die die Mahlzeit, die aus Maiskuchen bestand, ergänzte. Ich stocherte auf meinem Pappteller herum und dachte zugegebenermaßen in diesem Augenblick an den herrlichen Kaiserschmarrn und die Dampfnudeln meiner Großmutter in München. Je mehr ich mich dem süßen Geschmack der Erinnerung hingab, desto ungenießbarer fand ich die Maisfladen, die von der warmen Tomatensoße ertränkt wurden. Als ich über den Teller hinwegsah, wanderte ein kleiner schwarzer Skorpion um meinen rechten Fuß herum; als ich ihn bemerkte, hielt er inne und schien meine Aufmerksamkeit zu spüren. Mein Lehrer tippte mich mit seiner Gabel an und meinte nur: »Mit negativen Gedanken und deren Energien ziehst du Wesen an, die dir zeigen, was du gerade ausstrahlst. Offensichtlich warst du giftig und hast Negativität verbreitet. Entschuldige dich bei dem Skorpion dafür, dass du ihn gerufen hast, und sag ihm, dass du seine Medizin nicht brauchst, um zu lernen.« Ich schluckte hastig einen Bissen hinunter und sprach mit dem Tier. Daraufhin schien es einen Augenblick zu überlegen und wackelte schließlich davon. Fast im selben Moment flog ein blassgelber Schmetterling herbei und ließ sich auf meinem Ärmel nieder. »So ist besser«, bemerkte John trocken und aß sichtlich zufrieden weiter.

Nachstehend möchte ich Ihnen einen detaillierten Überblick über die Funktionsweisen der Aura und ihrer Chakren geben, auf den Sie bei Bedarf zurückgreifen können:

Das Kronenchakra

Es ist weiß bis tiefviolett, befindet sich mittig auf der Scheitellinie des Kopfes und bildet den oberen Ausgang des Pranakanals im Körper. In vielen alten Bildern stellt das Kronenchakra mit seiner Ausdehnung den Heiligenschein dar, denn es kann sich tatsächlich wie ein weites Licht um den Kopf und Oberkörper herum ausdehnen.

Die Aufgabe des Kronenchakras ist es, Licht in Form von Energie, also Prana, in den Energiekörper und den physischen Körper einzuleiten. Im Energiekörper geschieht dies über das Verteilersystem des Pranakanals, der über die Chakren das Licht in die Aura weiterleitet. Dieses nutzt die Energie dann für ihren Aufbau. Im Körper bewirkt der Energiefluss über das Kronenchakra die Ausdehnung des Mentalbereiches. Dieser wird vom Kronenchakra, dem Dritten Auge und dem Halschakra gemeinsam gebildet und stellt ein blaues Feld um den Oberkörper herum dar. Fälschlicherweise wird dieses Feld in neuerer Zeit gerne als Indigo-Energie gedeutet und hauptsächlich Kindern zugesprochen. Im Grunde aber hat jeder

Mensch, der diese oberen Chakren und besonders das Kronenchakra bewusst nutzt, diese starkblaue Färbung in seiner Aura. Lehnen wir uns innerlich gegen geistiges Wachstum auf und wollen an alten Mustern festhalten, kann sich die Energie im Kronenchakra stauen und es kann in diesem Zusammenhang zu einer Linksdrehung des Chakras kommen. Kopfschmerzen, Migräneanfälle und Nackenschmerzen sind häufig die Folge. Auch krankhafte Veränderungen im gesamten Kopfbereich können entstehen.

Leitet ein Mensch die Energie in diesem Chakra durch Meditation, inneres Loslassen und Freude an neuen Erkenntnissen gut weiter, hat er das Gefühl, dass sich eine ganz neue Welt für ihn öffnet. Innere Gelassenheit ist die Folge und das Gefühl, sich gegen die Meinung anderer wehren zu müssen, verfliegt. Es steht dem Menschen nun offen, seine eigene Haltung zum Leben zu entwickeln und Gott mit jedem Gedanken neu zu erfahren.

Praktische Hilfsmittel für das Kronenchakra sind.

- Tiefes und gleichmäßiges Atmen, den Blick in die Ferne zu richten und einen neuen »inneren Horizont« zu schaffen, physische Entspannung der Nackenmuskulatur.
- Heilsteine: Lapislazuli, Türkis und Gold
- Aura Soma Nr. 0, 1, 96, 54

Das Dritte Auge

Dieses in der Regel tiefblaue Chakra befindet sich auf dem Punkt, der mittig zwischen den Augenbrauen liegt. Es arbeitet eng mit der Zirbeldrüse und der physischen Fähigkeit zu sehen zusammen. Das Dritte Auge steht für die Fähigkeit, über die physische Sicherheit hinauszusehen und höhere Zusammenhänge zu erkennen. Seine Aufgabe ist es, gemeinsam mit den anderen Chakren im mentalen Feld die Vorstellungskraft und den Glauben eines Menschen zu erweitern. Er soll seine uneingeschränkten Möglichkeiten kennenlernen und darüber Gott erfahren.

Nähren wir dieses Chakra nicht mit neuen Informationen, Eindrücken oder Wissen, stumpft es ab und verkümmert. Wir bleiben dann unseren anerlernten Wahrnehmungen treu und es fällt uns schwer, uns etwas Außersinnliches vorzustellen. Gewöhnlich geht ein verkümmertes Drittes Auge auch mit einer »stumpf-sinnigen« Empfindung einher, sodass wir nichts anderes als das Gewohnte kennenlernen wollen. Die Diné sagen, dass im Dritten Auge die Fähigkeit liegt, Engel, Lichtwesen und Ähnliches zu sehen und diese Informationen zu verarbeiten, indem wir die Aufgabe dieser Wesen erkennen. Gelingt uns dies, ist es wiederum die Aufgabe des Menschen, mit der Energie das Licht verstärkt auf die Erde zu bringen bzw. mit ihr bewusst umzugehen und ihre Auswirkungen im Alltag zu erkennen.

Der Wunsch, Engel und Lichtwesen sehen zu können, wird meist angetrieben von dem Bedürfnis, eine Bestätigung für deren Existenz zu erhalten. Umso wichtiger ist es, erst bedingungslos und ohne den Wunsch auf eine Engelsichtung zu vertrauen, um vielleicht einmal dieses besondere Geschenk zu erhalten. In der Aufgabe des Dritten Auges liegt es ebenfalls, die innere Weitsicht eines Menschen wachsen zu lassen. Es war nie im Sinne der Lichtarbeit, dass wir uns fernab von sozialem Geschehen in Umwelt, Politik und dem Weltgeschehen befinden. Im Gegenteil, das Dritte Auge fördert eine Auseinandersetzung mit dem Leben und den Wunsch, den Energieaufbau unserer Umgebung feinstofflich wie auch materiell zu erkennen. Möchte ein Mensch keine neuen Meinungen annehmen oder hat er das Gefühl, sich permanent gegen die Umwelt zur Wehr setzen zu müssen, wird sein Stirnbereich verspannt und das Dritte Auge schließt sich. Dies geschieht durch die Linksdrehung des Chakrenkanals, der dem inneren Wunsch seines Besitzers gehorcht und sich regelrecht »zudreht«. Sehschwächen und ständiges inneres Abdriften des Geistes sind die Folge, man kann sich nur sehr schwer konzentrieren.

Praktische Hilfsmittel für das Dritte Auge:

- Wärme durch Energieübertragung oder das Auflegen einer Augenkompresse, Jadesteine auf das Dritte Auge und die Augen auflegen, den Blick mit ruhigem Atmen zu Boden senken und den Atem auf den Solarplexus konzentrieren.
- Heilsteine: Jade, Larimar, Bergkristall, Lapislazuli
- Aura Soma Nr. 86, 17, 3

Das Halschakra

Dies ist eines der wohl empfindlichsten Chakren, da es die Verbindung von Geist und Körper bildet. Es sitzt direkt in der Mitte des Halses. Das Chakra ist anfällig für Verletzungen, die ausgesprochen werden, und zieht sich als Reaktion zurück. Es kann aber ebenso durch unausgesprochene Gedanken und unterdrückte Gefühle des Menschen selbst verletzt werden und verkümmert dann direkt am Pranakanal. Das Halschakra leitet die Energie aus dem Kopfbereich in den Rumpf und den restlichen Körper und sorgt dafür, dass eine Einheit gebildet wird. Denkt oder fühlt der Mensch nun etwas, das er mit dem Kopf oder Herzbereich nicht in Einklang bringt, staut sich im Halschakra Energie. Dieser Stau kann zu spontanen Wutausbrüchen, Depressionen oder Zusammenbrüchen führen, je nach Intensität.

Das Chakra ist meist mittelblau oder violett, wenn der Mensch mit sich im Reinen ist. Auch bewusst positive Sprache hilft, das Chakra gesund zu erhalten. Die Diné reinigen es durch rituelle Gesänge und Salbeiräucherungen, wobei sie den Rauch um das Chakra und den Mentalbereich herum verteilen. Dies hilft besonders, wenn das Halschakra viele negative Energien aus seiner Umwelt aufgenommen hat und versucht, diese durch sich selbst zu reinigen. Die Indianer sind sich dessen bewusst und tragen häufig Ketten aus Onyx, Türkis und Silber eng um den Hals, um das Chakra zu schützen. In vielen Stämmen ist das Aussprechen hasserfüllter Wörter verboten, da dies nicht nur das eigene, sondern auch das Halschakra des Mitmenschen verletzt.

Praktische Hilfsmittel für das Halschakra:

- Ein blauer oder tiefvioletter Schal ist wohltuend, ebenso wie eine Maske mit Heilerde, die negative Energien aufnimmt. Das Singen von Mantren öffnet und reinigt.
- Heilsteine: Chalcedon, Labradorit, Calcit, Bergkristall, Lapislazuli, Onyx, Türkis
- Aura Soma Nr. 2, 54

Das Hohe Herzchakra, die Thymusdrüse

Die Thymusdrüse beginnt ihre Arbeit in dem Augenblick, in dem der Mensch seinen Glauben an Gott wiederfindet. Es ist der Moment, in dem das Bewusstsein die Gewissheit erlangt, dass Gott alles ist und somit nicht vom Selbst getrennt sein kann. Wie weiterhin erwähnt, sind alle Drüsen höhere Chakren und werden von den anderen Haupt- und Nebenchakren mit Prana mitversorgt. Der Strom des Pranas wird insgesamt stärker, wenn unser Glaube wächst und nicht mehr von einzelnen Erlebnissen oder spirituellen Momenten abhängig ist. Dieser nun stabile Energiefluss öffnet die Nebenchakren weiter; sie können nun mit dem Lichtkörper Kontakt aufnehmen und diesen mit Energie versorgen. Das Thymusdrüsenchakra gibt die stärksten Impulse für die Bildung des Lichtkörpers. Dieser befindet sich ebenfalls in der Aura und nicht, wie fälschlicherweise oft dargestellt, außerhalb des Körpers in einer anderen

Schöpfungsebene. Um einen verfrühten Zugang zum Lichtkörper und eine mögliche Verletzung desselbigen zu verhindern, kann das Thymusdrüsenchakra nur durch wahre Liebe erweckt werden. Einweihungen, Lichtarbeit und Meditation sind hilfreich, erzeugen jedoch nicht die endgültige Öffnung, die durch einen starken Druck in der Lage der Drüse am oberen Brustbein deutlich zu spüren ist. Öffnet sich das Chakra, werden die Farben aller anderen Chakren deutlich heller und zeigen einen leichten Perlmuttton.

Praktische Hilfsmittel für die Öffnung des Thymusdrüsenchakras:

- Rosenquarz und Larimar an einer Kette, die mit dem Anhänger über der Thymusdrüse liegt, lösen belastende Energien. Meditation, Gebet und Divine Healing unterstützen den Prozess der Öffnung.
- Heilstein: Larimar
- Aura Soma Nr. 62

Das Herzchakra

Es gibt kaum ein Chakra, das mehr verkannt wird als das Herzchakra. Es gilt im Westen als das Chakra der Liebe und des Mitgefühls, was zweifellos daher rührt, dass in der christlichen Spiritualität das Herz den Zugang zur Liebe Gottes bildet. In der alten Lichtarbeit ist es ein vor allem physisch angelegtes Chakra, das versucht, das körperliche Herz zu schützen. Es liegt jedoch nicht direkt auf ihm, sondern in der Mitte des Brustbeins. Es stellt einen Schutz für das Höhere Herzchakra, das Thymusdrüsenchakra, dar, welches tatsächlich die Liebe und das Mitgefühl eines Wesens ausdrückt. Dies geschieht hier auf der Beziehungsebene zu Gott und zu allen Lebewesen und findet nicht mehr wie im normalen Herzchakra in Bezug auf die Umwelt statt.

Die Gefühle verändern sich von dem Wunsch, geliebt zu werden (und dies in unseren Mitmenschen, Tieren und Lebensumständen bestätigt zu bekommen), zu einem Gefühl der tiefen Einheit mit Gott, die ohne weiteres Sehnen ist. Das Herzchakra führt einen Menschen in seiner Entwicklung gewissermaßen an seine Fähigkeit, über sich hinaus zu lieben, heran, indem es ihn immer wieder in Situationen bringt, in denen er das Göttliche Lieben in seinen Mitwesen erleben kann. Erst wenn das Gefühl, sich spüren zu müssen, nachlässt, übernimmt das Höhere Herzchaka die Führung der Chakren im Brustbereich. Dies ist ein wirklich wunderbares Gefühl. Menschen, Tiere und Lebensumstände müssen nicht mehr unseren Erwartungen genügen und unreflektierte Wünsche erfüllen, wir und unsere Mitlebewesen dürfen einfach sein. Übernimmt das Höhere Herzchakra die Führung, verschwindet der Wunsch nach einer Bestätigung in der Umwelt für die eigene Entwicklung.

Erst dann ist es möglich, tatsächlich Licht zu sehen und mit der eigenen Seele oder den Tieren auf Seelenebene Kontakt aufzunehmen. Es ist normal, dass wir über viele Leben immer wieder die einfache Herzebene, das Herzchakra, aktivieren und subjektiv Verletzungen erleben, die aus dem Wunsch, sich selbst zu spüren, entstehen. Erst wenn das Ego nachgibt und der Mensch ohne innere Erwartung fühlt, löst sich dieses Karma auf und wird transformiert.

Viele Menschen, die mir im Lauf der Zeit begegnet sind, sehen ihre alten Herzverletzungen in diesem Leben durch Erfahrungen wieder bestätigt und halten dies für einen Grund, sich erneut verletzt fühlen zu dürfen. Sie können nicht verstehen, wieso sie immer wieder in eine Kette des Leidens kommen, und machen häufig Gott dafür verantwortlich. Krankheiten im Herzbereich, Kreislaufprobleme, schlechte Erdung und eine latente Wut und Enttäuschung, die das Leben begleitet, sind die Folge. Eine heilsame Lösung im Sinne der Diné ist es, den Moment anzunehmen, wie er ist, und dann zu spüren, ob er überhaupt noch Bestand hat oder ob er sich durch die mangelnde Aufmerksamkeit aufgelöst hat, was in der Regel der Fall ist. Die Farbe des Herzchakras ist zu Beginn seiner Entwicklung grün, wird dann aber immer heller, bis es schließlich mit der Farbe des Höheren Herzchakras in Türkis schwingt.

Praktische Hilfsmittel für das Herzchakra:

- Eine Chakrenreinigung durch Energie und das Auflegen von Engelkarten. Spirituelle Therapie und Lichtarbeit begleitet von regelmäßiger Meditation.
- Heilsteine: Moosachat, Onyx, Jade, Turmalin
- Aura Soma Nr. 25, 26, 36, 54, 89

Das Solarplexuschakra

Dieses leuchtend gelbe Chakra verbindet die Ebenen von Himmel und Erde miteinander. Der Nabel, um den herum das Solarplexuschakra liegt, ist einer der empfindlichsten Punkte am menschlichen Körper und bildet das Zentrum dieses Chakras. Die Empfindlichkeit dieses Chakras wird deutlich, wenn wir uns vergegenwärtigen, dass der Prozess der eigenen Geburt und damit der Übertritt in diese Welt im Bewusstsein des Nabelgewebes gespeichert ist. Das Thema der Abnabelung von der eigenen Mutter und der »anderen« Welt, die im Mutterleib erlebt wurde, wird in der energetischen und seelischen Entwicklung eines Menschen weiter fortgeführt. Hier geht es dann um das Gefühl der Trennung aus der Energie Gottes, die durch die physische Geburt empfunden wird.

Das Solarplexuschakra wird auch das Sonnenzentrum genannt, da hier das Prana gehalten und durch positive Handlungen in die Welt weitergegeben wird. Dieses Zentrum schützt unser inneres Gleichgewicht und unser Nervensystem, wenn es gut mit Energie versorgt wird, und nährt auch einen Großteil der inneren Organe wie Magen, Darm und die Nieren etc.

Anders als in der geläufigen Lichtarbeit ist das Solarplexuschakra in den alten Kulturen auch das Chakra, das uns in den Kampf für das Gute, für das Licht führt und das dem Menschen überirdische Kräfte geben kann. Immer dann, wenn ein Diné-Krieger das Empfinden hatte, dass seine Hand im Streit geführt wurde, wirkte auch das Solarplexuschakra als unterstützende Kraft. Es ist im Übrigen in allen alten Lichtkulturen erlaubt, für das Licht zu kämpfen, um es zu verteidigen, vorausgesetzt, ein Mensch ist in der Lage, wirklich über Licht und Dunkel urteilen zu können. Somit ist die Gerechtigkeit ein weiteres großes Thema des Solarplexuschakras.

Viele Menschen fühlen sich von anderen Menschen, vom Leben und von Gott ungerecht behandelt. Es fällt ihnen als Reaktion auf diese Wahrnehmung meist sehr schwer, im Solarplexus Energie aus- und dynamische Kraft im Geist aufzubauen und im Alltag zu halten. Der Körper reagiert dann mit schneller Erschöpfung und die Psyche ist angespannt. Für mich besteht auch ein deutlicher Zusammenhang zwischen dem Solarplexus und den Krankheiten, die in Industrieländern immer häufiger auftreten, besonders im Magen- und Darmbereich. Nehmen wir das Leben und unsere eigene Kraft an und haben wir eine bewusste Wahrnehmung für unseren Gott, soweit dies eben möglich ist, entspannt sich der Solarplexus, was eine sehr gute Gesundheitsvorsorge bildet. Die Diné kennen viele Rituale, um die Energie des Solarplexus auszugleichen und zu stärken, und viele Einweihungserfahrungen zielen darauf ab, zu erkennen, ob der Mensch mit sich und seiner Existenz im Reinen ist. Übungen, die mit tagelangem Fasten einhergehen und trotzdem die Geschicklichkeit wie bei Reitkünsten und körperlichen Wettbewerben einfordern, prüfen die Kraft in diesem Chakra. Erwähnen möchte ich auch, dass das Solarplexuschakra am intensivsten mit dem Nervensystem verbunden ist und man dieses über die Gabe von Energie auf das Chakra beruhigen kann.

Im Reservat habe ich meine ganz eigenen Erfahrungen mit dem Solarplexuschakra erleben dürfen. Obwohl ich gut mit Tieren kommunizieren kann und in meiner Praxis auch Pferde in der Heilarbeit begleitet habe, war ich nie eine ausgesprochene Reiterin. Im Reservat gibt es viele Pferde, einige wenige Herden sind noch wild, manche Indianer halten auch Tiere auf großen Koppeln. Bei einem Ausflug zu einem Freund von John spazierten wir nach einem gemeinsamen Mittagessen über eine staubige Landstraße und unterhielten uns. Ins Gespräch vertieft, ohne auf den Weg zu achten, gelangten wir plötzlich an eine riesige Koppel, wo uns Johns Freund Dan seine zwei Pferde vorstellte. Die Tiere als seine Pferde zu beschreiben war wohl etwas übertrieben, denn eigentlich versorgte er sie nur mit Futter und Wasser. Er hatte die verwilderten Tiere an einem Hügel eingefangen. Ein Tier, der deutlich ältere Hengst, der in samtenem Schwarz mit großen braunen Flecken in der Sonne glänzte, hatte einen großen Abszess am Kiefer und sein neuer Freund Dan ließ ihn behandeln. Ein jungerer brauner Hengst, der kleiner und zarter war, wich nicht von seiner Seite und begleitete ihn in sein neues Zuhause. Father, der große Hengst, kam langsam auf mich zu und ich ging zu ihm auf die Koppel. Er war sehr zärtlich und ließ sich gerade am Kopf und hinter den Ohren kraulen, als Dan meinte, ich solle mich doch auf ihn setzen und mich von ihm führen lassen. Father, der weder Zaumzeug noch sonst eine dienliche Halterung trug, grinste bis über beide Nüstern. Mir war ganz anders zumute, denn er war für ein indianisches Pferd sehr groß und ich war, wie erwähnt, nicht reiterfahren. Nach drei Anläufen hatten mich die beiden einigermaßen uncharmant auf Father gesetzt und schienen amüsiert. Der jüngere Hengst Finny starrte uns aus gesunder Entfernung an. Ich spürte die Wärme von Father und seine Kraft, als er sich langsam in Bewegung setzte. Zunächst war ich sehr angespannt. John gab mir einen Rat, der schließlich die Situation veränderte. Er rief mir zu, ich solle meinen Bauch entspannen und mich nicht von Father trennen, denn sonst würde er mich nicht spüren und mich auch so behandeln. Ich atmete tief durch und erklärte meinem Pferdefreund, dass er mir seine Welt zeigen solle. Ich sagte, dass ich keine Trennung zwischen uns wolle und er mein Lehrer sei. Er bewegte sich langsam schneller und um wirklich loszulassen, ließ ich seine Mähne los und öffnete die Arme.

Ohne Sattel und völlig frei vertraute ich mich Father an. Auf diese Weise wanderten wir durch seine Steppe, nie schneller, als ich es vertragen hätte, aber schnell genug, um den Wind auf meiner Haut zu spüren. Nach etwa einer halben Stunde trug er mich zurück zu meinen beiden Freunden, was mich verdutzte, denn ich hatte ihm keinerlei Zeichen gegeben. Wie ich erfuhr, hatte ihn Dan auf seine Weise in Gedanken gerufen und Father hatte reagiert. Zum Abschied küsste ich Father auf die Stirn, die er mir entgegenneigte, und bedankte mich bei ihm. Erst einige Wochen später, als ich Dan wiedertraf, erkundigte ich mich nach Father. Dan sagte, es würde ihm gut gehen, er hätte sich nur über mein Ziehen an seiner Mähne beschwert. Ich hatte mich mittlerweile an den Humor der Diné gewöhnt, auch wenn das nicht immer leicht war.

Praktische Hilfsmittel für den Solarplexus:

- Yoga und Pilates, Sonnenlicht und eine tiefe und gleichmäßige Atmung. Eine positive Grundeinstellung zu allen Aufgaben des Lebens, mögen diese noch so fordernd erscheinen.
- Heilsteine: Citrin, Bergkristall, Olivin, Orangenjaspis
- Aura Soma Nr. 42

Das Sakralchakra

Im meist orangefarbenen Sakralchakra, das eine Handbreit unter dem Solarplexus liegt, findet der Übergang von ungerichteter Energie zu gezieltem Energieaufbau statt. Die Aufgabe dieses Chakras ist es, die Kraft, die der Mensch über viele Leben auf der Suche nach Gott aufbaut, in den Solarplexus und die höheren Chakren zu lenken. Es ist das Chakra der Leidenschaft für Gott. Diese kann ekstatisch in spiritueller Hingabe, positiven Handlungen und tiefen Erfahrungen mit dem Licht erlebt werden.

Auch der Grad der inneren Nähe, die wir zu anderen Wesen erleben, wird über das Sakralchakra mitgesteuert. Ist es unterentwickelt, können wir nur kurzzeitige oder eigennützige Beziehungen aufbauen und saugen dabei dem anderen Wesen meist noch Energie ab. Bei einem mangelhaft entwickelten Sakralchakra benötigt der Mensch Stimulationen wie übermäßigen Genuss von Essen, stark basslastige Musik wie Heavy Metal oder neigt zu vielen kurzlebigen Sexualkontakten, zu Spiel-, Kauf- oder Drogensucht, um die Energie immer wieder aufzuladen. Ein Aufladen ist tatsächlich nötig, denn das Sakralchakra leitet die Energie vom Wurzelchakra in den Solarplexus. Dies geschieht normalerweise über Meditation, Aufenthalte in der Natur, Yoga oder Ähnliches.

Wir benötigen die Energie in Wurzel-, Sakral- und Solarplexuschakra, um uns geschützt zu fühlen und genügend Energie für das Leben zur Verfügung zu haben. Vielleicht haben Sie schon einmal den Begriff Energieräuber gehört – dieser trifft auf Menschen mit einem unterversorgten Sakralchakra zu. Wenn jemand nicht selbst Energie aufbauen möchte oder es schlichtweg nicht gelernt hat, benötigt er diese Energie von anderen Lebewesen. Auch das Halten von vielen Tieren dient Menschen mit einer Schwäche in diesem Chakra oft unbewusst dazu, es aufzuladen. Diese Schwäche des Sakralchakras ist besonders in Ländern zu finden, in denen die Glaubenssysteme Körper und Geist voneinander trennen, indem sie zum Beispiel den Menschen in den Glauben versetzen, dass der Körper sündhaft und deshalb nicht rein oder dass körperliche Leidenschaft unrein ist.

Wenn zwei Menschen auch im Herzen verbunden sind, reagiert dieses Chakra stark auf ihre körperliche Liebe und lenkt die Kraft in höhere Ebenen, insbesondere in die vierte Welt, in der sich zwei Seelen wirklich erkennen können. Sie nehmen sich dort als Licht und als aktiven Teil der Schöpfung wahr und potenzieren auf diese Weise die Kraft Gottes. Die Diné kennen eine derartige Trennung in Körper und Geist nicht, ebenso wenig wie das Glaubenssystem der Juden, Moslems, Zarathustraner, Hindus etc. Alle genannten Systeme sehen den Körper als Wohnung des Lichts und deshalb als eine Einheit.

Das Sakralchakra spielt so eine wichtige Rolle in der Fähigkeit eines Menschen, sich selbst zu lieben und mit all seinen körperlichen Schwächen und Disharmonien anzunehmen.

Ein sehr guter Weg, um das Sakralchakra neu zu orientieren und aufzubauen, ist ein mehrtägiges Fasten verbunden mit Meditation. Ersteres erzeugt eine vorübergehende Schwächung des Sakralchakras, wodurch es von der gewohnten Weise, Energie aufzubauen, ablassen kann und sich über die Meditation neu ausrichten lässt.

Praktische Hilfsmittel für das Sakralchakra:

- Eine Pause von mehr als vier Wochen von der gewohnten Weise, Energie aufzunehmen, z.B. andere Musik hören, ein neues Fillmgenre entdecken, Sport (auch Boxen oder Kampfsportarten), Reiten, Yoga und Bauchtanz, tiefe und lange Meditation, spirituelle Therapie.
- Heilsteine: Orangenjaspis, Rubin, Rosenquarz
- Aura Soma Nr. 26, 18, 91

Das Wurzelchakra

Dieses Chakra ist die Quelle der physischen Energie. In ihm wird die Kraft der Erde aufgenommen und mit der Energie, die wir über Nahrung und Spiritualität aufnehmen, verbunden.

Viele Schwächezustände und Ängste haben ihren Ursprung in diesem Chakra, wenn es geschwächt oder blockiert ist. Eine Blockade entsteht zum Beispiel dadurch, dass ein Mensch starke Ängste hat oder kein Vertrauen entwickeln kann, denn die Fähigkeit, den eigenen Körper zu entspannen und auf seine Bedürfnisse zu hören, liegt in diesem Energiezentrum. Halten wir hier Energie zurück, bedeutet das, dass wir unsere Energie nicht teilen wollen und auf diese Weise auch keinen Austausch mit höheren Energien erreichen. Die Aufgabe dieses Chakras ist es, die Lebensenergie zu halten und in die Verbindung mit den höheren Chakren zu bringen. Optimal arbeitet es, wenn seine Energie durch das Bewusstsein gelenkt wird. Dann sind wir nicht mehr Opfer unserer Ängste, sondern können Triebe und Überlebensängste steuern und auflösen.

Das Wurzelchakra hat seinen Sitz am Damm, zwischen Geschlecht und After. Da die Nadis, die Energiewirbel des Chakras, wie ein Fächer nach vorn und hinten bis fast zum Sakralchakra reichen, kann es auch über diese Bereiche bei einer Heilung gut Heilenergie aufnehmen. Für eine lichtvolle Spiritualität ist ein ausgeglichenes Wurzelchakra äußerst wichtig. Es ist das Fundament, auf dem sich alle weiteren Energien entlang der Wirbelsäule aufbauen und wirken. Ist das Wurzelchakra in seiner Entwicklung gestört, z. B. durch sexuellen Missbrauch oder eine Schwächung infolge schlechter Ernährung, kann es dieser Aufgabe nicht nachkommen. Wir sind dann gezwungen, unsere Energien von anderen Lebewesen zu beziehen. Da das Wurzelchakra einen Großteil der körperlichen Energie aufrechterhält, wird bei einer Fehlfunktion sehr viel Energie von Menschen und Tieren benötigt. Unsere Mitlebewesen fühlen sich dann ausgelaugt, müde und können in der Folge erkranken. Gelingt es uns, das Wurzelchakra in seiner höheren Fähigkeit zu aktivieren, wird auch die Sexualität zu einem Akt der innigen Liebe und energetischen Verbundenheit.

Praktische Hilfsmittel für das Wurzelchakra:

- Kundalini Yoga, Reiten, Kampfsport, gesunde Ernährung, Bauchtanz, Chakrameditationen, Chakrenreinigung, spirituelle Therapie
- Heilsteine: Rubin, Schneequarz, Olivin
  Aura Soma Nr. 6, 87, 89

Die verschiedenen Schichten der Aura

Die gesamte höhere Kommunikation und die Nutzung der Sinne im Bereich von Hell- und Aurasichtigkeit, Hellhören (Channeln), Hellriechen (gibt es tatsächlich) und Hellfühlen erfolgen über die höheren Auraschichten und die damit verbundenen Chakren. (Die meisten Heiler nutzen die Hellfühligkeit mehr als die Hellsichtigkeit, da diese sich automatisch einstellt, wenn sich zwei Auraschichten begegnen und synchronisieren.) All diese Fähigkeiten können nicht mit dem Willen erreicht werden. Dieser stimuliert nur die unteren Chakren; die Chakren ab dem Herzchakra werden nur bei gelebtem Altruismus genutzt.

Viele Menschen haben im Lauf ihrer spirituellen Entwicklung in Meditationen oder Momenten besonderen inneren Friedens sogenannte »Erleuchtungserfahrungen«. Sie spüren mehr Licht und intensivere Farben als gewöhnlich und haben das Gefühl, Gott sehr nahe zu sein. Dies geschieht, wenn sich die Aura durch einen starken Energiefluss und eine entsprechende innere Öffnung über die siebte Auraschicht hinaus ausdehnt. Dann werden die alltäglichen Themen für einen Augenblick in allen Dimensionen komplett vergessen. Auf diese Weise werden auch die Nebenchakren, die zu einem großen Teil aus den Drüsen des Körpers bestehen, aktiviert. Da die Energie nicht lange gehalten werden kann, fallen die Aura und die Wahrnehmung wieder auf das alte Format zurück und der

Betroffene fühlt sich im Alltag zurückgelassen. Leider wird nach einer solchen Erfahrung das spirituelle Erleben meist vollkommen auf ein Wiedererleben dieser Erfahrung ausgerichtet. Die entsprechende Öffnung, die es eben nur in dem besonderen Moment gegeben hat, kann sich nicht permanent einstellen, da sie noch nicht die ständige innere Haltung des Menschen widerspiegelt.

In der Folge erhalten Sie eine Übersicht über die einzelnen Auraschichten in Zusammenhang mit den jeweiligen Chakren, aus denen sie mit Energie gespeist werden:

Der Ätherische Körper – die erste Auraschicht

Diese Schicht wird weitestgehend vom Wurzelchakra gespeist und befindet sich direkt angrenzend an den physischen Körper eines Lebewesens. Im Wurzelchakra und dessen Auraschicht residiert der physische Lebenswille. Für einen Menschen baut sich in dieser Schicht das ausfließende Prana als starke physische Energie auf, die an der Wirbelsäule, dem Pranakanal, nach oben fließt und die anderen Chakren dynamisch stabilisiert. Fließt diese Energie, wie sie soll, dann möchte ein Mensch durch sein tägliches Wirken Licht auf die Erde bringen und andere Wesen in deren Entwicklung unterstützen. Die Erdung, ein Vorgang, bei dem die vom Kronenchakra eingeleitete Energie zum Erdmittelpunkt weitergeleitet wird, wird von diesem Chakra aus gesteuert. Verliert ein Wesen den Lebenswillen, zieht sich die Energie immer mehr um den Rumpf herum zurück und verbindet sich nicht mehr mit der Erde. Die Folge ist eine mangelnde Verbindung zu den Mitmenschen und eine Mattigkeit, die es schwer macht, sich den Aufgaben des täglichen Lebens zu stellen.

Der Ätherische Körper selbst enthält alle Organe und Systeme des physischen Körpers. Das Prana, das durch die Aura fließt, nährt diese Organe und Systeme und der physische

Körper formt sich nach diesem Vorbild. In der Lichtarbeit geschieht die Verarbeitung von energetischer Belastung über dieses Chakra. Es muss ausreichend Prana durch die Energiekörper leiten können, um negative Emotionen – speziell die durch Leid erzeugte Energie – zu dehnen, sodass sich diese über die weiteren Aurakörper »ausschwemmen« kann. Bei energetisch sehr belasteten Menschen reinige ich zuerst das Wurzelchakra, damit es seine natürliche Arbeit wieder aufnehmen kann.

Für die Diné ist die gesamte Erde ein Sinnbild des Wurzelchakras: Viele Gottheiten und Lichtwesen entspringen bei ihrem irdischen Erscheinen der Erde, werden wortwörtlich von ihr geboren. Wie beim Ätherischen Körper umhüllt die Erde ein Energiefeld, das sogenannte morphogenetische Feld, das Informationen für die sich darin entwickelnden Wesen bereitstellt. Auch ungelöste Emotionen und Gedanken von Leben zu Leben werden in diesem Feld transportiert. Diese Energien werden dann über das Wurzelchakra aufgenommen und wirken auf den Ätherischen Körper. Krankheiten oder Emotionen werden auf diese Weise von einem Leben in das andere transportiert. Setzt sich der Mensch nicht mit diesem Mechanismus auseinander, kann sein physischer Körper leichter erkranken. Die Farbe des Wurzelchakras ist meist rot, kann aber wie die Farben aller Chakren variieren.

Kundalini Yoga und liebevolle Sexualität ermöglichen den Abbau von Belastungen über das Wurzelchakra und seine Auraschicht. (Für Frauen hat sich Female Releasing bewährt.) Die Diné sagen, dass das Wurzelchakra auch den Schoß der Mutter, im übertragenen Sinn auch die Erde spiegelt und dass die innere Zufriedenheit und Geborgenheit eines Menschen hier ruhen. Sie sagen, dass negative Gefühle, die in Hass umgewandelt werden, das Wurzelchakra in eine ungesunde Bewegung bringen und somit die Organe im Ätherischen Körper geschwächt werden. Der physische Körper kann hier nur mit einer Erkrankung oder Schwäche folgen.

Die Sexualität wird im indianischen Glauben als ein Ausdruck Göttlicher Kraft gesehen, die sehr viel Energie aufbauen kann. Sie glauben, dass der entsprechende Partner für diesen Austausch nur dann in das Leben eines Menschen tritt, wenn dieser gelernt hat, zu geben. Ist sein Wunsch nach einer Beziehung hauptsächlich vom Bedürfnis zu nehmen geprägt, findet er keine Resonanz in einem anderen Menschen, im Gegenteil, ein potenzieller Lebenspartner wird von solch einer Energie eher abgestoßen.

Der Emotionalkörper – die zweite Auraschicht

Wie der Name so bezeichnend ausdrückt, finden wir in diesem Körper alle Emotionen eines Menschen aus dem aktuellen und früheren Leben. Ungelöste Emotionen aus vorherigen Leben wirken hier als latente Kräfte und können Gefühle hervorrufen, die nicht mehr dem aktuellen Stand der Entwicklung entsprechen.

Die zweite Auraschicht wird aus dem Sakralchakra gespeist, das sich eine Handbreit unter dem Nabel befindet. Dieses Chakra ist meist orange und hauptsächlich für die emotionale Stabilität und Belastbarkeit eines Menschen verantwortlich. Auch Vertrauen ist ein wichtiges Thema in dieser Schicht, speziell das Urvertrauen eines Menschen zu Gott und seine Verbindung zum Licht. Ist das Verhältnis durch eine Erfahrung, egal ob aus einem früheren oder dem aktuellen Leben, gestört, kann das Prana nicht korrekt im Körper fließen. Die Energie des Wurzelchakras kann sich dann nicht an der Wirbelsäule entlang über den Kopf bzw. das Kronenchakra hinweg aufbauen und mit der höheren Quelle verbinden. Der Mensch bleibt in den immer gleichen, aber dafür sicheren Erfahrungen verhaftet und hat ein festes Bild von sich und seiner Spiritualität, das auf dem eigenen Wunschgedanken basiert. Meist ist dieser negativ geprägt. Er färbt die Erfahrungen des täglichen Lebens mit dem noch nicht gelösten emotionalen Leid. Dieses Leid kommt primär in Selbstmitleid, aber auch in einem ständigen übersteigerten Mitgefühl zum Ausdruck. Die gestauten Energien aus dem Wurzelchakra werden dann über Tränen gelöst.

Das Sakralchakra und sein Emotionalkörper tragen Kräfte in sich, die uns mit anderen Menschen verbinden. Sind diese Kräfte gut entwickelt, können sich unser Partner, unsere Kinder und Tiere sicher in unserer Energie fühlen. Die Aura dehnt sich tatsächlich weiter aus, um einen schützenden Film über unsere Lieben zu legen, ohne diese einzuschränken. Sehr ähnlich ist das Verhalten von wilden Tieren in der Natur, wenn sie Nachwuchs haben.

Auch die Diné nutzen diese Kraft der Verbindung, um eine starke energetische Einheit zu bilden; sie schützen ihr Energiefeld vor negativen Einflüssen. Stauen sich die Energien im Sakralchakra, kann eine beständige unbewusste Wut empfunden werden. Sie geht mit dem Gefühl einher, vom Leben ungerecht behandelt zu werden und immer »zu wenig« zu bekommen. Die Mitmenschen werden unbewusst als potenzielle Feinde gesehen, derer es sich zu erwehren gilt. Die Diné sehen in dieser Heraustrennung aus dem kollektiven Energiefeld ein stark wirkendes Ego, das sich gut maskiert hat. Sie wissen, dass diese geistige Trennung ein geschwächtes Licht und damit verbunden gerade einen schwächeren Schutz vor belastenden Energien darstellt.

Der Mentalkörper – die dritte Auraschicht

Im Mentalkörper finden wir die Gedanken und geistigen Prozesse eines Wesens. Ist er z. B. durch ein informatives Buch stimuliert, gerät der Leser ins Nachdenken und dieser Körper dehnt sich weit aus. Dann wird seine ohnehin blaue Färbung intensiver und eine indigofarbene Aura entsteht, jene Aura, die unter den Alchemisten und Kabbalisten schon seit Jahrhunderten bekannt ist und jetzt in der Bezeichnung der Indigokinder seine Wiederentdeckung feiert.

Diese dritte Auraschicht befindet sich in einer fließenden Bewegung. Hat ein Mensch sehr viele Ideen und beginnt spirituelle Zusammenhänge zu verstehen, gibt es regelrecht kleine Blitze, die sich durch den Mentalkörper bewegen. Die Diné sagen, dass dieser Körper besonders intensiv arbeitet, wenn ein Mensch seine eigenen, irdischen Gedanken loslässt und Gott die alten Gedanken mit Liebe erfüllt. Tatsächlich habe ich bei verschiedenen Ritualen im Reservat den Mentalkörper weiß-samtig leuchten gesehen, wenn Indianer sich tief dem Licht hingaben. Bei genauerem Hinsehen fiel mir dann eine sehr große Anzahl von feinen Energieblitzen auf, die sich durch diese Schicht bewegten. Ich habe später gelernt, dass bei Menschen, die wahrhaftig mit Engeln und Lichtwesen in Kontakt treten können, das gleiche Phänomen auftritt.

Hält der Mensch an alten Gedankenmustern fest, die er für sich als sicher erkennt, stagniert der Energiefluss in dieser Schicht allmählich und das Solarplexuschakra wird schwächer. Solche Menschen kompensieren dieses Defizit über viele hektische Bewegungen oder durch mentale Dominanz, die von ihrer Schwäche ablenken soll. Dieser Vorgang ist regelrecht perfektioniert und der Gesprächspartner hat das Gefühl, mit einem besonders bewussten Menschen zu tun zu haben. Ich habe festgestellt, dass diese Kompensation besonders häufig bei Männern stattfindet, und nenne sie das »Magier-Syndrom«. Aus meiner Sicht haben fast alle Frauen, die mit diesem Umstand bei einem Mann konfrontiert werden, das Gefühl, sie wären mit einem besonders starken und mental mächtigen Menschen zusammen, von dem sie sich nicht selten geistig kontrolliert fühlen. In Wahrheit geschieht nichts dergleichen, außer dass bei einer Schwäche in dieser Schicht

der Mentalkörper stark zum Kopf hin ausgedehnt wird. Dieser Bereich geht intensiv mit dem Mentalbereich des Gegenübers in Kontakt. Dies ist eine kleine Manipulation oder ein Ablenkungsmanöver, das kein verstärktes Bewusstsein darstellt und keinesfalls Macht beweist. Das Bewusstsein für Kontrolle hat in dieser Schicht und dem dazugehörigen Chakra ihren Sitz, ebenso die Hingabe. Hier zeigt sich, ob ich dem Leben vertrauen kann und meine energetischen Kräfte in einem entspannten Zustand sind, der nur bei Bedarf reagiert.
Reagiert ein Mensch nur mehr aus alten Mustern heraus, lebt er mit Schubladen, in denen er denkt, fühlt und handelt. Dann verhärtet der Solarplexus und bringt damit zwangsläufig den Energiefluss des Wurzel- und Sakralchakras zum Stagnieren. Wutausbrüche und starke Stimmungsschwankungen können die Folge sein. Ebenso wird es diesem Menschen sehr schwerfallen, die Energie aus einer Meditation mit in den Alltag zu übernehmen. Seine spirituelle Aktivität und die des Alltags bleiben getrennte Handlungen und können sich nicht verbinden. Man fühlt sich innerlich gequält und umhergetrieben und kommt schwer zur Ruhe. Im Mentalkörper sitzt zum Beispiel auch die Kraft des Diné-Kriegers, der seinen Stamm verteidigt. Konnten in der Vergangenheit die Krieger die Energien und die Gedanken des Mentalkörpers nicht lichtvoll ausrichten, raubten sie – wie tatsächlich vorgefallen – andere Stämme aus und lebten wie Parasiten für ihren persönlichen Vorteil.

Der Kausalkörper – die vierte Auraschicht

Der Kausalkörper bringt die einfachen menschlichen Empfindungen mit den Wünschen der Seele in Einklang. Als eine Filterschicht zwischen den inneren und äußeren Auraschichten wirkt er wie eine Schutzschicht, falls die siebte Auraschicht zu schwach ist.

Im Kausalkörper drückt der Mensch aus, ob er Liebe für sich erfahren möchte. Hier lebt der Mensch das einfache Bedürfnis nach Liebe, wie sie sich in Geben und Nehmen ausdrückt. Dieser Körper kann die Liebe in eine höhere Ebene transportieren und lernen, den Großen Geist, Gott, zu lieben. In der westlichen Esoterikszene wird die Arbeit mit dem Herzchakra propagiert, was zu Beginn der Lichtarbeit sicher wichtig ist. Doch schon nach kurzer Zeit muss der Lichtarbeiter seinen Fokus vom eigenen Spüren auf das Spüren von Gott in allen Lebensmomenten verlagern und die Energie des Herzchakras damit in die Thymusdrüse leiten. Als »hohes« Herzchakra hat sie die Aufgabe, die normale Energie des Herzchakras mit einem höheren Empfinden zu erfüllen. Mitleid wird zu Mitgefühl und Liebe wird über das Geben von Liebe empfunden. Der Kausalkörper kann sich dann in die äußeren Auraschichten ausdehnen und wir kommen mit unseren höheren, Göttlichen Energien und Empfindungen in Kontakt. Der Göttliche Funke wird langsam mit Energie versorgt und auf sein Erwachen vorbereitet. Die Ichbezogenheit verschwindet und man hat nicht mehr die Angst, nicht »genug« zu bekommen. Der Mensch kann sich darauf verlassen, von seiner Seele geführt und mit Liebe versorgt zu werden.

Bezieht sich die Lichtarbeit hauptsächlich auf das »normale« Herzchakra, zweifelt der Mensch immer wieder an seinen Erfahrungen und als zu gering bewerteten spirituellen Erlebnissen. Er fordert nach immer neuen Beweisen dafür, dass es wirklich eine Höhere Kraft gibt und dass auch er von dieser mit Energie versorgt wird. Doch genau dies geschieht nicht, da es Gott nicht nötig hat, unseren Unglauben durch einen Beweis aufzulösen. Glauben wir aus dem tiefsten und innersten Impuls unseres Herzens heraus, begegnet Gott uns in Form von Engeln, lichtvollen Begegnungen und physischer Gesundheit.

Die Liebe und das Licht für sich zu wollen ist im indianischen Glauben eine starke trennende Kraft, die den Menschen sogar aus dem Göttlichen Schutz herausschleudern kann. Der Lichtsuchende möchte diese Wirkungsweise unbewusst nicht spüren. Er wünscht sich, dass spirituelle Botschaften möglichst weich und sanft sein mögen, damit der Kausalkörper nicht unnötig stimuliert wird. Geschieht dies z. B. durch eine sehr geradlinige spirituelle Botschaft, fühlen sich der Kausalkörper und das Herzchakra zurückgewiesen und »unsanft« behandelt.

In Wirklichkeit werden diese Ebenen stimuliert und wollen sich ausdehnen, doch die vorgefasste spirituelle Meinung und Ängste drücken die sich ausdehnende Energie in der Auraschicht wieder zurück und man fühlt sich regelrecht »zurückgewiesen«. Dies geschieht häufig, wenn solche Menschen mit den alten Lichtkulturen in Berührung kommen. Diese bauen auf der Energie des Höheren Herzchakras auf. Daher fühlt sich jemand, der diese Energie nicht kennt, zuerst abgestoßen und hat Angst, sich auf dieser Ebene zu spüren. Nicht umsonst nennen die Diné den Kausalkörper den Körper der Entscheidung. Da er über den Solarplexus direkt mit dem Nervensystem in Verbindung steht, zeigt sich über diese Schicht auch die nervliche Belastbarkeit eines Wesens.

Der Ätherische Negativkörper – die fünfte Auraschicht

Bei den letzten drei Auraschichten handelt es sich um eine Spiegelung der ersten drei Schichten. Hierbei gleicht die fünfte Schicht der ersten, die sechste Schicht der zweiten und die siebte Schicht der dritten Auraschicht. Der große Unterschied ist, dass die letzten drei Auraschichten die Themen der ersten drei Auraschichten stärker mit Gott in Verbindung bringen. Anders ausgedrückt, sie spiegeln die Beziehung des Menschen zu Gott wider. Bemerkenswert ist, dass bei vielen Menschen diese letzten drei Auraschichten völlig ungenutzt sind und sich wie leere Luftballonhäutchen zeigen, die die vierte Auraschicht umgeben.

Die Wahrnehmung eines solchen Menschen endet dann tatsächlich bei der vierten Auraschicht und er kann sich kaum etwas Spirituelles oder Übersinnliches vorstellen. Die Diné von heute würden sagen, dass ihm die nötige Hardware fehlt. Aus dieser Perspektive erklärt sich die seltene Sinnlosigkeit von spirituellem »Missionieren«. Häufig haben Lichtarbeiter aus ihrem wieder entdeckten Kontakt zu Gott das Bedürfnis, andere an ihrem Wissen und Wachstum teilhaben zu lassen. Sie wünschen sich, dass jeder Mensch mehr spüren und wahrnehmen kann und dem Leben einen höheren Sinn abgewinnt. Im Prinzip ist das ein lobenswerter und liebevoller Wunsch. Leider fehlt aber beim Brachliegen dieser letzen vier Auraschichten schlichtweg die Möglichkeit des Spürens und Begreifens. Es handelt sich hier um vergebliche Mühe, die nach einer Weile höchstens Frust beim »Bekehrer« erzeugt, weil das »Bekehrungsopfer« das Gefühl bekommt, belehrt zu werden, und sich verschließt. Ich habe hier eine gute Hilfestellung im Koran gefunden, der sagt, dass man einem Menschen nur dann spirituelles Wissen anbieten soll, wenn man sicher ist, dass er im Stillen betet.

Die fünfte Auraschicht enthält den höheren Bauplan des Körpers, in den auch die Reaktionen unserer höheren Seelenanteile auf unser tägliches Leben einfließen. Diese Seelenanteile, in die unsere höheren Dimensionen – die Diné nennen sie Welten – verankert sind, können auf die Entwicklung eines Menschen mit einer mehr oder weniger starken Korrektur reagieren, wenn dieser zu weit von seinem Lebensweg abkommt. Diese Korrekturen erleben wir durch Krankheiten oder Zwischenfälle, die unser Leben anders verlaufen lassen, als wir es uns vorgestellt haben. Finden diese Korrekturen durch eine Krankheit statt oder sind sie im Lebensplan eines Menschen prinzipiell angelegt, kann man sie in der fünften Schicht ablesen und unter Umständen auch heilen. Vor allem aber lassen sich die innere Haltung und somit nach Möglichkeit der Krankheitsverlauf ändern. Sind dort Krankheiten sichtbar, versuchen sie unweigerlich durch die vierte Auraschicht immer weiter an den Körper heranzuwandern, um sich schließlich über die erste Auraschicht, den Ätherischen Körper, zu manifestieren. Viele Heiler machen den Fehler, nur mit der ersten Auraschicht zu arbeiten, und leisten so eine Art Symptombehandlung. Die Krankheit wirkt immer aus der Energie der fünften Schicht nach und eine Besserung tritt dann nur kurzfristig ein. Dies ist größtenteils bei Reiki der Fall. Es gibt allerdings auch Ausnahmen, z. B. wenn der Behandelte selbst die empfangene Energie in den fünften Aurakörper schleust und unter anderem durch positive Gedanken eine dauerhafte Heilung ausgelöst wird. Für eine tiefergehende Heilung empfehlen wir unsere Divine Healing-Einweihungen (siehe Anhang).

Die fünfte Auraschicht wird durch das Halschakra gespeist. Seine Aufgabe in der Lichtarbeit ist es, Gott zu preisen und die Schönheit der Schöpfung in Worten und Gesang auszudrücken. Es ist ein Chakra, das Kontakt zu niederen Engelsfrequenzen hat, weil es tatsächlich durch das Aussprechen der Worte Licht manifestieren kann. Viele Menschen sprechen jedoch nicht das aus, was sie wirklich denken und fühlen – sie blockieren dadurch das Halschakra –, oder sie leben und sprechen die Meinungen von anderen Menschen, z. B. der Eltern, aus und fügen ihrem Halschakra und der fünften Auraschicht dadurch regelrecht Schaden zu (das kann sich z. B. in Schilddrüsenproblemen ausdrücken). Die einfachste Art, dieses Chakra zu reinigen, ist lautes Beten und das Singen von Mantren. Alle alten Lichtkulturen nutzen das Singen als einen Ausdruck der Lobpreisung und empfangen dafür mehr Licht, so auch die Diné. Bei ihnen sind fast alle Gebete in Form von Gesängen ausgedrückt, die die Energie der fünften Auraschicht öffnen und z. B. ein Channeling einleiten.

Das Empfangen und Aussprechen von höheren Informationen, die von Engeln übermittelt werden, ist eng mit dem Halschakra verbunden. Leider empfangen viele Channelmedien Informationen, die sie dann dank eines ungereinigten Halschakras und mit ihren menschlichen Bewertungen verzerren und so unklar in die Welt setzen.

Wenn ein Klient große Probleme hat, sein Licht wieder in die Verbindung zu Gott zu bringen und Energie zu spüren, lasse ich ihn ein altes Gebet nachsprechen und verstärke seine Energie, damit es ihm möglich ist, einen höheren Schwingungsbereich zu erreichen. Er empfindet dann sehr viel Liebe und ein starkes Licht, das tatsächlich mit seinem lichten Göttlichen Funken Kontakt aufnimmt. Das Halschakra und sein Energiekörper sind außerdem häufig blockiert, wenn ein Mensch negative Gedanken hat, die von Missgunst und Neid geprägt sind. Die Stimme ist dann häufig in ihrem Klang sehr instabil und hat einen leicht weinerlichen Unterton, der jeden Augenblick durchzubrechen droht. Auch der spontane Gebrauch von Kraftausdrücken steht speziell mit diesem Thema in Verbindung.

Das Halschakra wird hier unkontrolliert von dem zweiten Chakra gespeist, das in diesem Fall Ohnmacht und Hilflosigkeit ausdrückt. Ist ein Mensch passiv diesen negativen Schwingungen ausgesetzt oder bringt diese aus einem letzten Leben mit, geht die Schilddrüse in eine Überfunktion.

Von den Diné habe ich gelernt, laut zu meinem Gott zu sprechen und mich nicht für diesen Ausdruck zu schämen. Auch haben mir meine Lehrer beigebracht, wie wichtig es ist, dieses Chakra durch das körpernahe Abräuchern mit Salbei und das laute Sprechen von Gebeten zu reinigen. Sie sagen, dass ein Mensch, der Gott und seine Engel hören will, diesen Wunsch auch laut mitteilen muss, damit er gehört wird. Eine schöne Yogapose zur Stärkung der fünften Auraschicht ist die Position »Der Krieger«.

Der Hohe Emotionalkörper – die sechste Auraschicht

Der Hohe Emotionalkörper wird vom Dritten Auge mit Energie versorgt. Er hilft, über anerlernte Bilder hinauszuwachsen und andere Weltbilder anzunehmen. Wir haben dann nicht das Gefühl, uns gegen neue Eindrücke und Veränderungen wehren zu müssen. Viele Lichtarbeiter beginnen an einem fortgeschrittenen Punkt ihrer Entwicklung Energie in diese Schicht zu leiten, blockieren die weitere Ausdehnung aber dann durch ein spirituell dogmatisches Denken. Sie haben Angst vor dem Lichtwissen anderer Kulturen. Es sind dann immer noch Vorbehalte gegen andere Glaubensgemeinschaften wie z. B. den Muslimen oder Juden vorhanden, ohne dass diese überhaupt näher erforscht wurden. Das Dritte Auge führt hier eine ihm vor langer Zeit zugewiesene Aufgabe weiter: Es schützt den Menschen davor, zu viel zur gleichen Zeit zu erkennen und dadurch in einen leichten energetischen Schock zu geraten. Ich habe viele Touristen (auch spirituelle Reisegruppen) gesehen, die sich mit der Kamera bewaffnet auf das Sammeln von möglichst vielen Eindrücken gemacht haben. Die Diné haben sie die »Blinden« genannt, weil sie erkannt haben, dass viele dieser Menschen nicht über das Dritte Auge sehen, sondern nur möglichst viel aufnehmen wollen. Dies mangelnde Bewusstsein im Augenblick hat zur Folge, dass der Mensch nicht in Kontakt mit seinen höheren Seelenanteilen ist. Er hat zu ihnen keine Verbindung und kann dadurch keine wirkliche Schwingungserhöhung erreichen. Dies führt dazu, dass er Energie nicht aufnimmt, selbst wenn er sich an einem Kraftort befindet.

Eine wirkliche Öffnung des Dritten Auges kann nur stattfinden, wenn man ohne innere Erwartungshaltung meditiert oder Lichtarbeit praktiziert, was zu Beginn nicht einfach ist. Der Hohe Emotionalkörper nimmt die Schwingungen aus der Umwelt auf und kann zum Beispiel in einem Raum von Meditierenden die Energie der anderen und deren visuelle Wahrnehmung aufnehmen. So kann der Eindruck entstehen, der Betreffende hätte den Engel, das Licht und Ähnliches wirklich ebenso wahrgenommen wie sein Nachbar; in Wirklichkeit nimmt er dessen Vorstellung auf.

Für die Diné ist das Dritte Auge der Zugang zu der Welt der Götter und zum Verständnis der Schöpfungsmythen. Er ermöglicht es, die Schöpfung aus dem Blickwinkel eines anderen Wesens wahrzunehmen. Dieser Körper ist verantwortlich für die höhere Empathie, die alle Lebewesen an demselben tiefen Gefühl von Liebe teilhaben lässt. Die Sunrise Schule gibt viele Kurse, die die Chakren, speziell das Dritte Auge, auf einer höheren Ebene stimulieren, um diesen Zugang zur Empathie zu öffnen. Eine sehr schöne Folge davon ist, dass der Betreffende nicht mehr das Gefühl hat, für seine Wahrnehmung eine Bestätigung zu brauchen. Er lernt die Wahrheit zu fühlen, indem er das Chakra darauf trainiert, den klaren Unterschied zwischen Licht und Dunkel zu fühlen.

Bei den Diné durfte ich hierzu eine Lernerfahrung machen. Die Indianer haben die Gabe, in den Canyons sogenannte energetische Lichter zu etablieren. Es handelt sich um reine Energielichter, also keine materiellen Feuerquellen, die ihnen helfen, den Weg in der Nacht zu finden. Ich habe diese Lichter oft an Felswänden sehen können und von meinem Lehrer gelernt, mich daran zu orientieren. Er hat mir auch erzählt, dass Menschen mit negativer Lebenseinstellung diese Lichter nicht sehen können oder so verzerrt wahrnehmen, dass sie in die Irre geführt werden.

Auf eine ähnliche Art und Weise können uns auch unser Drittes Auge und unser Hoher Emotionalkörper irreleiten, wenn wir unterbewusst nur bereit sind, das Licht auf eine bestimmte Art und Weise wahrzunehmen. Migräne und Kopfschmerzen sowie Schwindelgefühle können ein Zeichen dafür sein, dass sich das Dritte Auge öffnen möchte und der Mensch unbewusst dieses Wachstum verhindert. Der Hohe Emotionalkörper ist ein Sinnbild des wahrhaftigen Glaubens eines Menschen. Es ist unmöglich, ihn zu belügen, er drückt die Transformation der niederen Liebesgefühle in höhere aus. Hingebungsvolles Liebe und wahrhaftige Lichtarbeit sind in diesem Körper über dessen Farbgebung und Ausdehnung regelrecht zu »lesen«. Die unendlich feinen Energiestränge, die über diese Auraschicht Verbindungen zu anderen Lebewesen aufbauen, haben eine starke Verbindung zum Ursprung unserer Seele. Die Liebe, die über diese Stränge transportiert wird, macht für die Seele den Grad der menschlichen Entwicklung erkennbar.

Der Hohe Mentalkörper – die siebte Auraschicht

Die siebte Auraschicht wird sowohl vom Kronen- als auch dem Wurzelchakra mit Prana versorgt. Sie ist die äußerste Schutzschicht der Aura; in ihr laufen alle Verbindungen der anderen Aurakörper zusammen und werden miteinander verknüpft. Alle Energien, ob positiv oder negativ, öffnend oder belastend, wirken auf sie ein und werden letztlich über diese Schicht verarbeitet. Außerhalb der siebten Auraschicht gibt es noch weitere Auraschichten, ebenso wie es unzählige weitere Chakren entlang des Pranakanals gibt, sie sind aber zu Beginn der Lichtarbeit zu vernachlässigen.

Diese siebte Auraschicht kann lange, alte, nicht losgelassene emotionale oder physische Verletzungen zeigen. Dann wird die Haut der Aura durch diese Blockierungen entsprechend mangelhaft mit Energie versorgt. Sie wird in der Folge immer dünner, bekommt Risse und regelrechte Löcher, mit denen es schwerfällt, Energie im Körper und speziell in der Aura zu halten. Entsprechend wenig spürt der Betroffene bei der Lichtarbeit oder Meditation.

Der verstärkte Kontakt mit Prana kann sogar dazu führen, dass man zu Beginn der Meditation sehr unruhig wird und von verschiedenen Körperstellen ein Juckreiz ausgeht. Die siebte Schicht versucht allein über die bewusste Entspannung, die Lecks in der Aura mit Energie zu flicken. Es ist dann, als würde eine Art feines Gitter über die Nadis, die Energiekanäle der Chakren, gewebt werden und sich langsam mit Licht füllen. Während dieses Vorgangs findet in der siebten Schicht eine Sortierung zwischen lichten und belastenden Energien und deren Bildern statt, die der Aurakörper auszustoßen versucht. Sind die Energielecks geheilt, empfängt der Meditierende viele Bilder des Tages vor seinem inneren Auge und kommt schwer zur Ruhe. Am besten lässt man diese Gedanken und Bilder einfach ziehen und vertraut hier den Selbstheilungskräften der eigenen Aura. Erst wenn die Löcher und Verformungen dieser Schicht ausgeglichen sind, kann der Lichtarbeiter langsam Licht im Körper halten und auch nach innen hin, zum Körper, aufbauen.

Zu Beginn der spirituellen Entwicklung kommt man immer mehr mit sich selbst in Kontakt und lernt sich zu entspannen. Diese Entspannung, die einem tiefen Kontakt mit der Seele gleichkommt, führt dazu, dass mehr Energie über das Kronenchakra einfließt und sich über den Pranakanal, der als »Lichtleitung« die Wirbelsäule umhüllt, weiter in die Chakren verteilt. Sind die Blockaden oder Ängste im Körper zu groß, werden Rückenschmerzen, ein Kopfdruck und oft auch eine starke innere Unruhe gespürt. Auch kann die Aura durch Heilbehandlungen mit spitzen Steinen oder Gegenständen verletzt werden, wie z. B. während einer Operation oder auch bei vielen Techniken der Pranaheilung, in der Heiler mit spitzen Steinen in der Aura des Patienten arbeiten, ohne die Folgen wahrzunehmen.

Für die Diné besteht ein klarer Zusammenhang zwischen dem energetischen Schutz, den ein Wesen durch sein Lichtbewusstsein selbst herstellt, und dem Gefühl des Geschütztseins im Leben. Ist die Aura inklusive der siebten Schicht stabil, sind die Ängste entsprechend wenig vorhanden, der innere Glaube und das Spüren des Lichts sind stark. Verliert ein Mensch den Glauben oder glaubt er nur, solange sein Leben funktioniert, wie er will, zieht sich die Energie entsprechend schnell in die ersten Auraschichten zurück.

Eine Besonderheit des Hohen Mentalkörpers sind seine feinen Verbindungen zu anderen Lebewesen. Ist diese Auraschicht entwickelt, spürt sie die Energiefelder von Tieren und Pflanzen. Auf diese Weise kann z. B. ein Gänseblümchen mit dem Hohen Mentalkörper Kontakt aufnehmen und der Mensch läuft in dem Moment an der Pflanze vorbei, anstatt diese zu zertreten. Dieser rege Austausch von Energien führt zu einem hohen Bewusstsein des Menschen und einer für Außenstehende scheinbar ausgeprägten Intuition.

Reinigung und Heilung der Auraschichten

Für eine sinnvolle Lichtarbeit ist es nötig, die einzelnen Auraschichten zu reinigen, zu kräftigen und durch die eigene Geisteshaltung zu unterstützen. Für die indianische Lichtarbeit ist eine funktionierende Aura essentiell, da nur sie das Gefühl von Verbundenheit mit allem, was ist, erzeugt und wir so auf einer höheren Ebene zu Wahrnehmungen fähig sind.

Anbei finden Sie einige Rituale, mit denen Sie Ihre Aura reinigen und stärken können. Es handelt sich um Rituale aus der indianischen Lichtarbeit, sie ersetzen keinesfalls einen Arztbesuch.

Bei allen Übungen sollten kleine Kinder und Tiere nicht im Raum sein, da unter Umständen sehr viel Belastung frei wird. Haben Sie Kinder oder Tiere, sollten Sie auf jeden Fall nach den Übungen den Raum mit Räucherwerk reinigen. Bezugsquellen für gute Räuchermaterialien finden Sie im Anhang.

Die erste Auraschicht

Heilende Affirmation:

»Mein Körper ist ein Gefäß voller Licht.«

Stellen Sie sich vor einen Spiegel (Sie können die Kleidung anbehalten). Schließen Sie die Augen und atmen Sie durch das Kronenchakra bis tief in die Erde hinein (siehe Pranaatmung). Atmen Sie, bis Sie sich frei und entspannt fühlen.

Lenken Sie den Atem nun in Ihr Herz und atmen Sie in Gedanken das Prana über das Herzchakra aus. Es kann einige Minuten dauern, bis Sie an manchen Körperstellen ein leichtes Druckgefühl bekommen. Das Spiegelbild potenziert Ihre Schwingung und baut so zusätzlich Druck auf.

Öffnen Sie nun die Augen und sehen Sie Ihren Körper im Spiegel an. Vielleicht haben Sie einen leicht hellsichtigen Blick und können die energetischen Verschmutzungen an Ihrem Körper als Schleier wahrnehmen. Es sind spezielle Verdichtungen in der ersten Auraschicht, die sich durch diese Übung zeigen.

Legen Sie Ihre rechte Hand auf diese Stellen oder, falls Sie diese nicht sehen können, auf den Solarplexus. Es ist in Ordnung, wenn Sie sich beugen müssen, um die Stellen zu berühren, Sie sollten dabei aber stehen bleiben. Atmen Sie durch das Kronenchakra ein und leiten Sie die Energie in Gedanken zum Handchakra der rechten Hand (im inneren Zentrum der Hand). Lenken Sie die Energie nun auf die betroffene Stelle, bis sich der Druck und Schleier auflösen.

Sie können diese Übung während einer Sitzung nach und nach am ganzen Körper üben. Wichtig ist, dass Sie nicht Reiki oder eine andere Energie fließen lassen, denn diese Korrektur kann nur über die eingeleitete eigene Energie stattfinden. Sie nutzen gewissermaßen eine homöopathische Potenz Ihres Pranas und lösen die Blockaden damit auf. Wenn Sie möchten, können Sie den Namen des Erzengels Gabriel als Mantra sprechen.

Am Ende der Übung sollten Sie mit Salbei räuchern und, wenn Sie möchten, duschen oder baden. Auch ein Spaziergang in der Natur ist eine heilsame Ergänzung.

Die zweite Auraschicht

Heilende Affirmation:

»Meine Liebe ist allumfassend und schließt niemanden aus.«

Gehen Sie in eine bequeme Position und nehmen Sie eine Decke oder andere Hilfsmittel wie meditative Musik oder eine schöne Räucherung, um sich wirklich wohlig zu entspannen.

Schließen Sie die Augen und spüren Sie in Ihren Körper. Ergründen Sie, wen oder was Sie alles durch Ihre Ängste aus Ihrem Körper, aus Ihrem Leben ausschließen. Nehmen Sie sich dafür etwa zehn Minuten Zeit. Dann atmen Sie rosafarbenes Licht in den Bauchbereich und heben Sie in Gedanken und in Ihrem inneren Bild alle Trennungen auf. Fühlen Sie sich tief im Inneren durch Ihren Kontakt zum Licht und Ihren Glauben geschützt.

Dehnen Sie über Ihren Atem und Ihre Vorstellung das Licht weit über sich hinaus, bis es die ganze Erde umhüllt. Wenn Sie diese Übung wirklich zulassen, lösen sich viele körperliche Verspannungen und Druckgefühle, die durch die unbewusste Ablehnung des eigenen Verhaltens entstanden sind. Wenn Sie wollen, können Sie auch etwas schlafen und sich entspannen.

Am Ende der Übung sollten Sie mit Weihrauch räuchern, um den Prozess der Umwandlung durch ein Räucheropfer zu bestätigen.

Die dritte Auraschicht

Heilende Affirmation:

»Ich lebe das Bild, das ich mir erschaffen habe.«

Atmen Sie über das Kronenchakra in den Solarplexus und dehnen Sie in Gedanken diese dritte Auraschicht aus. Atmen Sie normal und versuchen Sie, mit Ihrem inneren Auge der Form des Mentalkörpers, den Sie erschaffen haben, zu folgen. Vielleicht ist er sehr aufgeblasen und wirkt wie ein Michelin-Männchen, vielleicht ist er verkümmert und unterernährt und Sie fühlen sich beengt. Versuchen Sie zu erkennen, wie und wodurch Sie Ihren Mentalkörper geformt haben, und verstehen Sie, dass auch andere Menschen unbewusst auf diese Energieform reagieren und Ihnen dementsprechend begegnen.

Lernen Sie die indianischen Engel Blue Body, Yellow Body und White Body kennen, indem Sie sie einladen, über das Kronenchakra und das Solarplexuschakra in Ihre Auraschicht einzufließen und Sie Ihrem höheren Seelenausdruck entsprechend zu formen. Geben Sie sich voller Vertrauen der liebevollen Begleitung dieser Engel hin. Der Vorgang dauert ungefähr fünf Minuten, in denen Sie der Meditation sanft folgen sollten.

Bedanken Sie sich dann bei den Engeln und überprüfen Sie von Zeit zu Zeit die Form dieses Körpers. Wenn nötig, wiederholen Sie die Meditation.

Nach der Übung gehen Sie am besten 20 Minuten in der Natur spazieren, um den neuen Energiefluss durch die Bewegung der Chakren auch in die anderen Aurakörper einzubringen.

Die vierte Auraschicht

Heilende Affirmation:

»Ich vertraue und lasse los.«

Versuchen Sie eine halbe Stunde durch eine tiefe Atmung zur Ruhe zu kommen, lassen Sie den Tag an sich vorbeiziehen und danken Sie Ihrem Gott für alle Begegnungen gleich welcher Art, die Sie an diesem Tag hatten. Lassen Sie für einen Augenblick alle Bewertungen gehen und spüren Sie, wer Sie eigentlich sind: ein Wesen, das nicht von den Abläufen und Geschehnissen geformt wird, sondern ein denkender Mensch mit einem Göttlichen Anteil, der mehr vermag, als nur zu reagieren. Atmen Sie zehnmal in das Tan Tchien, das Kraftzentrum etwa zwei Zentimeter unter dem Sakralchakra. Lassen Sie zu, dass es sich ausdehnt und Sie eine Art Kugel oder Energiebewegung spüren, die sich nach oben und unten an der Wirbelsäule entlang ausdehnt.

Die fünfte Auraschicht

Heilende Affirmation:

»Ich bin eine Manifestation des Lichts.«

Diese Übung öffnet Sie und bringt Sie in einen tiefen Kontakt mit Ihrem innersten Licht. Atmen Sie so lange tief ein und aus, bis Sie in einen vollkommenen Zustand der Ruhe und des Friedens angekommen sind. Visualisieren Sie Licht und rufen Sie Ihr Krafttier (siehe Kapitel 14) um Unterstützung. Bitten Sie es um die Stärke, sich von alten Ängsten und Ich-Gedanken zu trennen, und lassen Sie das Licht diese Ängste fortspülen. Wahrscheinlich werden Sie sich weich und getragen fühlen. Sie können auch sehr intensiv ein- und ausatmen, um den Prozess physisch stärker zu spüren.

Warten Sie dann, bis ein tiefes inneres Wohlgefühl auftritt, und danken Sie Ihrem Krafttier. Reinigen Sie auf jeden Fall Ihre Räume durch eine Räucherung mit Weihrauch und Salbei, nehmen Sie ein Meersalzbad und tauchen Sie ganz unter, falls Sie eine sehr tiefe Reinigung wünschen.

Die sechste Auraschicht

Heilende Affirmation:

»Ich gebe meinen Schmerz zur Heilung frei.«

Legen Sie sich in einem abgedunkelten Raum flach auf den Rücken und atmen Sie entspannt tief ein und aus. Wenn sich Ihr Becken und der Nacken entspannen und Sie der Erde vertrauen können, bitten Sie diese Ihre Mutter, Sie zu unterstützen und zu halten. Bitten Sie nun Ihren Schmerz, sich Ihnen zu zeigen. Sie können ihn als ein Bild, als eine Farbe im Raum oder eben im eigenen Körper spüren. Haben Sie keine Angst und lassen Sie den Prozess zu; vertrauen Sie der Erde als Sie leitende Kraft.

Erklären Sie dem Schmerz nun, dass Sie seine Kraft durch die Kraft der Liebe ersetzen wollen, danken Sie ihm für seinen Dienst und dafür, dass er sie so weit in Ihrem Leben geführt hat. Seien Sie ohne Wut und Selbstmitleid. Bitten Sie den Engel Blue Body (siehe S. 105 ff.), diese Energie mit Ihnen zusammen zu transformieren und durch die Kraft des Lichts zu ersetzen. Danken Sie ihm und entlassen Sie den Schmerz ohne weitere Gedanken wirklich auf allen Ebenen. Räuchern Sie mit Salbei und Wacholder.

Falls Sie sich schwach fühlen, atmen Sie reines ätherisches Pfefferminzöl ein.

Die siebte Auraschicht

Heilende Affirmation:

»Ich entscheide über das Licht und Dunkel in mir.«

Setzen Sie sich und atmen Sie tief ein und aus, den Blick entspannt auf den Boden gerichtet. Gehen Sie mit Ihrem Körperschwerpunkt in Ihr Becken und vertrauen Sie sich selbst mit jedem Atemzug in das Becken mehr und mehr. Machen Sie sich mit dem Gedanken vertraut, dass Gott eine aktive Verbindung zu Ihnen und Ihrem Körper hat. Spüren Sie, an welcher Stelle in Ihrem Körper diese Verbindung ist. Vielleicht spüren Sie dort auch einen leichten Druck, weil Sie diese Verbindung selbst nicht zulassen. Bitten Sie White Body, den Engel der Transformation, Ihnen zu helfen, diese Verbindung anzunehmen. Atmen Sie tief in besagte Stelle und stellen Sie sich vor, Sie saugen den Druck, der Energie ist, in sich auf, genau an der Stelle, an der Sie ihn spüren.

Erlauben Sie nun White Body, diese Energie zu transformieren. Lassen Sie zu, dass das Licht Sie durchdringt. Vielleicht erhöht sich Ihr Puls oder Ihre Atmung, lassen Sie es einfach geschehen. Schließen Sie Ihre Augen und lassen Sie zu, dass die Energie Sie vollkommen durchströmt. Sie erfüllt Sie und richtet Ihre Wirbelsäule und den ganzen Körper auf. Nehmen Sie den Gedanken an, ein positiver und lichtvoller Mensch zu sein und diese Qualitäten auszustrahlen.

Danken Sie White Body, indem Sie eine weiße Kerze und einige weiße Blumen als Dank aufstellen und vor der brennenden Kerze ein Gebet aus Ihrem Herzen sprechen.

6

Heiliges Wissen aus der Traumzeit

An einem spätsommerlichen Nachmittag wanderten wir auf dem Colorado Plateau, wo sich Gott und seine Schöpfung zu begegnen scheinen. Hier treffen die Landmassen von New Mexico, Utah, Colorado und Arizona aufeinander und bilden die Grundlage für die Existenz der Navajo Nation, die sich umgangsprachlich Diné Dikeyak oder einfach »The People« nennt. Ihre Vorfahren lebten davon, in den Tälern Rinder, Ziegen, Schafe und Pferde zu züchten – meine Begleiter und ihre Familien leben neuerdings auch vom Tourismus. Wir setzten uns auf einen Felsen, der verloren in die Gegend geworfen schien. Die Luft war trocken und leicht staubig und man konnte die in einiger Entfernung liegenden Wüsten riechen. Einer meiner Lehrer gebot mir, die Augen zu schließen und mir das Leben seines Stammes vor der Begegnung mit dem weißen Mann vorzustellen. Ich erfuhr, dass das Leben des unberührten Stammes der Diné, deren Lebensraum sich hin und wieder mit dem der Hopi überschnitt, von tiefer Ehrfurcht für die Heiligen Berge wie den Governor Knob und den Hueferno Butte geprägt war.

Mein Lehrer sagte, ich sollte in den Himmel spüren, ob ich etwas Lichtes wahrnehmen könne. In einer Umgebung, die von sich aus sehr hoch schwingt und in der das Licht eine andere, reinere Qualität hat als in Europa, war das schwer zu sagen. Nach einer kleinen Weile hatte ich tatsächlich das Gefühl, als ob Lichtbahnen und feine Verbindungen aus dem Himmel zu den Felsen und zu einzelnen Punkten der Erde reichen würden. Ich war verblüfft, auch weil die Wahrnehmung immer stärker wurde. Er erklärte mir, dass in allen alten Lichtkulturen immer zwei Hinweise vorhanden sind, die den Kontakt von höheren und älteren Zivilisationen mit der Erde beschreiben. Entweder findet ein Kontakt mit Engeln und anderen Lichtwesen über Höhlen in Bergen und Felsen statt oder in einer Landschaft, die von Sand geprägt ist. Ich erfuhr, dass der Eintritt oder Austausch von diesen Energien stark vom Untergrund bzw. dem jeweiligen Gestein abhängig ist. Von Tibet bis Indien und Iran bis in das Land der Diné stehen besondere Felsen als Ein- und Austrittspforten für Propheten, Lichtwesen und Engel.

Als ich nach dieser Übung meine Augen wieder öffnete, hatte ich einen Moment das Gefühl, dass es dunkel ist. Ich empfand einen leichten, ziehenden Schmerz im Herzen. Wie mir gesagt wurde, war dies der Trennungsschmerz vom Licht, etwas, das alle Menschen in sich unbewusst spürten. Dieser Schmerz wäre im Alltag durch ein Gefühl des Leidens vorhanden.

Die Welt der Diné war schon immer von majestätischen Bergen geprägt. Das traditionelle Leben der Diné fand zwischen den harmonisierenden Kräften von Female Mountain, dem Black-Mesa-Hochplateau und Male Mountain im Heiligen Tal des Canyon de Chelly statt. Hier lebte man in Einklang mit der Natur, den Pflanzen, Kräutern und Tieren und alles Leben galt als heilig. Bevor die Europäer Pferde und andere Tiere in das Land brachten, lebten die Diné auch von Landbau, für den der Canyon einen natürlichen Schutz bot. Ein äußerer Gürtel von vier Heiligen Bergen begrenzte die Welt der Bewohner. Im Osten herrscht Planca Peak, im Süden Mount Taylor, die San Francisco Peaks im Westen und der Hesperus Peak im Norden. Wir können uns die Welt der Diné als einen

Kreis, der durch die vier Berge in vier Quadranten geteilt wird, vorstellen. Ein sehr ähnliches Bild finden wir in Tibet, dessen spirituelle Welt häufig als Kreis dargestellt wird, in dem und auf den verschiedene Kräfte wirken und in Balance gehalten werden.

In beiden Kulturen existieren vier weitere Dimensionen, die sich über der jeweiligen Welt aufbauen. Zwischen den vier Heiligen Bergen manifestierten sich die Vorfahren der Diné; sie wurden von der großen Göttin aus ihrem eigenen Fleisch geschaffen. Die große Göttin wiederum ist eine Kraft, die aus dem Aufeinandertreffen der Himmels- und Erdenergien entsteht und dadurch geformt wird. Vereinfacht können wir sie als eine aktive schöpferische Kraft sehen, die das energetische Potenzial für die Erschaffung der Seelen zur Verfügung stellt. Nach dem Glauben der Diné wird dies durch die besonderen Kräfte, die zwischen den vier Heiligen Bergen wirken, möglich, sie öffnen ein Energiefeld, das in mehrere Dimensionen reicht. Nicht nur lichte Wesen können durch diese Öffnung eintreten, auch neutrale oder negative Wesen erheben Ansprüche und wirken in diesen Welten. Sie werden von den Indianern als Gegenspieler wahrgenommen, die nur auf das Leben zugreifen können, wenn das energetische Gleichgewicht aus der Ordnung ist. Ansonsten werden diese Wesen erkannt und in Ruhe gelassen.

Hier zeigt sich ein Verständnis, das für den Lichtarbeiter von elementarer Wichtigkeit ist: Klar erkannte negative Energien haben keine Wirkung auf ein Lebewesen. Voraussetzung dafür ist, dass ich selbst keine negativen Teile dieser Energien in mir trage, sonst kann ich sie nicht klar erkennen. Lichte und dunkle Kräfte sind in der Heiligen Landschaft der Diné manchmal sogar als besondere Steinformen oder Wolkengebilde zu erkennen, die unmissverständliche Formen annehmen und auf die Energie der Menschen reagieren.

Auf meinen späteren Reisen durch Nordamerika wurde mir immer wieder gezeigt, wie wichtig Felsen und die Berge für die Erhaltung des Lichts und das Gleichgewicht der Kräfte sind. Sie haben die Fähigkeit, Energie zu halten und bei Bedarf höher schwingende Energie in manifeste Energie umzuwandeln, also z. B. einen Engel als körperliches Wesen erfahrbar zu machen. In den Überlieferungen treten diese aus dem Felsen heraus, um Lebewesen zu helfen. Die Indianer kennen diese Wesen als Holy People; sie haben es zu einem absoluten Ausgleich mit der Natur und der gesamten Schöpfung gebracht, inklusive aller Dimensionen, in denen jedes Wesen zusätzlich existiert. Sie können ihre Körper verlassen, sich scheinbar aus dem Nichts in einer Höhle manifestieren, um in die physische Welt einzutreten und die Entwicklung der Menschen zu unterstützen. Sie sind in »Hozhoe«, in innerer Schönheit mit Gott.

Die gesamte Natur ist eine Spielwiese des Lichts. Die Natur hat die Fähigkeit, auf das Licht der Lebewesen zu reagieren, einfach weil sie ein Teil von ihr sind. Die Indianer haben z. B. in Kriegszeiten bestimmte Täler und Schluchten verflucht, in der Absicht, ihre Feinde in die Irre zu leiten. Noch zu Zeiten von Präsident Roosevelt gab es viele Berichte über verschwundene Soldaten, die einem Licht oder Ruf in der Dunkelheit folgten und auf mysteriöse Weise für immer verschollen waren. Im Yosemite Nationalpark verwünschten die indianischen Krieger ganze Bergwände mit der Absicht, ihre brutalen Peiniger, die Soldaten, abzuschütteln. Diese verschwanden bei der Verfolgung ohne jede Spur. Man sagt, sie wurden in eine andere Dimension gezogen und existieren dort weiter, allerdings ohne die Möglichkeit, einem anderen Wesen zu schaden. Auch heute noch werden jedes Jahr einige Besucher vermisst gemeldet, deren Abwesenheit erst zum Zeitpunkt der Abreise von ihrem Hotel festgestellt wird. Im Land der Diné sagt man, dass nur Menschen mit unreinem Geist und keinerlei Herzensbindung zu anderen Lebewesen in den verfluchten Tälern verschwinden.

In einer mystischen Landschaft haben die Bewohner gelernt, dass es viele Begebenheiten gibt, die der Verstand nicht verarbeiten kann. Die einheimischen Indianer tragen keinerlei Faszination für das Dunkle oder nicht Erklärbare in sich. Sie gestehen ihm einfach seinen Platz in der Schöpfung zu und leben ihr Leben weiter.

Ich habe in vielen meiner Seminare festgestellt, dass manche Teilnehmer fasziniert von negativen Energien und deren Wirkungsweisen sind. Geradezu leidenschaftlich wollen sie Erklärungen über Wesenheiten und deren Kräfte und sind sich dabei leider nicht bewusst, dass die Faszination und die Gänsehaut, die sie bei der Vorstellung empfinden, eine Stimulation durch diese Wesen sind. Es ist ein unbewusster negativer Seinsanteil, der mittels verschiedener Mechanismen versucht, die Verbindung in den Negativbereich aufrechtzuerhalten. Auch eine mit Angst vermischte Faszination für Gewaltverbrechen und das Ergötzen an Fernsehserien, in denen Forensik und Pathologie die Handlungen prägen, gehören in diesen Bereich.

In den samtschwarzen Nächten, in denen ich in eine dicke Fleecejacke gehüllt vor einem alten Wohnwagen meiner indianischen »Adoptivfamilie« saß, lernte ich die Qualitäten der Lichter und Wesen zu unterscheiden. Mein Lehrer hat mir gezeigt, dass sie auf meine innersten Gefühle regieren und dementsprechend klar oder unklar erscheinen. Diese Tatsache bedeutet auch, dass ein Mensch einen Engel erst sehen kann, wenn er einen gewissen Grad der inneren Reinheit und eine klare Unterscheidungsfähigkeit zwischen lichten und dunklen Kräften besitzt. In den großen Canyons zeigten sich mir riesige Lichter – die alten Engel der Schöpfung, wie mir mein Lehrer erklärte, Lichtwesen, die die gewaltigen Canyons und Täler erschaffen hatten und noch immer über sie wachten.

Je näher ein Mensch der Schöpfung in ihrer ursprünglichen Kraft kommt, desto gewaltiger sind deren Energien zu spüren und zu sehen. Im Westen ist das Engelbild seit dem Mittelalter erfüllt von menschenähnlichen Wesen, die nett und blass den von Gott aufgrund der Erbsünde verstoßenen Menschen trösten. Die Indianer, Tibeter und der Nahe Osten, Länder, in denen wir die ersten Aufzeichnungen über Engel überhaupt auf Erden finden, sehen Engel völlig anders. Je nach ihrer Aufgabe sind sie riesig, manche mehrere hundert Kilometer groß und erscheinen häufig als ein Mischwesen aus Tier und Mensch, das Flügel trägt. Die beiden wohl ältesten Engelbilder – entweder als Löwe mit Flügeln oder als Vogel – sind in allen alten Kulturen gleich. Über die Jahrtausende ging das Wissen um diese Lichtwesen und deren Ursprung verloren; die Menschen erschufen ihr eigenes, vom Verstand erfassbares Bild. Die ganze Schöpfung war nach Meinung der alten Lichtkulturen von dem Wirken der Engel abhängig. Sie schufen tiefe Täler, die

Canyons und riesige Bergmassive wie den Himalaya durch eine einzige Energiebewegung. Je nachdem, ob sie den lichten oder den später auftretenden dunklen Engeln angehörten, erfüllten sie ihre Aufgabe in der Schöpfung. Die dunklen Engel sind gewissermaßen die Spiegelungen der Engel im Licht und manifestieren und erschaffen genauso, nur eben für das Gegengewicht des Lichts, die Dunkelheit.

Die Diné sagen, dass das Licht über großes Wissen von der Dunkelheit verfügt, weil es aus ihr erschaffen wurde und somit später entstand. Die modernen Menschen haben dieses Wissen vergessen und sind sich nach dem Glauben der Diné nicht bewusst, dass ein ständiges Ringen zwischen positiven und negativen Kräften stattfindet. Meine Diné-Lehrer sagen, dass wir jetzt in der niederschwingendsten Phase der Schöpfung angekommen sind und es nach einer erneuten großen Reinigung, vielleicht einer Sintflut – wie früher bereits in der indianischen Schöpfungsgeschichte geschehen –, zu einer Angleichung mit höheren Energien kommt. Nach dieser Reinigung, in der das Dunkel von der Erde gewaschen wird, kann die Erde wieder vollkommen Licht sein.

Eine Erfahrung am Colorado River

In einer sternenklaren Nacht am Colorado River – wir zelteten mit einigen Touristen, die in unmittelbarer Nähe ihr Lager aufgeschlagen hatten – begann die Erde leicht zu beben. Ich überprüfte gerade den Proviant für den nächsten Tag, als ich das leichte Zittern der Chipstüte in meiner Hand bemerkte. Dann hörte es wieder auf, um gleich darauf und dann immer in einem fast rhythmischen Abstand wieder von Neuem zu beginnen. Mir wurde kalt und ich fühlte mich so irritiert, dass ich aus dem Zelt krabbelte und meine Lehrer suchte, die mit ihren Frauen hierher mitgereist waren. Kaum war ich aus dem Zelt gekommen, griff jemand meinen Arm und ich erkannte die Frau eines meiner Lehrer. Sie gab mir ein Zeichen, still zu sein und ihrem Blick zu folgen. Im Licht der kleinen Gasbrenner erkannte ich, dass etwas sich durch das Tal bewegte, wie eine große

Säule oder Verzerrung am Nachthimmel, die langsam an uns vorüberzog. Gleichzeitig wurde das Beben stärker und als die Säule verschwand, nickte die alte Dame und sagte mir, dass es ein Sasquatch war. Dieses riesige Wesen, das einem Bigfoot ähnelt, lebte in der vierten Welt, konnte aber auch in die fünfte Welt eintreten (was der allgemeinen Vorstellung der Dimension entspricht, in der wir leben). Nachts wanderten diese nicht eben positiven Wesen durch die Täler, denn nur nachts können sie sich losgelöst von den Bergen bewegen. Sie sind tagsüber an die Berge gebunden, weil diese teilweise als Tore in andere Dimensionen dienen und auch negative Wesen dadurch Eintritt finden können.

Ich musste schmunzeln, als einige der anderen Touristen zu uns kamen und meine offensichtlich indianischen Begleiter nach der Häufigkeit von Erdbeben befragten. Viele Kulturen haben das Wissen um diese Wesen verloren, sodass es, wenn überhaupt, noch in Mythen zu finden ist.

Um diesen Kontakt zum Licht nicht zu verlieren leben fast alle Urvölker mit ihren Mythen. Diese Mythen überliefern den Umgang mit Kräften und Mächten von Natur und Schöpfung und stellen eine wichtige Hilfe in der Orientierung des Menschen dar. Der westliche Lichtarbeiter hingegen hat keinerlei Mythologie. Ahnungslos, was seinen seelengenetischen Ursprung und seine mythischen Wurzeln anbelangt, erkennt er dennoch unbewusst die Notwendigkeit solcher Überlieferungen und schafft diese aus dem Bedarf heraus selbst. Mythen handeln, ob neu erfunden oder alt überliefert, immer von Archetypen, von Helden, die sich in der Umgebung mit den ihnen zur Verfügung stehenden Kräften für das Gute oder das Böse entscheiden. Die Natur ist dabei ein wichtiger Helfer, spricht sie doch in Zeichen und Elementen zu dem Helden, der dadurch wichtige Hinweise für seine Entwicklung enthält.

Immer wieder habe ich bei den Diné eine äußerst klare Unterscheidungskraft für Energien feststellen können. Ich habe einmal einen Medizinmann im Reservat der Diné erlebt. Während ich versuchte, mich morgens an Tee in einem alten Emailbecher zu wärmen, kletterte der alte Mann aus einer einfachen Blechhütte (die meisten Indianer leben in Wohnwagen, einfachen Hütten und nur noch selten und zu Ritualzwecken in einem Hoghan). Offensichtlich brauchte er keinen Tee, denn munter und beneidenswert geschmeidig für sein Alter wanderte er in die Ebene, die vor uns lag. Dort stand er eine Weile, hob den Kopf in den Himmel, der für mich makellos und klar war, und kam dann wieder zurück. Mit einem zahnlosen Lächeln lief er auf mich zu. Als er vor mir stehen blieb, nahm er meine rechte Hand, öffnete sie und streckte sie aus. Nickend kommentierte er: »Rain« – es sollte regnen? Er bemerkte meinen ungläubigen Gesichtausdruck und war deutlich amüsiert. Dann wanderte er wieder zu seiner Hütte, in der er mit einer flinken Bewegung verschwand. Während ich noch überlegte, ob er sich über mich lustig machte, fielen die ersten Tropfen auf meine Hand, und als ich nach oben sah, hatten sich schwere Wolken vor die Morgensonne geschoben.

Der Himmel ist nicht nur Quelle des Regens, sondern birgt auch eine Fülle von Wesen, Engeln, Außerirdischen, Energiewesen und Parallelebenen. Keine alte Kultur schließt die Existenz von außerirdischem Leben oder Engelwesen aus, im Gegenteil. Viele Seher, Heiler und Propheten wurden von anderen Wesen gelehrt und dienten ihnen als Sprachrohr. Derselbe »Calling God«, der zu den Diné sprach, sprach auch zum Propheten Zarathustra als Engel Ormazd und übermittelte ihm die Heilige Schrift der Avesta. Erzengel Gabriel übermittelte dem Propheten Mohammed den Koran und sprach zu Abraham.

Da das überlieferte Wissen oft viele Jahrtausende zurückgeht, in eine Zeit, in der gottgesandte Wesen und Engel noch sichtbar auf der Erde verweilten, ist auch die heutige Spiritualität dieser Kulturen von diesem Lichtwissen geprägt. Der Himmel war in diesen alten Kulturen Gott, seinen Abgesandten und Widersachern vorbehalten und für den Menschen nur eine Zwischenstation für den Übergang in ein anderes Leben. Ich bin in meinen Kursen häufig erstaunt darüber, wie moderne Lichtarbeiter das Wissen für sich gepachtet sehen. Mir begegnet ungläubiges Staunen, wenn ich davon erzähle, dass Menschen in Ländern wie Afghanistan, Iran, Tibet oder Indien einen viel klareren Bezug zum Licht haben als

Menschen im Westen. Viele Meinungen über ganze Völker werden über die Medien geformt, in denen die Spiritualität von der Religion und den Problemen, die fanatische Menschen in ihr anrichten, geprägt sind.

Im Laufe der Jahre habe ich meine Bilder und Vorstellungen des Lichtverständnisses und seine Herkunft stark verändert. Ich bin der Meinung, dass viele Menschen eine tiefe Sehnsucht nach ihren lichten Wurzeln haben und aus Mangel an Wissen oder Möglichkeiten Ersatzbilder schaffen. Diese Bilder beschreiben dann eine perfekte Welt, die dem Untergang geweiht und in der jeder Mensch ein Priester oder Lichtträger war. Nehmen wir die Realität, wie sie ist, und suchen wir in den anderen, den älteren Kulturen der Erde. Es braucht Mut, über die gängigen Meinungen und Ängste hinwegzusehen. Indianer tragen angeblich Federschmuck und Tibeter sind alle Vegetarier: Die Realität ist oft eine völlig andere. Das wahre Licht möchte erkannt und vom Menschen aufgenommen werden und sich über diesen Akt der Erkenntnis auf der Erde verteilen. Erst dann werden wir wirklich von Lichtarbeit sprechen können.

Unser Alltag ist übersät von Zeichen und Hinweisen, die uns unterstützen sollen. Eine sinnvolle Übung, um diese Zeichen besser aufzunehmen, ist es, sich selbst Fragen über die Zusammenhänge des Alltags zu stellen und diese aus dem wachsenden Wissen so präzise wie möglich zu beantworten. Sich selbst Fragen zu stellen und diese aus dem tiefsten Wissen zu beantworten ist ein Ritual, das die Kraft hat, reine von unreinen Gedanken zu trennen. Reine Gedanken sind lebensaufbauend, führen also positiv weiter, unreine Gedanken sind lebensabbauend, belasten und verhindern die eigene Weiterentwicklung.

Übung

Zeichen im Alltag lesen und die Seelenführung in das Leben einbringen

Diese Übung erfordert einen freien Tag und keine zeitlichen Einschränkungen, da sie im Prinzip über einen Tag hinaus dauert. Meditieren Sie morgens oder kommen Sie mindesten 20 Minuten über eine zentrierende Atmung (Pranaatmung) in Ihre innere Mitte.

Kleiden Sie sich bewusst anders als sonst, vielleicht in einer anderen Farbe oder in einer Farbkombination, die nicht unbedingt harmoniert. Gehen Sie aus dem Haus und sehen Sie in den Himmel, atmen Sie mit einem entspannten Lächeln tief durch und bitten Sie den Himmel um ein Zeichen, in welche Richtung Sie gehen sollen. Seien Sie weder zu verspannt noch zu unaufmerksam. Ihr Zeichen kann ein wehendes Blatt, ein Vogel, der in den Himmel fliegt, oder das Bellen eines Hundes sein.

Gehen Sie in die Richtung, die Ihnen gezeigt wird. Spüren Sie dabei, ob sich eine leichte Wärme im Bauchbereich ausbreitet, das Zeichen, dass Sie mit Ihrer Seelenführung in Kontakt sind. Wenn Sie das Gefühl haben, diese Energie wird weniger, bitten Sie erneut um Führung, und so fort.

Wenn Ihnen danach ist, gehen Sie in ein Restaurant, Café oder in einen Buchladen, aber bitten Sie vorher um ein Zeichen, ob dies Ihr Göttlicher Weg für diesen Tag ist. Ein Nein wird Ihnen durch einen Druck im Nacken, im Herzbereich, durch leichte Rückenschmerzen vermittelt oder dadurch, dass etwas auf den Boden fällt oder umfällt, wie z. B. ein Fahrrad oder ein Ast.

Spüren Sie auch bei der Ansicht eines Buches, eines Gerichtes auf der Speisekarte oder bei der Wahl des Getränks in sich hinein und warten Sie auf ein Gefühl von Wärme, die sich ausdehnt, oder einen Druck, den Sie verspüren.

Sie müssen bei dieser Übung nicht den ganzen Tag draußen sein. In der Regel bekommen Sie durch das aktive Leben, das Sie außerhalb Ihres Heims umgibt, aber mehr Möglichkeiten und Zeichen.

Spüren Sie am Ende des Tages, ob Ihr Tag lichtvoll und angenehm verlaufen ist. Wenn es Ihnen schwerfällt, die Kontrolle abzugeben oder Ihrem Licht zu vertrauen, ist diese Übung ausgezeichnet für Sie. Natürlich fällt es dann etwas schwerer, die Wärme im Bauch zu spüren, aber nach einer Weile, wenn der Körper entspannt ist, stellt sie sich doch ein.

Wenn Sie mit dieser Übung gut umgehen können, versuchen Sie sie während eines Tages, wenn Sie zur Arbeit gehen. Hier gibt es mehr eingefahrene und auferlegte Muster, diese Übung ist aber dennoch durchführbar. Ich habe sie im Reservat der Diné gelernt und mich in der erste Zeit wie eine »taube Nuss« gefühlt, obwohl ich einigermaßen hellsichtig und hellfühlig bin. Nach einer Weile habe ich gelernt, meinem Licht zu vertrauen, und konnte diese Kraft gut in den Alltag einbauen.

7

Die Heilung von Trennungsgefühlen

Das Diné-Reservat, in dem wir lebten, ist ein riesiger Kraftort, in dem Lichtarbeit bedeutet, das Verständnis für Gott zu erhalten. Im Alltagsbewusstsein meiner indianischen Freunde waren Lichtwesen, Götter und spirituelle Kräfte derart normal, dass sie selten über das Thema sprachen.

Es gab kaum einen Gegenstand, auf dem sich nicht eine Andeutung für die Gegenwart lichter Kräfte zeigte. Auf Tongefäßen, Schmuck, Decken und Bildern war ich umgeben mit dem Wissen von Gott. Diese Selbstverständlichkeit sollte ich auf diese Weise erst auf späteren Reisen in den Nahen Osten wieder erfahren.

Aus einer Kultur stammend, in der sich jeder, speziell viele Frauen, verzweifelt um Individualität bemühten, war ich wie vor den Kopf gestoßen, als ich realisierte, dass für die Diné dieser Wunsch nicht spürbar war. Es gab einfach kein Bemühen, die Aufmerksamkeit der Mitmenschen auf sich zu lenken oder sich seinem Nächsten zu beweisen. Das Nichtvorhandensein des Ego war allgegenwärtig.

Marvins Frau, die mit ihm früher auch nach Europa gereist war, zeigte mir eines Tages die Gewänder ihrer Ahnen. Sanft und gütig, wie es ihre Art war, lehrte sie mich, dass die Indianer früher entweder sehr warme Kleidung mit Fellen und dicken Wolldecken oder einen kleinen, kaum vorhandenen Lendenschurz getragen hatten. Die Kleidung veränderte sich nach Jahreszeiten und auch dann – was selten vorkam –, wenn die Stammesmitglieder den Kriegespfad beschritten. Aus einem großen Ledertuch, das mit kunstvoll gefärbten Bändern in Blau- und Rottönen zugebunden war, holte sie den Schmuck der Krieger hervor. Schwere Ketten aus Tonperlen, echten Perlen und Tierzähnen lagen vor uns, eine farbenprächtiger als die andere. Ich strich über die einzelnen Perlen und spürte, dass jede eine Geschichte von Mut und Kampf in sich trug. Jede der Perlen erfühlte ich als sehr kraftvoll und energetisierend. Elena fuhr fort, dass jedes Schmuckstück mit einem Gebet versehen war, das Kraft gab und mit den Kriegerzwillingen, den Diné-Göttern des Kampfes, verband. Gleichzeitig spürte ich ein Prickeln in einer Wunde am rechten Knie, die ich mir vor Tagen bei einem leichten Sturz zugezogen hatte.

Wieder schien Elena meiner Wahrnehmung zu folgen. »Du bekommst Heilung«, sagte sie zu mir, während ich meine Aura beobachtete, die sich über der Verletzung von einem grellen Rot in ein tiefes Gold verwandelte. Elena kam mit einem weiteren Bündel aus einer anderen Ecke des Hogans und erlaubte mir, es zu öffnen. Das Leder schien viel neuer und zeigte weniger Gebrauchsspuren, die Energie, die ich beim Auswickeln spürte, war überraschend weich, geradezu liebevoll und sanft.

Ohne zu wissen, warum, hatte ich Tränen in den Augen, verbunden mit einem tiefen Gefühl der Freude. Elena tupfte mit einem Stofftaschentuch in meinem Gesicht herum und nahm mich in den Arm. »Es ist mein Hochzeitsbündel«, sagte sie und ihre Augen wurden dabei feucht. Ich erfuhr, dass sich der Schmuck vor und nach der Heirat eines Diné veränderte. Die Frauen tragen vor der Heirat Ohrschmuck, den sie nach der Heirat mit anderen Schmucksteinen, meist Türkisen, zu Halsschmuck verarbeiten, bis die eigenen Töchter groß genug sind, einzelne Stücke davon wiederum als

Ohrschmuck zu tragen. Die Diné-Männer tragen meist kunstvolle Gürtelschnallen, die mit schweren Türkisen besetzt sind und mit wunderschönen Mandalas als Schutz wirken. Die Gürtel werden ebenfalls an ihre Söhne im entsprechenden Alter weitergegeben.

Ich fühlte mich überwältigt von der Liebe, die in jedem einzelnen Element des Schmucks und der Kleidung ruhte. In Gedanken wanderte ich gleichzeitig nach Europa, wo ich oft das Gefühl hatte, dass Kleidung nicht dazu dient, die eigene Schönheit zu verstärken, sondern sich darüber zu profilieren. Sogar unter spirituell aufgeschlossenen Menschen habe ich viele Momente der äußeren Bewertung erlebt, die ich nie für möglich gehalten hätte. Gerade die Esoterikszene in Deutschland hat ihren eigenen Dresscode und Erwartungen an das Äußere, die erfüllt werden müssen. Bei den Diné, anderen Indianerstämmen und ebenso anderen Kulturen habe ich eine viel größere Entspanntheit und Offenheit wahrgenommen als in bewusst spirituellen Kreisen in Europa.

Ich teilte meine Gedanken mit Elena. Wie immer antwortete sie mit einem Lächeln und holte dabei einen weiteren Beutel hervor. Er enthielt ein Rad aus Federn, die in mehreren Schichten ein Mandala darstellten. Kleine braune Federn wechselten sich mit blau schimmernden, großen Federn ab und ergaben ein harmonisches Bild. In der Mitte war ein kunstvoll geschnitzter Obsidian, ein großer schwarzer Stein, aufgesetzt. Es handelte sich um den Hochzeitsschmuck der Diné-Frauen, den sie mit einem Band befestigt auf dem Hinterkopf oberhalb des Kronenchakras trugen.

Elena band mir die etwa 15 cm große Scheibe um den Hals, sodass der Schmuck über meinem Herzchakra lag. Sie machte mir diesen wundervollen Schmuck zum Geschenk, den ich noch viele Jahre während meiner ersten Seminare trug und bis heute in Ehren halte. Es war urspünglich der Hochzeitsschmuck für eine ihrer Töchter, die bei einem Unfall verstorben war. Sie nahm mich in die Arme und sagte, es wäre ein Schutz vor der ungereinigten Energie und der Gier anderer Menschen. Tatsächlich fühlte es sich wie ein Schutzschild an, der sicher über meinem Herzen ruhte.

Von Elena habe ich gelernt, dass Bewertung aus dem Ego entspringt und einer der stärksten Feinde der Lichtarbeit ist. Es ist eine innere Haltung, die an die Trennung der Menschen voneinander glaubt. Diese Trennung wird mit jedem negativen, eifersüchtigen und bewertenden Gedanken neu aufgebaut und praktiziert. Elena hatte mir dieses wundervolle Geschenk gemacht, weil sie es nicht an ihre Tochter weitergeben konnte. Sie wollte die Liebe und die Kraft, die durch Gebete in den Schmuck gegeben wurden, nicht zum Andenken aufbewahren, sie wollte keine Erinnerung für sich. Sie wusste, dass ein Teil von ihrer Tochter alleine dadurch weiterleben konnte, indem ich mit Liebe und Achtung ihren Schmuck trug. Der Gedanke der Trennung war ihr und den anderen Diné fern.

Der indianische Gedanke der Lichtarbeit ist es, jegliche Trennung und dadurch vollzogene Bewertungen aufzuheben. Zu Beginn unserer Entwicklung, vor vielen, vielen Leben, haben uns Bewertungen geholfen, ein Gefühl für die eigene Existenz zu entwickeln. Sie haben uns gelehrt, uns selbst zu spüren und über dieses Spüren wiederum unsere Mitmenschen wahrzunehmen. Wenn Sie in diesem Leben erkennen, dass Sie eigentlich Gott spüren möchten, müssen Sie Ihre Bewertungen ziehen lassen. Je mehr Sie das Gefühl für die Existenz des Lichts entwickeln, desto weniger müssen Sie sich vor Bewertungen von Mitmenschen und vor deren Energien schützen.

Achten Sie einmal darauf, wie verändert ein gewöhnlicher Tag verläuft, wenn Sie keinen Gedanken der Trennung hegen. Erlauben Sie sich, mit allem Leben verbunden zu sein und Ihren Aufgaben nachzugehen. Ein inneres Gefühl der Entspannung, Zufriedenheit und Ruhe wird sich einstellen. Lernen Sie nun, die frei gewordene Energie in Dankbarkeit umzuwandeln, und Sie werden sich noch besser fühlen. Durch diese Einstellung wird Ihr Lichtkörper mit Prana versorgt und aktiviert. Solange Sie Gedanken der Trennung in sich tragen, wird das Prana selbst bei Meditationen nur in die ersten drei Auraschichten geleitet und ein selbstloses Empfinden ist nicht möglich.

Eine kleine Anmerkung:

Viele der Schmuckstücke werden heute in New Mexico ohne spezielle Bedeutung für den indianischen Markt gefertigt und in kleinen Buden am Straßenrand an Touristen verkauft. Nach Europa gelangt kaum originaler Navaho-Schmuck, da dieser durch den Zoll meist sehr teuer wird. Schmuck, der von einem Diné-Künstler mit einem spirituellen Hintergrund gefertigt wurde, unterscheidet sich im Preis erheblich von den günstigeren Produkten aus New Mexico.

Die Silberschmiede sind stolz auf eigens entwickelte Muster und Ornamente und gravieren die einzelnen Stücke mit ihrem Namen. Die Muster sind über Generationen hinweg entwickelt worden und jedes Schmuckstück trägt auf diese Weise eine eigene Handschrift.

8

Heiliges Wissen und Karma

Um mir selbst und meiner Wahrnehmung für das Licht zu vertrauen, war es wichtig zu verstehen, wie das Licht sich auf der Erde entwickelt hat. Meine Lehrer machten mich also mit den Mythen und Überlieferungen ihres Volkes bekannt. Auf diese Weise erfuhr ich, warum die Anbindung vieler Menschen an das Licht diffus und kaum vorhanden ist.

Der Schöpfungsmythos der Diné zeigt überraschende Übereinstimmungen mit dem des tibetischen Buddhismus. In beiden Glaubensbildern wurde eine Abfolge von Welten erschaffen und durch die negativen Handlungen der ihr innewohnenden Wesen wieder zerstört. Den meisten Menschen ist dieser Gedanke vielleicht aus dem Alten Testament bekannt, mit der Vertreibung aus dem Paradies und Noahs Sintflut. In Wirklichkeit ist das Bewusstsein über den Verlust einer perfekten Welt und den damit verbundenen Abstieg in eine andere, »dichtere« Welt viel älter. Die große Sintflut, die Noah mit einer Auswahl an Geschöpfen überlebte, geht z. B. auf den Gilgamesch-Epos, eine altsumerische Überlieferung, zurück, die später in die jüdische Schöpfungsgeschichte mit ihrer Thora übernommen und dann in das Alte Testament eingebettet wurde. Die jeweils zerstörte Welt dient hier, genau wie bei den Diné, als Grundlage für die nächste Zivilisation, die sich auf ihr aufbaut. Mit jedem Abstieg aus einer lichteren Welt in eine dichtere Welt verlieren die Lebewesen mehr Bewusstsein für ihre Herkunft und ungetrübtes Licht. Im Glauben der Indianer leben wir Menschen in einer Art Echo des Lichts und halten mit Ritualen, Gebeten und Meditationen die Verbindung zur ersten Welt aufrecht, der Welt des reinen Lichts. Mit jedem Verlust einer solchen Welt verliert die Schöpfung an Licht und die dunklen Kräfte können stärker wirken. Wirkt es nicht seltsam, dass viele Lichtarbeiter glauben, der Aufstieg in eine fünfte Dimension wäre das Erreichen einer höheren Schöpfungsebene, während die indianischen Urvölker, das tibetische Volk und der Mayakalender das Gegenteil darin sehen?

Die indianischen Welten

Die Diné sehen ihren Schöpfungszyklus in fünf Welten unterteilt. Sie sagen, dass ihre Vorfahren durch verschiedene Dimensionen und Paralelluniversen reisten, bis sie in der ersten Welt ankamen. Diese erste Welt steht in enger energetischer Verbindung zur Erde, man könnte sagen, sie liegt in der äußersten Auraschicht der Erde. Jede dieser insgesamt fünf Welten war ursprünglich Licht, konnte aber über den Kontakt zur materiellen Welt, der fünften Welt, dieses Licht nicht ungetrübt erhalten. Die Lichtwesen, die Vorfahren der Diné, verloren durch Kriege, Machtspiele und Intrigen ihre Reinheit und entwickelten sich hinab in die fünfte Welt, die unsere Welt darstellt. Je weiter sie durch die verschiedenen Welten wanderten, immer im Zyklus der Zerstörung und Wiedergeburt, desto mehr verloren sie das Wissen um ihre Göttliche Herkunft. Die Diné sehen in diesen Lichtwesen die physischen Söhne Gottes.

Um schließlich in der fünften Welt Fuß zu fassen, mussten sie ihren Lebensraum dort physisch gestalten. Sie formten Berge und Täler und übertrugen ihnen Fähigkeiten. Sie versahen sie mit einer Form von Beseelung, um einen optimalen energetischen wie physischen Lebensraum aufzubauen. Es war wichtig, dass sich die Lebensräume durch diese übertragenen Energien selbst weiterentwickeln konnten. Tiere, Pflanzen und Landschaften entstanden auf diese Weise.

Unsere Welt ist nach Auffassung der Diné stark von den Wesen der anderen Welten beeinflusst, denn wir leben in der Schwingung des Energiefeldes dieser Wesen. In diesen höheren Dimensionen liegen unsere Seelenanteile und unser spiritueller Ursprung. Dort sind die Gewichte der dualen Kräfte von Licht und Dunkel klar und für die dort lebenden Wesen deutlich sichtbar. Alle Lebewesen der fünften Welt, also unserer Welt, spüren unbewusst die Konflikte zwischen Licht und Dunkel, die in den höheren Welten ausgetragen werden, und reagieren darauf wie ein Echo. Es sind Momente, in denen die Energie im Alltag als dicht und schwer empfunden wird und das Gefühl der Abtrennung stärker spürbar ist.

Insgesamt gibt es 24 Welten oder Dimensionen. Es sind Schöpfungsebenen, zu denen Galaxien, Universen und Planeten gehören. Natürlich existieren dort auch andere Wesen, auf die wiederum die jeweiligen anderen Dimensionen einwirken. Engel und sehr hohe Lichtwesen, die »Bnai Or« oder Schöpfungsgötter genannt werden, wirken hauptsächlich in den höheren Dimensionen. Diese Wesen können sich in für Menschen aushaltbarer Form auch physisch manifestieren und in das Weltgeschehen eingreifen. Die Bnai Or sind die Vorfahren der Diné, die einst aus anderen Dimensionen kamen, und somit ihre Schöpfer. Für die Diné und andere alte Lichtkulturen ist es völlig selbstverständlich, dass diese Aspekte Gottes ihre Vorfahren sind. Im Glauben der Diné können sich andere Lichtwesen und Engel manifestieren und falls nötig auch in den Alltag eingreifen. Dies geschieht auch über die Kräfte der Natur.

Die Tibeter, die denselben Glauben haben, treten auch heute noch regelmäßig durch Medien mit diesen Wesen in Kontakt und bitten um Unterstützung und Segen für ihr Leben. Diese Menschen sind sich bewusst, dass diese Lichtwesen ihre Vorfahren und Schöpfer sind, und so entschuldigen sie sich für alle Verletzungen an Körper und Seele, die sie anderen Wesen zufügen. Sie sind sich bewusst, dass sie in den Augen der Lichtwesen gleichwertig sind und diesen viel bedeuten.

Die Diné sehen Göttliche Gerechtigkeit und das Wirken von Karma als einen Ausgleich durch das Licht dieser Wesen, das noch als Schwingung oder Echo auf der Erde ist. Göttliche Gerechtigkeit ist für die Diné eine Korrektur des Lichts, die innerhalb der fünften Welt stattfindet und die wir als Karma bezeichnen. Ursache und Wirkung im Leben eines Menschen liegen hier fast ausschließlich bei ihm selbst, ein Umstand, den wir im Alltag leider selten erkennen, weil wir nur seine Auswirkungen wahrnehmen. Dieser Ausgleich findet für unsere Seele bewusst in den Höheren Welten statt und wirkt von dort in unser tägliches Leben. In vier von fünf dieser Welten agieren die unbewussten Kräfte eines Menschen und manifestieren in die fünfte, die materielle Welt hinein. Die Bezeichnung, die weithin als Hohes Selbst, Göttliche Führung oder innere Führung beschrieben ist, ist nichts anderes als ein mehr oder weniger klarer Kontakt zur eigenen Seele in anderen Dimensionen.

Auf diese Weise entsteht ein Bauplan für das irdische Leben und es ist jedem Menschen selbst überlassen, wie viel von diesem höheren Wissen er in sein Tagesbewusstsein einfließen lässt. Meditation ist ein ausgezeichneter Weg zur Öffnung des Bewusstseins für die Seelenverbindung in den Höheren Welten. Ist diese Verbindung sehr gestört, fühlt sich ein Mensch verlassen und ungeliebt und hat das Gefühl, nicht in dieses Leben zu gehören. Auch im Alltag sind wir Menschen in der Lage, aus unserer irdischen Existenz eine Öffnung in diese Höheren Welten zu erzeugen und unseren Lebensweg positiv zu beeinflussen. Wenn wir mit unserer Seele in gutem Kontakt sind, geschieht diese Führung ganz automatisch. Tatsächlich gestaltet sich diese Verbindung schwierig, da sie voraussetzt, dass wir sehr viele alte Programme und unbewusste Ängste zeitgleich loslassen. Geschieht dies, kann es zum Beispiel zu einer Spontanheilung von einem wirklich schweren Leiden kommen oder ein Mensch ändert sein Leben radikal mit einer neuen Ausrichtung auf das Licht. Es hat lange gedauert und etliche Lehrer aus verschiedenen Kulturen benötigt, bis ich gelernt habe, diesen Zugang beständig aufrechtzuerhalten und diese Energien einzubringen.

In der Esoterikszene spricht man häufig von höheren Dimensionen oder Lichtebenen, in denen sich viele Seminarleiter gerne befinden wollen – meist beruhen diese Erlebnisse jedoch auf einer irdischen, visuellen Wahrnehmung. Sie sind nicht getragen von einem Kontakt in die erste oder zweite Welt, sondern agieren in der fünften. Anbindung an das Licht ist also nicht gleich Anbindung. Ist ein Lehrer nicht an das Licht in der ersten oder zweiten Welt angebunden, konstruiert er Lehren aus seiner eigenen Wahrnehmung heraus. Die Diné bezeichnen diese Wahrnehmung als vom Coyoten beeinflusst, da dieser bekannt dafür ist, die Menschen in die Irre zu leiten. Viel häufiger nehmen wir Menschen mit den vier höheren Schöpfungsebenen durch dauerhafte negative Gefühle und über die Ablehnung von Licht Kontakt auf. Wir verursachen eine Art Ungleichgewicht in unserem eigenen Schöpfungsplan. Gleichzeitig versuchen unsere höheren Seelenanteile, die in diesen Dimensionen sind, eine Korrektur von unseren Abwegen zu bewirken, z. B. durch eine Krankheit, heftige Lebensumstellungen oder Verlusterfahrungen. Wir Menschen nehmen dies oft als ungerecht wahr und geben Gott – oder vielmehr seiner vermeintlichen Abwesenheit – die Schuld an unserem Leiden oder Chaos. Gott hat jedoch nichts mit diesen ausgleichenden Mechanismen zu tun, es ist ein selbstverursachtes Karma, das seine Wirkung auf Wunsch der eigenen Seele nicht verfehlt. In jedes Lebewesen, in seinen Göttlichen Funken ist das Wissen um diese Wirkungsweisen eingegeben.

Tiere sind sich völlig natürlich dieser Vorgänge bewusst und können in Momenten des inneren Rückzugs auch in diese Welten sehen und die wahrhaftig lichte Anbindung eines Menschen erkennen. Auch die Engelenergien, die für uns inkarnierte Menschen spürbar sind, wirken aus den Höheren Welten heraus. Die Lebewesen der Erde nehmen einen Aspekt, eine Teilenergie dieser Wesen in der fünften Welt wahr. Bereits in der vierten Welt ist das Wissen um Engel und duale Kräfte für jedes Wesen klar und deutlich erkennbar. Sie können sich vorstellen, dass ein Engel nicht mit Ihnen im selben Raum ist, sondern in einer Welt über Ihnen, und dass Sie in einer tiefen Meditation Ihren Zugang in diese Ebenen erhöhen und diese Wesen deutlicher spüren. Wenn ich Engel channele, kann ich die Übergänge dieser Welten über eine Schwingungserhöhung transparent machen, sodass andere Menschen diese Engel spüren. Manche von ihnen sehen sie und können sich mit ihnen in einem Channeling unterhalten. Zugänge in diese höheren Welten können nicht erzwungen oder erarbeitet werden. Stark stabilisierende Energien für diese Zugänge sind Liebe, Demut und Hingabe.

Die erste Welt

Die Geschichte der menschlichen Schöpfung beginnt in der ersten Welt. Die erste Welt, »Ni'hodilqil«, war dunkel und von Wasser erfüllt. Diese Dunkelheit wurde durch gelegentliche Lichtstrahlen und Farbbewegungen am Himmel erhellt, in dem sich insektenähnliche Wesen aufhielten und umherflogen. Diese Insektoiden wurden als von menschlicher Größe mit Flügeln und tierischem Äußeren beschrieben. Es gibt in Arizona noch Felsenmalereien mit diesen beeindruckenden Motiven. Die Insektoiden standen in Kontakt zu den auftretenden Lichtern, den besagten Bnai Or, und besaßen die Fähigkeit, zu denken, Leben zu schenken, und hatten magische Kräfte. Durch diese Kräfte erschufen sie die menschlichen Seelen. Als die ersten Insektoiden in Ni'hodilgil auftauchten, lebten sie in Frieden miteinander. Doch dann beanspruchten sie immer mehr Platz, sie gerieten in Kriege und verbreiteten negative Emotionen, woraufhin sie von einer größeren Kraft aus der ersten Welt verbannt wurden. Um in die nächste Welt überzutreten, mussten sich ihre Körper neu erschaffen. Diese neuen Wesen, die hauptsächlich als ameisenartig beschrieben werden, hatten die Fähigkeit, menschenähnliche Körper anzunehmen. Sie wurden zum Gipfel des Sky Domes, eines Heiligen Berges, geleitet und von einem Engel in eine andere Dimension geführt. Der Engel wird als blaue Energie geschildert. Diese nämliche Energie wird auch in der Geschichte des Volkes Israel erwähnt, das von Moses gerettet wird. Wir erinnern uns: Ein Teil von ihnen wollte zurück nach Ägypten, andere wollten sterben und wieder andere glaubten an den von Moses gepriesenen Gott. Als das jüdische Volk nun am Ende seiner Kräfte war, fiel

Moses auf die Knie und flehte Gott um Hilfe und Schutz für sein Volk an. Ein blaues Licht erschien als Antwort auf sein Flehen, es hatte den Namen »Mikka El« und legte sich zum Schutz um die Menschen. Aus diesem Licht entstand im jüdischen Glauben der Erzengel Michael, der später in den christlichen Glauben übernommen wurde. Auch die Bewohner der ersten Welt wurden von einem blauen Licht gerettet und in die nächste Welt geführt. Die erste Welt wurde vollständig von einer Sintflut zerstört, die diese von jeglichen negativen Energien reinigte. In diese Phase unserer eigenen Schöpfung können wir weder durch eine Rückführung noch mit Meditation gelangen. Manchmal schaffen es besonders weitentwickelte spirituelle Führer, die entsprechenden Dimensionen zusammenzuziehen und einen Blick in diese Welten zu gewähren. Für den beginnenden Lichtarbeiter sind diese Zusammenhänge nur über lange und sehr tiefe Meditationen zu erahnen.

Die zweite Welt

In der zweiten Welt, »Ni'hodotl'ish«, war tatsächlich alles blau. Einzig ein purpurner Lichtstreifen erhellte hier und da den Horizont. Durch die sehr einheitliche Schwingung gab es wenig Nahrung und Vegetation. Die Bewohner waren insektenähnlich, Grashüpfer und Käfer in menschlicher Größe, die friedlich miteinander lebten. Nach und nach vermischten sich die hinzugekommenen Bewohner der ersten Welt mit denen der zweiten Welt.

Als ein starkes männliches Wesen der ersten Welt sexuellen Kontakt mit der Frau eines Clanchefs der zweiten Welt hatte, wurden die Hinzugekommenen aus dieser Welt verwiesen. Sie wurden von einem gelben Windengel aus der zweiten Welt in eine andere Welt geführt. Dieser gelbe Engel gilt in anderen Kulturen auch als der Atem Gottes und wird in der Kabbala, der jüdischen Mystik, Ruach genannt. Er ist die lebendige Kraft Gottes, die bewusst erschafft und in der Lage ist zu beseelen. In der Mythologie der Diné finden viele Geburten von Wesen und Göttern wie ein Hinaustreten aus der Erde statt. Der Atem Gottes, der Yellow Body, verbindet sich mit dem Geist der Erde und bringt über ihre Materie ein neues Wesen hervor. Die zweite Welt wird oft auch als Welt gesehen, in der alle Lebewesen Vegetarier waren. Diese Vorstellung hat auch in die Überzeugung vieler spiritueller Sinnsucher Einzug gehalten. In ihrem Verständnis werden auch Löwen zu Tieren, die sich ausschließlich von Gras ernähren, und der Löwe liegt neben dem Lamm, wie es in der Bibel heißt. Eigentlich ist damit jedoch gemeint, dass Licht und Schatten einander erkennen, da sie beide in dieser Dimension vom Göttlichen Geist erfüllt sind.

Die dritte Welt

Sie erscheint in gelben Farben und trägt den Namen »Nihaltso«. In ihr liegt nach den Diné das Licht, das wir in der Meditation als Göttliche Verbindung empfinden und spüren. Die vertriebenen Wesen der ersten und zweiten Welt lebten zuerst in Ruhe und Frieden mit den käferähnlichen Wesen der dritten Welt. Nach einem erneuten sexuellen Kontakt kam es wieder zu einer Sintflut und die Wesen der dritten Welt flogen, von einem weißen Windengel geführt, in die vierte Welt.

Die vierte Welt

Diese Welt bestand ganz aus weißem Licht und ihre Bewohner, vornehmlich primitive Menschen, lebten in Steinhütten und Höhlen, die in die Seiten der großen Canyons geschlagen waren. Die Wesen der anderen Welten ließen sich in der vierten Welt nieder und schufen die Landschaften, Berge, Täler. Die Schöpfungsengel, ausführende Kräfte dieser großen Aufgabe, förderten außerdem die kulturelle Entwicklung der Lebewesen. Diese vierte Welt wurde von den Spitzen der sieben Heiligen Berge, die ihren Ursprung in der fünften Welt hatten, berührt. In der vierten Welt entwickelten sich alle insektoiden und käferähnlichen Wesen zu den Menschen bis fast zu ihrer heutigen Form, mit dem einzigen Unterschied, dass sie mit Flügel und Schnabel beschrieben werden. Dieser wichtige Entwicklungsschritt konnte nur durch das Bewusstsein und Wissen, das aus den vorherigen Welten und durch die Entwicklung von deren unterschiedlichen Bewohner stammte, entstehen. Durch die Kraft dieser Verbindung erlangten die Menschen eine Beseelung, die es ihnen ermöglichte, alle Bestandteile ihrer Welt in einem feinen energetischen wie materiellen Gleichgewicht zu halten.

In der weiteren Entwicklung der frühen Menschen erschienen eines Tages vier Wesen mit Körpern aus reinstem Licht, getragen von einem regenbogenartigen Gefährt und umgeben von Lichtstrahlen. Sie lehrten Gebote der Reinheit und es war ihnen ein wichtiges Anliegen, dass die Bewohner der vierten Welt sich körperlich wie innerlich reinigten und wuschen. Sie erklärten ihre Rückkehr in zwölf Tagen und waren unter den Namen Blue Body, White Body, Yellow Body und Black Body (blauer, weißer, gelber oder schwarzer Körper) bekannt.

Die Schöpfungsgeschichte der Diné ähnelt in Bezug auf diese mächtigen Schöpfungsengel auf verblüffende Weise der Darstellung der Engel im Mithraismus, dessen Ursprung etwa 1000 v. Chr. in Altpersien liegt. In der Verehrung von Mithra haben vier Lichtwesen, die in denselben Farben wie die Schöpfungsengel der Diné erscheinen, einen wichtigen Platz im menschlichen Glauben. Weiterhin gibt es Verbindungen zum jüdischen Mystizismus, der Kabbala. Hier werden die höheren auf der Erde erscheinenden Wesen als Bnai Or, als Söhne des Lichts, bezeichnet, die die Menschen führen und lehren und den ersten vollbeseelten und bewussten Menschen durch eine körperliche Verbindung mit dem damaligen Menschen erschaffen. Flankiert sind die Söhne des Lichts von vier mächtigen Engeln, den Cherubim. In ihren frühen Darstellungen erscheinen sie in vier Farben, Rot, Gelb, Weiß und Schwarz. Die Anweisung, sich zu waschen, ist ein wichtiger verbindender Hinweis; wir finden ihn auch im Judentum und Hinduismus immer im Kontakt mit jenen höheren Schöpfungswesen, die nur unterschiedliche Namen tragen. Auch der Mithraismus, eine hochentwickelte Lichtreligion, die im Altertum in Persien noch vor den Zarathustranern beheimatet war, baut auf dem Kontakt zu einem Sohn des Lichts auf. Sein Name dort ist Mithra und seine Engelgefährten tauchen in eben den genannten Farben auf. In der Bibel, Buch Hezekiel (1:5–1:25), finden wir eine sehr detaillierte Beschreibung der Niederkunft dieser Wesen auf der Erde, ebenso ihrer begleitenden Engel.

In der Mythologie der Diné war der Anführer der Heiligen Wesen White Body, der von Yellow Body, dem Engelwesen der Ernte und des Heimes, unterstützt wurde. Gefolgt wurden sie von Blue Body, der das Blau des Wassers und des Himmels zum Leuchten brachte (in vielen Kulturen gibt es eine enge Verbindung der Farbe Blau als Symbol für Schöpfung, die sich aus dem Wasser herausentwickelt), und begleitet von Black Body, der die Kräfte der Nacht und des Regens lenkt. Dieses Engelwesen führt den Menschen mit seinem Licht auch durch die Abgründe der menschlichen Psyche.

Black Body trägt ein Abbild des Sternbilds der Plejaden als Tätowierung auf seiner rechten Wange. Man vermutet in den Plejaden den eigentlichen Ursprung der Lichtwesen der Diné; sie werden als eine Art Zwischenstation zu den höheren Welten angesehen. Die Plejaden werden in vielen alten Kulturen als der Ursprung der Menschheit beschrieben. Es gibt Völker, wie die Dogon in Schwarzafrika, die ein detailliertes Wissen von diesem Sternbild überliefert haben. Das Erstaunliche darin ist, dass sie ohne Hilfmittel zur heutigen und früheren Zeit diese Sterne nicht am Himmel sehen konnten. Dennoch beschreiben sie sie als den Ursprung ihrer Vorfahren. Viele alte Kulturen wie z. B. auch die Ägypter verweisen den Ursprung ihrer Vorfahren auf das Sternsystem der Plejaden. Von eben diesem Sternsystem kehrten nun die Engel wie versprochen zu den Menschen zurück, nachdem diese die ihnen befohlene Reinigung vollzogen hatten. Mit ihnen kamen auch andere Heilige, menschenähnliche Wesen, die das ewige Leben in sich trugen.

Durch das Einwirken der Göttlichen Wesen konnten die einfachen Menschen selbst zu Holy People werden. Sie wurden nun von den Heiligen Wesen geführt und unterrichtet. Eine der ersten Anweisungen war es, je eine Ähre von gelbem und weißem Mais zusammen mit einer Adlerdaune unter einen gesegneten Korb zu legen. Die Heiligen Windwesen wurden gerufen und begannen um den Korb zu tanzen und Gott anzurufen. Sie trugen das Schöpfungspotenzial der Sprache, des Gedankens und der Quelle des Lebens in sich. Die anderen Wesen bildeten einen Kreis, riefen das Licht und sangen spezielle Heilige Mantren, um den Energiefluss aufrechtzuerhalten. Als schließlich der Korb entfernt wurde, lagen anstelle von Ähren und Feder zwei Lehmfiguren darin, die eines Mannes und die einer Frau. Die Schöpfung eines Menschen aus Lehm finden wir auch im Judentum: Es ist der Golem, der hier erschaffen wird. Die Ähren stehen für das Element Erde, zu der wir Menschen gehören, die Feder ist ein Stellvertreter für die Göttlichen Energien. Erster Mann und Erste Frau verbanden sich in Liebe und zeugten viele Kinder, und diese Kinder wiederum vermählten sich mit den Holy People, die ursprünglich aus der ersten Welt kamen. Auf diese spezielle Verbindung beziehen sich die Diné in ihrer Herkunft. Auf dieselbe Herkunft berufen sich in abgewandelten Überlieferungen auch einige semitische Stämme, Iran, Tibet und die erwähnten Dogon.

In dieser vierten Welt lebten die Menschen und Engelwesen für eine Weile glücklich und zufrieden. Eines Tages tauchte Coyote auf, der als Unruhestifter Zwietracht zwischen den Männern und Frauen säte. Er tat dies, um ihre Göttliche Verbindung zu stören und ihr Vertrauen ineinander und in das Licht zu schwächen. Die Liebe der Menschen war jedoch fähig, Coyote standzuhalten und seinen Verlockungen zu widerstehen. Coyotes Auftauchen ist vergleichbar mit der Schlange im Garten Eden. Durch sein Einwirken wurden zwei junge Frauen von einem mächtigen Wasserungeheuer in die Tiefe eines Flusses gezogen. Als die Menschen nach den Frauen suchten, stahl Coyote zwei Kinder des Ungeheuers und erklärte die Menschen des Diebstahls schuldig, die daraufhin durch eine große Flut von dem Wasserungeheuer vernichtet werden sollten. Ein Schilf- oder Bambusrohr wurde gepflanzt und wuchs unter dem Segen von Blue, White, Yellow und Black Body rasch zu einer Arche, mit der sich die Menschen in letzter Sekunde vor den Fluten retten konnten. Die Arche trug sie in die fünfte Welt, die unsere Heimat ist. Erst als die Menschen die Ursache der Flut, den Diebstahl der Wasserkinder, erkannten und diese liebevoll an ihre Mutter, das Wasserungeheuer, zurückgaben, lichtete sich die Flut.

Die fünfte Welt

In dieser fünften Welt haben die Menschen eine Erinnerung an all die Verluste, die sie in den früheren Welten erfahren haben. Es fällt uns schwer, darauf zu vertrauen, dass wir endlich an unserem Bestimmungsort im Hier und Jetzt angekommen sind und nicht mehr vertrieben werden. Wir fühlen einen Trennungsschmerz, weil wir den bewussten Kontakt zu den früheren Welten weitestgehend verloren haben. Auch unser Empfinden für unseren Körper und dessen Sexualität ist nachhaltig von Coyote beeinflusst worden. In den Schriften des Alten Testaments verlieren Adam und Eva die Verbindung zueinander durch das Auftauchen der Schlange und zerstören damit das unbeschwerte Verhältnis zu Gott.

In der Mythologie der Diné macht das Auftauchen von Coyote die Menschen nur noch bewusster und sie lernen, wie wichtig es ist, einander zu vertrauen und die negativen Einflüsse anderer Wesen zu erkennen. So etwas wie die Ursünde gibt es nicht und deshalb empfinden die Diné auch keine Abtrennung vom Licht oder Leid, das daraus entsteht.

In der fünften Welt gibt es drei besonders starke innere Haltungen, an denen sich die Menschen ausrichten sollen:

Hozhoogo ntsahakees – schöne/gute Gedanken

Hozhoogo daiina – schönes/gutes Leben

Hozhooji saad – schöne/gute Worte

Dieselbe Lebensanleitung finden wir als Hauptlehren bei Zarathustra, der gute Gedanken, gute Worte und gute Taten als Grundlagen eines lichtvollen Lebens und einer bewussten Verbindung mit Gott nennt. Ein Zufall? Wohl kaum. Vielmehr wird hier der gemeinsame Ursprung des Lichtbewusstseins der Menschen offenbar.

In dieser fünften Welt, in der die Menschen angelangt waren, galt es nun die Erde lebensfreundlicher zu verändern und sie mehr auf die Bedürfnisse der Neuankömmlinge auszurichten. Als Erstes musste die immer noch überflutete Erde getrocknet werden. Für diese Aufgabe rief First Man die Heiligen Winde und opferte ihnen Türkise. Als der Boden trocken war, zückte First Man einen Heiligen Medizinbeutel, den er aus der vierten Welt mitgebracht hatte. Darin befanden sich vier winzige Figuren aus Muscheln, Türkis, Abalone und Black Jet, die er in einer speziellen Anordnung in einen Kreis legte. In diese Figuren wurden durch Gebete und Meditationen Schöpfungsenergien eingebracht, nach denen sich wiederum die äußere Schöpfung formte. (Tatsächlich formt sich ein Blatt nach seinem zuvor schon vorhandenen Energiefeld und auch der menschliche Embryo wächst in sein Energiefeld hinein.) Mit einem speziellen Ritual wurden die Energien in die kleinen Figuren eingeleitet und dann der fünften Welt übergeben, sodass die Menschen damit die Schöpfung der Erde vollenden konnten. Sie nutzten das Energiepotenzial, das in den Figuren gespeichert war, und begannen ihre Lebensumgebung und Gegenstände danach zu formen.

Ich habe nach vielen Reisen festgestellt, dass es keine neuen Formen oder Erfindungen gibt. Wir nutzen ein altes energetisches Potenzial und sind nur langsam immer mehr in der Lage, es zu öffnen und in die Manifestation zu bringen. Ich habe Vasen und Kultgegenstände gesehen, die aus einer Zeitperiode von 8000 v. Chr. stammen und perfekt in Form, Heiliger Geometrie und Ausformung waren. Ich habe Becher gesehen, die aus einem Stück Blattgold wie von einer Maschine gestanzt wirkten und keinerlei Abweichungen in Form und Bearbeitung enthielten. Sie waren vom Grad der Bearbeitung weit dem voraus, was Ägypten in den Zeiten seiner Hochkultur zu erreichen vermochte. Ich erwähne dies, da viele Menschen das alte Ägypten als maximalen Ausdruck einer bekannten Hochkultur ansehen, was es aber bei Weitem nicht war. Auch gibt es Vasen aus dieser Zeit, die exakt den »neuen« Formen des Art déco entsprechen und einfach nur in der Neuzeit als Energien wieder in das Bewusstsein der Menschen gekommen sind.

Für die First People begann mit der Fertigstellung der fünften Welt ein neuer Schöpfungszyklus. Es war ihnen möglich, sich in Hozho mit allen Energien zu verbinden und diese zu heiligen. Einigen von ihnen gelang es, diese schwierige Aufgabe zu meistern.

Sie verschmolzen mit den Felsen, Flüssen und Tälern und sprachen von dort zu den weniger weitentwickelten Menschen, die sie hören konnten. Die First People, die diese Aufgabe nicht meistern konnten und ihre Energien nicht weiterentwickelten, blieben im Reinkarnationszyklus der fünften Welt.

Das empfindliche Gleichgewicht, das in den fünf Welten auf uns wirkt, ist von der inneren Ausrichtung der Seelenanteile und Wesen in den jeweiligen Welten abhängig. Die Menschen in der fünften Welt sind bekannt dafür, dass sie über ihre oft verwirrten Emotionen unwissentlich negativen Wesen aus den anderen Welten Zutritt gewähren, den diese sonst nicht hätten. Diese negativen Öffnungen zwischen den Welten können durch körperliche Beschwerden oder auch energetische oder psychische Belastungen spürbar werden. Es ist die Energie, die viele Menschen als Schwere und Dichte spüren; leider können sie erst Abstand finden, wenn sie selbst ihre Einstellung ändern. Auch die Angst eines ganzen Volkes öffnet Bereiche, die im balancierten Zustand geschützt sind. In jeder der Welten gibt es Wesen, die die Schöpfung im negativen Bereich vorantreiben und sich ebenso wie die Wesen, die dem reinen Licht dienen, dadurch weiterentwickeln.

9

Zwischen Himmel und Erde

Die Wirkung der vier Höheren Welten auf unsere Auraschichten ist indirekt, denn sie ist stark von der Klarheit und inneren Haltung des Menschen abhängig. In vielen überlieferten Yogabüchern aus den 70er- und 80er-Jahren wird nur mit vier oder weniger Auraschichten gearbeitet. Je nach Bewusstseinsstand des jeweiligen Schülers gaben die Yogis das Wissen um die Auren und die Zugänge zum Licht unterschiedlich weiter. War dieser in seiner Entwicklung noch am Anfang seines spirituellen Wegs, wurde er nur mit seiner ersten Schicht, dem ätherischen Körper, in Kontakt gebracht. War er dann imstande, seine Emotionen zu kontrollieren, erlernte er die Qualitäten der zweiten Auraschicht usf. Im Bewusstsein der Diné wurde ich von Anfang an mit der Existenz und dem Bezug der Höheren Welten zu meinen Auraschichten unterrichtet. Je »schmutziger« eine Auraschicht und blockierter das dazugehörige Chakra ist, desto undefinierter ist die Existenz der korrespondierenden Höheren Welt für den Wahrnehmenden. Je dichter z. B. unsere erste Auraschicht durch schlechte Ernährung, wenig Bewegung oder Umweltgifte geworden ist, desto weniger können wir mit der fünften Welt, in der wir leben, überhaupt in Kontakt kommen, andere Lebewesen spüren und über uns hinausfühlen.

Die zweite Auraschicht steht mit der vierten Welt in Kontakt, die über die bedingungslose Liebe, die ein Wesen ausströmt, regelrecht wie ein Magnet auf Engel und andere positive Wesen wirkt.

Die dritte Auraschicht birgt den Zugang zur dritten Welt und macht es durch diesen Kontakt möglich, völlig »neue« Ideen oder Zusammenhänge zu begreifen und anderen Menschen als Wissen zugänglich zu machen.

Die vierte Auraschicht arbeitet mit der zweiten Welt und versucht permanent, Energien aus höheren Schwingungsebenen einzubringen, um Licht zu bekommen und schneller zu wachsen. Ist in dieser Beziehung die Verbindung gestört, nimmt ein Mensch unweigerlich Kontakt mit den negativen Wesen in der zweiten Welt auf.

In der fünften Auraschicht besteht ein schwacher, aber ausbaufähiger Kontakt in die erste Welt. Ich habe diese Verbindung besonders stark bei Sufimeistern und Diné-Lehrern empfunden, wenn sie in ein Ritual der Ekstase gehen, um ihren Körper verlassen zu können.

Die Schwingung der ersten Welt ist für den physischen Körper ohne den Schutz durch ein Hinaustreten aus dem Körper nicht zu ertragen. Kommen diese Menschen zurück in ihren Körper, ist intensiv eine Trauer spürbar, etwa vergleichbar mit dem Gefühl, einen geliebten Menschen zu verlieren. Es ist nicht vergleichbar mit dem Gefühl von »Abtrennung«, das viele Lichtarbeiter haben. Dieser ständige und sehr hohe Lichtkontakt wird vom Menschen im Westen äußerst selten aufgebaut. Was uns diesbezüglich am meisten im Weg steht, sind unsere Gefühle der Gier und der Angst, die die Verbindung in die Höheren Welten bereits in der ersten Auraschicht verhindern. Wir suchen dann bei Menschen die gleiche intensive Liebe, die jeder Sufimeister bei seinem Gott sucht, eine Liebe, der kein irdisches Wesen gerecht werden kann.

Die Sehnsucht nach einem Seelenpartner ist gleichsam der unbewusste Wunsch, mit diesen Höheren Welten einen beständigen und bewussten Energiefluss zu erzeugen und sich permanent gehalten zu fühlen. Auch an Tiere wird dieses innere Bedürfnis gerichtet. Die Liebe und Bedingungslosigkeit eines Tieres wird dann energetisch »missverstanden« und das Wesen und sein Energiesystem wird permanent überfordert, manchmal regelrecht ausgesaugt. Dann erkranken die Tiere natürlich.

Diese starken Gefühle der Sehnsucht nach dem eigenen Gott und dem Licht finden in der materiellen Schöpfung keine Erfüllung. Solange wir nicht den Göttlichen Funken in jedem Wesen erkennen, bleibt diese Sehnsucht unerfüllt. Heilen können wir sie durch eine innere Haltung von Demut, Liebe und Mitgefühl. Dieser Mechanismus funktioniert jedoch nicht, wenn ich das Licht nur für mich und meine persönliche Wahrnehmung nutzen möchte. Es muss einen fließenden Charakter haben, der andere daran teilhaben lässt, erst dann wird die Verbindung stabil.

Negative Wesenheiten und Belastungen

Vorhergehend habe ich bereits angedeutet, dass es in allen Dimensionen und Welten auch eine negativ wirkende Kraft der Schöpfung gibt. Die Indianer nennen sie in ihrer Sprache Antischöpfung, in unseren Breitengraden wird sie schlicht »Dunkelheit« genannt. Sie ist sehr kraftvoll und auf ihre Weise auch Licht, da sie Entwicklung fördert. Nicht in allen Kulturen und zu allen Zeiten stand die Dunkelheit auch für Negativität. Für den spirituellen Menschen ist der Unterschied zwischen Licht und Dunkel ohnehin schwer zu spüren, weil auch die dunklen Wesen Vertreter des Lichts sind.

Es gibt daher viele Missverständnisse. Die Farbe Schwarz z. B., die bei uns als Synonym für das Negative gilt, wurde erst im Laufe der Christianisierung zur Farbe des Bösen; zeitgleich wurde auch die Farbe Rot in diese Charakterisierung aufgenommen. Beide Farben gelten in anderen Kulturen als Potenzial der Schöpfung. Schwarz ist neben Weiß die Farbe der hohen Spiritualität, im Judentum und Islam sogar die Farbe der Geistlichen. Bei den Indianern gelten schwarze Steine, speziell Obsidiane, als Abwehrsteine gegen negative Wesen. Rot war von jeher die Farbe der Fruchtbarkeit und Lebenskraft, auch des aktiven, leidenschaftlichen Dienens für Gott. Erst im Christentum wurde sie mit einem »Teufel« in Verbindung gebracht. Die Farbe Rot als sexuelle Kraft wurde bewusst negativ geprägt und mit dem Sinnbild der Antischöpfung, dem Teufel, verbunden.

Menschen, die schon etwas länger meditieren und gezielt Lichtarbeit betreiben – besonders über das Studium der Kabbala und der Engel –, bekommen ein deutliches Gespür dafür, welche Energien an einem Tag, einer Stunde oder Minute vorherrschend sind. Sie spüren, wenn sie aus dem Haus gehen, ob es ein Tag ist, an dem man besser konzentriert dem Tagesgeschehen nachgeht, oder ob es ein Tag der lichten Kräfte ist, an dem man spielerisch mit seinen Energien umgehen kann. Ein großes Problem beim Erspüren des energetischen Tageszustandes ist, dass wir in Wohnungen, Häusern und Städten vom Energiefeld der Natur stark abgetrennt leben und erst etwas spüren, wenn wir extreme Zustände wahrnehmen. Anders verhält es sich in einer Kultur wie der Diné. Eine offene Landschaft und der unverbaute Blick in den Himmel lassen die Energien viel besser strömen und wir können klarer spüren.

Viele der belastenden Energien werden in Überbegriffen wie »Besetzungen« oder »Elementarwesen« zusammengefasst, ohne dass den meisten Menschen wirklich einteilende Kategorien bekannt sind. Die klarsten Unterteilungen, die auch gut das Denken der Diné spiegeln, sind an den jüdischen Engelwelten und an den Welten der kabbalistischen Sephirot angelehnt. Hier finden wir für jedes Wesen im Licht eine gleichwertige Energie im Negativbereich und dafür die entsprechende Schöpfungswelt.

Die meisten energetischen Belastungen entstehen in der fünften Welt, unserer energetischen Umgebung, werden von Menschen erschaffen und über Emotionen, Gedanken und Handlungen gelenkt. Es handelt sich um niederschwingende Energien, die in der Regel von einer gesunden Aura gut verarbeitet werden. Der Träger spürt sie höchstens als Emotion. Natürlich sind diese Energien nicht positiver Art, es handelt sich um Wut, Unruhe und negative Gefühle, die umso stärker von dem Träger mit Energie gefüttert werden, je chaotischer sein Inneres ist. Nur wenige Menschen besitzen eine gesunde Abwehr und nehmen von sich heraus keine dieser Energien auf. Der Grund dafür ist, dass wir meist ohne lichten Glauben und konstanten bewussten Zugang zum Licht erzogen werden. Wenn Sie mit Ihrem Kind am Tag zehn Minuten meditieren oder Übungen machen, in denen es um das Spüren von Energien geht, wird es als Erwachsener über eine klarere Abwehr verfügen.

Die Energien in der fünften Welt werden ausschließlich über Menschen manifestiert. Sie entstehen aus unbefriedigten Gefühlen und Gedanken. Wenn der Mensch keinen Kontakt zum Licht anstrebt, werden sie nicht aus der Aura abgestoßen und der Mensch beginnt sich dagegen zu wehren, indem er aggressiv wird oder Streitigkeiten heraufbeschwört, bei denen es zu einem starken Energieaustausch kommt. Hier kann er dann von seinem Gegenüber Energien aufnehmen und seine Belastungen gleichzeitig in das Energiefeld des anderen schleudern.

Sie alle kennen diese Energien: Es ist das Gefühl, entspannt aus dem Haus zu gehen, und nach dem Supermarktbesuch sind Sie auf einmal schlechter Laune und wütend. Oder Sie gehen energetisiert in den Tag und beim Einsteigen in den Bus fühlen Sie sich schlecht und müde. Es reicht allerdings auch schon, die eigenen Wohnräume nie durch Räuchern zu reinigen, wodurch Sie permanent in einem dichten Emotionsfeld leben. Mit Licht zu reinigen hilft hier leider wenig, da Sie aufgrund der eigenen Belastung im Energiefeld die Schwingung nicht genug erhöhen können, um ein entsprechendes Licht einzuleiten, auch nicht mit der Hilfe eines Engels, der wiederum nur auf die Stärke Ihres Lichtes reagiert. Es kommt kaum ein Klient oder Seminarteilnehmer ohne eine solche Belastung zu mir, die er aber schon nach einigen Minuten verliert, wenn unsere Auren synchronisieren und er entspannt. Die Aura hat die schöne Angewohnheit, sich an einem höheren Schwingungsfeld zu orientieren und sich über dieses zu reinigen.

Hat ein Mensch nie die Möglichkeit, diesen Emotionspanzer loszulassen, verfestigt sich dieser und die Energie kann nicht mehr fließen, der Rücken beginnt zu schmerzen, der Nacken blockiert den Energiefluss, die Gelenke werden immer unbeweglicher und schmerzen schließlich. Viele ältere Menschen, die den Krieg in Deutschland noch mitbekommen haben und keine Möglichkeit hatten, ihre Emotionen und Bilder »auszusprechen«, haben einen solchen Panzer. Diese Menschen wirken steif und unbeweglich und da die Energiesysteme und der Kontakt in die vierte Welt blockiert sind, möchten sie oft, dass Gespräche nicht zu emotional werden. Speziell in Deutschland konservieren sie durch ihre nicht aufgelösten Ängste einen großen Teil des kollektiven Angstgefühls, das mir so aus keinem anderen Land bekannt ist. Leider werden diese Energieverformungen auch von den Kindern wieder übernommen.

Ich weiß, wie schwer es ist, diesen Programmen zu entfliehen. Interessant ist, dass insbesondere die emotionale Ebene durch Angst blockiert ist und es dem Menschen schwerfällt, über das Schwingungsfeld der fünften Welt hinauszugehen. Erst wenn ein Mensch erwachsen und selbst über die Mitte seines Lebens hinausgewachsen ist, werden die eigenen Impulse oft wieder stärker und überlagern die der Eltern. Es ist ein langer Prozess, der häufig zu spät vom Betroffenen gefördert wird. Erst wenn das Energiefeld der eigenen Eltern aufgrund deren physischer Schwäche abzubauen beginnt, spüren sich die Kinder und beginnen neu zu fühlen.

Die Diné kennen Blockierungen auf dieser Ebene selten. Wenn, dann entstehen diese durch die Gier nach Besitz. Die Sehnsucht, etwas besitzen zu müssen, erzeugt die Trennung des eigenen Energiefelds von der Gemeinschaft. Dann hat sich der trügerische Coyote eingeschlichen und versucht, Zwietracht zu säen. Da ein Stamm eine starke spirituelle Gemeinschaft pflegt, werden derlei Trennungen schnell wieder ausgeglichen und behoben. Emotionspanzer lassen sich gut durch Fasten und regelmäßige Meditation sowie durch Heilbehandlungen, zum Beispiel mit Divine Healing, auflösen.

Leben wir mit vielen dieser emotionalen Belastungen, kann man von Blockaden sprechen. Emotionale und mentale Schwingungen verdichten sich und überlagern die Chakren und deren feine Fühler, die Nadis, sodass die zusammenhängende Körperstelle immer weniger Energie bekommt. Die Aura wird an dieser Stelle immer dünner. Wenn dies der Fall ist, kann der Mensch die Eindrücke und Schwingungen, die ihm im täglichen Leben begegnen, nicht mehr mit dem Licht in seinem eigenen Energiefeld reflektieren. Er kann nicht mehr spüren, was für ihn sinnvoll ist und was nicht; er greift auf sein Denken zurück, das meist von seinen unbewussten Bedürfnissen gelenkt wird. Wenn wir Licht und Dunkel nicht mehr unterscheiden können, sind wir für alle anderen Energien regelrecht »Freiwild«. Jetzt greifen mehr oder weniger stark die negativen Wesen aus der vierten Welt in unsere Emotionen und Gedanken ein. Dies geschieht über die geschwächten Chakren und deren restliche Verbindungen in die höheren Welten. Die Wünsche und Begierden werden dann gelenkt und die Wahrnehmung wird weiter getrübt. Wir wissen nicht mehr wirklich, was für uns lebensaufbauend, was lebensabbauend ist. Das Gefühl von Ungeliebtsein wird häufig über Misserfolge des Alltags bestätigt, dem das Licht fehlt, um Positives anzuziehen. Oft geschieht dann, was sich diese negativen Kräfte wünschen: Der Mensch wird wütend auf seinen Gott und sein mangelndes Licht, weil er sein Leben so leben muss, wie es ist. Mit diesem Gedanken ziehen wir uns noch ein Stück weiter aus dem Licht zurück und Wesen aus der vierten Welt können sich regelrecht in der Aura verankern. Nach einiger Zeit ist diese Verbindung derart intensiv, dass sie einer Symbiose gleichkommt. Der Mensch wird physisch und energetisch nicht mehr vom Licht, sondern durch die Energien der Besetzung gespeist und gesteuert. Auch solche Menschen können sich, da es sich auch um Energie handelt, erstaunlich agil fühlen.

Einer meiner Lehrer, dem ich viel zu verdanken habe, sagte einmal, dass es für Gott nicht wichtig ist, auf welcher Seite von Licht und Schatten wir uns befinden, er habe schließlich beides geschaffen. Es ist aber umso wichtiger, eine klare Entscheidung zu treffen, auf welcher Seite man selbst steht. Am belastendsten für die Schöpfung sind Menschen, die sich für positiv halten, eigentlich aber negativ denken und handeln. Sie verursachen ein energetisches Chaos, das wir wiederum als Druck auf dem Herzchakra und der Brust spüren. Die Besetzungen aus der vierten Welt können einen Menschen durchaus glauben machen, er wäre Licht.

Diese Belastungen aus der vierten Welt können über bestimmte Rituale relativ leicht entfernt werden. Je länger aber die Belastung besteht, desto besser hat sich der Mensch an die andere Art der Energieversorgung gewöhnt und kann sich nach deren Abtrennung nur schwer umorientieren. Regelmäßige Meditation, lichtvolle Gedanken und ein bewusster Abstand zur eigenen Negativität sind hier wichtig. Meist fühlen die auf diese Weise Betroffenen sofort eine große physische wie energetische Erleichterung und spüren eine tiefe Verbindung zu ihrem Licht.

Arbeitet man in der Lichtarbeit, zu der das Entfernen von Wesenheiten und Belastungen gehört, sollte man fähig sein, diese Wesen in der Ebene aufzulösen, aus der sie kommen. Dies erfordert lange Übung und ein stabiles energetisches Niveau. Das »Wegschicken« von Energien ist absolut nicht empfehlenswert und wird nur von garantiert nicht hell- oder aurasichtigen Menschen betrieben. Meist ziehen sich diese Wesen nur ein Stück in die vierte Welt oder die äußeren Auraschichten zurück und verhalten sich still. Schon nach kurzer Zeit werden sie über eine negative Emotion im Wirt wieder aktiv und sind noch stärker, da eine Art Hemmschwelle überwunden ist. Häufig leben diese Besetzungen Jahrzehnte mit einem Menschen und können sogar nach dessen Tod einige Seelenanteile auf der Erde binden und regelrecht festhalten. Die Wesen bleiben dann im morphogenetischen Feld der Erde zurück und warten auf die Wiedergeburt des Hauptseelenanteils eines Menschen. Sie werden von Leben zu Leben immer stärker, bis sie den Menschen so weit lenken, dass er in einem Leben bewusst Negatives einbringt, indem er mordet oder den dunklen Energien bewusst dient. Dann wirken kontinuierlich negativere Wesen aus immer höheren Ebenen und der Mensch lebt wie in einer Art Seifenblase. Er ist von der realen Wahrnehmung zu seinen Mitgeschöpfen und seiner Umwelt getrennt und lebt nur seine Realität, die ihm durchaus vorgaukeln kann, die anderen wären die »Bösen«. Am Ende ist der Mensch dann ein starkes Werkzeug der Macht, ohne dass er es bewusst erkennt. Je nachdem, aus welchen Welten die Wesen kommen, sind sie entsprechend schwer zu entfernen oder die Nachbehandlung ist sehr langwierig.

Wenn man nicht sicher ist, welche Kräfte auf einen wirken, ist es eine gute Übung, sich einige Tage energetisch völlig neutral zu verhalten. Ich bin einmal eine Woche allein nach Paris geflogen und habe mir vorgenommen, nichts zu sprechen. Wider Erwarten hat diese Übung in einer Stadt voller nickender Touristen gut funktioniert und ich habe viel in mir spüren können. Sie können einige Tage freinehmen oder einen Kurzurlaub aufs Land planen und das Schweigen ausprobieren. Es komprimiert geradezu die Energie im Körper, sodass Licht und Dunkel stärker spürbar werden.

Negative Orte

Finden sich viele Menschen, die mit negativen Energien in Kontakt sind, an einem Ort ein und bauen Energie auf, entsteht an dieser Stelle nach und nach eine Art Öffnung in die höheren Welten. Dies entspricht der Wirkungsweise wie bei positiven Kraftorten, nur eben umgekehrt. Durch diese Öffnung können negative Wesen aus allen Welten in die fünfte Welt eintreten und auf die Lebewesen wirken. Ich habe Praxistage erlebt, an denen die Menschen, die nacheinander kamen und einander nicht bekannt waren, dieselben negativen Träume und Bilder hatten. Vor allem hat mich das erstaunt, weil die Themen für die Termine natürlich ganz unterschiedlich waren. Besonders in der Nacht können, wenn ein Mensch oder eben ein Ort energetisch nicht klar auf das Licht ausgerichtet ist, belastende Kräfte eintreten. Unsere Tiere reagieren in der Regel als Erste darauf. Durch Bellen, Kratzen und eine starke Unruhe zeigen sie etwas auf und haben die Bitte an uns, dass wir es entfernen.

Nicht jeder Ort, an dem Menschen Licht aufbauen, ist zwangsweise auch positiv. Wenn die Sunrise Schule z. B. in einer Stadt Räume nutzt und die Gruppen komplett ausgebucht sind, sodass wir noch eine zusätzliche Seminargruppe bilden, weiche ich gerne auf Apartments oder neutrale Seminarräume aus. Hier sind die Belastungen meist unerheblich und leicht zu entfernen. Wirklich ungünstig ist es, wenn man sein Haus auf einem energetisch negativen Ort hat. Dies ist schnell durch das häufige Sterben von Tieren ersichtlich und dadurch, dass es nicht möglich ist, Licht aufzubauen. Die Diné gestehen der Natur diese Orte zu, halten sich jedoch von ihnen fern und meiden auch jegliche innere Aufmerksamkeit in diese Richtung.

Mein Lehrer hat mir erklärt, dass ein Wesen, das sich bewusst von diesen Orten distanziert und auch keinen Gedanken daran verschwendet, von diesen Energien nicht berührt wird. Die alten Lichtvölker haben keine Faszination für das Dunkle und es fällt ihnen nicht schwer, sich innerlich diesen Kräften zu verweigern. Für Menschen ohne entsprechendes Lichtwissen fällt der Abstand aus Neugier und mangelnder Vorstellungskraft meist sehr schwer. Es übersteigt schlichtweg die Vorstellung, dass durch das eigene Interesse ein Kontakt zu diesen negativen Energien hergestellt wird. In abgeschwächter Form kenne ich diesen Mechanismus bei Menschen, die prinzipiell immer ein energetisch unklares Hotel, Restaurant oder Seminar wählen. Diese Menschen bauen unbewusst eine Verbindung von ihren Belastungen zu negativ aufgeladenen Orten und Situationen auf. Diese Verbindung kann auch dazu führen, dass ständig kleine Missgeschicke und Unfälle passieren oder dass man das Gefühl hat, alles im Leben wird einem erschwert, weil die kleinen Dinge schon nicht funktionieren.

Ich möchte noch auf etwas sehr Wichtiges hinweisen, was ich über diesen Mechanismus und dessen Wirkung auf die Tiere eines Menschen gelernt habe. Die Aura eines Menschen wirkt positiv und negativ mit allem, was sie anzieht, auch auf die Wesen, die in unserem Schutz stehen. Leben wir diese negative Anziehungskraft, dann müssen unsere Tiere diese Einstellung mit uns tragen und ziehen Krankheiten, Beißereien und auch Unfälle zwangsläufig in ihr Energiefeld. Das geschieht zusätzlich zu den Energien, die sie über Emotionen und Gedanken von den Menschen in ihre Chakren und Energiefelder mit übernehmen.

Die Diné sagen, dass wir Menschen uns durch derlei Handeln viel Karma hinsichtlich der Tiere zuziehen, das wir dann selbst wieder als bewusster Seelenanteil in einer Reinkarnation als Tier erfahren und erleiden. Diesen Kreislauf können wir Menschen nur durch unser Bewusstsein unterbrechen.

Nachstehend finden Sie eine einfache Übersicht und Klassifizierung von Belastungen im Energiebereich.

- Die *schwächste* Form einer Besetzung nenne ich energetische Belastung. Es handelt sich hier um Energien wie z. B. negative Emotionen und Gedanken, die unbewusst im Alltag gesammelt werden und die wiederum Belastungen in die eigene Aura ziehen. Sie sind charakterisiert durch:

  – Dichte Energien, bestehen aus Emotionen und Gedanken aus diesem und früheren Leben
  – Nicht personifiziert
  – Kein handelnder Intellekt
  – Fünfte Welt
  – Gefühle: Unruhe, Wut, Orientierungslosigkeit, es fällt schwer, ein konkretes Ziel zu fassen und sich zu konzentrieren

- Besetzungen der *leichten* Kategorie dringen ein, wenn ein Emotionspanzer ausgebildet wird oder wir z. B. durch eine lange Krankheit stark geschwächt sind:

  – Wesenhaft
  – Wenig intelligent
  – Sie sind in der Regel Vorboten für negative Wesenheiten aus höheren Ebenen
  – Vierte Welt
  – Ausgeprägt negative Gefühle/Depression
  – Der Mensch selbst steht mit seinem Leid im Mittelpunkt seines Denkens
  – Starke Verspannungen sowie Passivität können im körperlichen Ausdruck vorkommen

- Besetzungen der *mittelstarken* Kategorie dringen ein, wenn der Mensch über einen starken Schock wie ein Missbrauchserlebnis oder einen tiefen und plötzlichen Verlust geschwächt ist und nicht den nötigen Glauben hat, diesen zu überwinden:

  – Wesenhaft mit körperlicher Ausprägung
  – Der Betroffene verändert nach und nach seine Vorlieben sowie

seinen Bezug zur Umwelt und dem, was ihm guttut; er nimmt fast ausschließlich durch seine verzerrte Wahrnehmung wahr, was Mitmenschen oft zu Feinden macht
- Dritte Welt
- Physische Kälte mit einem Unvermögen, Licht zu visualisieren und aufzubauen
- Andere Menschen und speziell Tiere meiden, wenn sie können, den Kontakt; oft wünscht der Körper viel zuckerhaltige Nahrung, um Energieimpulse zu bekommen
- Die Augen wirken kalt und milchig

- Besetzungen der *starken* Kategorie ersetzen die Bioenergie bzw. das Prana durch Energie aus der dunklen Seite. Sie dringen ein, wenn der Mensch sich bewusst von Gott abgewendet hat oder einen konkreten Selbstmordversuch hinter sich hat:

  - Sehr wesenhaft und körperlich für einen hellsichtigen Menschen sichtbar
  - Der Betroffene meidet den Tag und zieht sein Leben immer weiter in die Nacht zurück, weil er das Gefühl hat, dort die nötige Ruhe zu bekommen
  - Kinder, Tiere und der Partner fühlen sich energetisch ausgelaugt und sind oft krank, weil ihnen die Energie entzogen wird
  - Der Mensch kann entweder nicht mehr normal arbeiten und leben oder entwickelt eine passende Form, meist in einer Führungsposition, um weiter negative Energien einzuleiten, hier wirkt er sehr dynamisch
  - Manchmal begleitet diese Menschen ein unangenehmer Geruch
  - Sie strahlen physische Kälte aus
  - Durch die Augen des Menschen kann man die Augen der Besetzung sehen; geschieht das, wird beim Gegenüber Druck im Solarplexus und Herzbereich ausgelöst sowie das Gefühl, dass sich etwas mit dem eigenen System verbunden hat (Dämonen oder Ähnliches)

- Besetzungen der weiterentwickelten Kategorien treten dann wieder als »schattenhafte« Lichtwesen oder in physisch-energetischer Gestalt sehr groß auf, kommen aber im Normalfall nicht vor. Ist die Verbindung eines Menschen durch alle Welten und Dimensionen hin vom Licht abgetrennt, löst sich langsam seine Seele auf. Wir dürfen nicht vergessen, dass die Bausubstanz einer Seele das Licht und deren Erhalt die Verbindung zu Gott ist.

Wir geben jeden Tag, jede Minute und Stunde unser Leben in die Kraft der dunklen oder eben der lichten Seite. Die Diné haben mich einige Übungen gelehrt, die ich hier in moderner Form wiedergeben möchte. Sie helfen, das Licht vom Dunkel in sich zu trennen.

- Meditieren Sie dreimal täglich und kommen Sie vollständig zur Ruhe. Praktizieren Sie vor jeder Meditation eine kleine symbolische Waschung, die die Energien der Umwelt von Ihnen trennt und in der Sie sich auf den Kontakt mit dem Licht vorbereiten.

- Spenden Sie ohne Reue ein Zehntel Ihres Einkommens für wirklich wohltätige Zwecke.

- Kontrollieren Sie Ihre Gedanken, Ihre Sprache und Handlungen im Hinblick darauf, ob sie lichtvoll, chaotisch oder dunkel sind.

- Kaufen Sie einen Monat nur das, was Sie zum Leben brauchen, ohne zu shoppen; warten Sie, ob es Bilder oder Begierden durch diese nicht gelebte Energien gibt, und kontrollieren Sie diese.

Zusätzlich möchte ich Ihnen hier eine sichere Übung für die Reinigung Ihres Energiefelds von Emotionen und leichten Belastungen geben:

Entfernung von energetischen Belastungen

Beginnen Sie damit, dass Sie als ein Zeichen der inneren Bereitschaft drei Tage vor der eigentlichen Übung auf Fleisch, Kaffee, Alkohol und Nikotin verzichten. Der Verzicht kann auch Süßwaren einschließen, falls diese Ihr »Laster« darstellen.

Meditieren Sie an jedem der drei Tage mindestens 30 Minuten oder üben Sie die Pranaatmung. Räuchern Sie täglich, auch vor der eigentlichen Übung mit Weihrauch und Salbei. Am Tag der Reinigung sollten Sie unbedingt in einem Raum ohne Kinder oder Tiere sein.

Atmen Sie in Ihr Becken, bis Sie die Wärme spüren, die sich in Ihrem Unterleib ausdehnt. Bitten Sie nun Ihre Engel bei dieser Reinigung um Hilfe und Unterstützung. Bitten Sie den Großen Geist oder Gott, seinen Segen über diese Reinigung und Heilung zu legen. Dehnen Sie das Licht zusammen mit der Wärme nun langsam im Körper aus und formen Sie eine Lichtsäule, die über Sie hinweg und nach unten in die Erde fließt. Bitten Sie nun die indianischen Engel Blue Body, White Body und Yellow Body in Ihren Körper und erlauben Sie ihnen, in Ihren Becken zusammenzufließen. Vielleicht spüren Sie ein leichtes Ziehen im Unterleib oder einen kleinen Schmerz, dann fühlen Sie die beginnende Reinigung. Verfolgen Sie den Prozess mit Ihrem inneren Auge.

Warten Sie, bis die Farben der Engel in Ihrem Becken zu einem weißen Licht werden, das sich dann schnell über den Pranakanal ausdehnt. Bitten Sie Ihre persönlichen Engel, den

Energieaustausch noch eine Weile weiter beizubehalten und eine Energie des Schutzes um Sie zu legen.

Sie fühlen sich danach vielleicht etwas müde und abgeschlagen, spüren möglicherweise Ihren Körper oder träumen in der folgenden Nacht etwas Seltsames. Das alles sind Folgen der Reinigung und der Belastung, die mit Bildern und Erinnerungen verbunden ist, die aus dem Körper und dessen Energiefeld geschwemmt werden.

Räuchern Sie auf alle Fälle nach der Übung den Raum und ruhen Sie sich mindestens eine Stunde aus.

Wiederholen Sie diese Übung nicht mehr als einmal im Monat, da sonst ein zu starker Energieaustausch stattfindet. Sollten Sie die Wärme nicht spüren können, sind Ihre Belastungen zu stark und ich rate zum Besuch eines Therapeuten der Sunrise Schule.

10

Lichtarbeit und energetische Reinigung

Im Verständnis der Indianer bedeutet Lichtarbeit, eine ständige innere Verbindung zum Großen Geist aufrechtzuerhalten. Da die indianische Kultur wie alle alten Kulturen nicht von einer Abtrennung der menschlichen Seele von Gott ausgeht, dienen die Techniken ihrer Lichtarbeit vor allem der Aufrechterhaltung des Lichtbewusstseins und dessen Wachstum.

Der westliche Lichtarbeiter hingegen geht von einem Zustand der Abtrennung vom Licht – von Gott – aus, den er mit diversen Techniken zu überwinden sucht. Von meinen indianischen Lehrern habe ich gelernt, dass es keine neue Verbindung zu Gott, den Tieren, den Engeln und anderen Wesen geben kann, denn alle Schöpfung ist bereits miteinander verbunden. Sie lehrten mich, dass die meisten Menschen ihre lebendigen Verbindungen vergessen haben oder sich selbstgewählt negativen Kräften hingeben und deshalb wenig Licht spüren. Es fällt schwer, sich einzugestehen, dass weder Blockaden noch dichte Energien die Verursacher von Leid und dessen Folgen sind. Jeder Mensch entscheidet für seine Seele und seinen Körper, auf welchen Pfad er sich begibt und welche Energien er in sein Leben einbringt.

Wenn ich einem alten Menschen in das Gesicht sehe, kann ich sehen, wie er gelebt hat, genauso wie ein »Großvater«, ein indianischer Weiser, in meine Augen sieht und erkennt, wer ich wirklich bin. Im fortschreitenden Alter eines Menschen werden die in der Jugend gelebten Ideale und Ausrichtungen sichtbar. Das Gesicht, die Körperhaltung und die Sprache eines Menschen zeigen die von ihm aufgebaute Verbindung zu Gott. Nicht nur Güte und Mitgefühl können unseren Körper und Geist mit Licht anfüllen, auch Frustration, Angst und Gier bringen Energie in den Körper, deren Quelle aber leider nicht Gott ist. Eine Voraussetzung für die wahre Lichtarbeit ist, sich bewusst zu machen, dass jeder Augenblick, den man lebt, auf einem anderen aufbaut. Jede Entscheidung, die Sie fällen, ist das Ergebnis anderer Entscheidungen, die Sie bewusst oder unbewusst zu einem Zeitpunkt gefällt haben und jetzt verändern können. Im Gedanken der alten Lichtkulturen hat Gott keine direkte Wirkung auf ein Leben und dessen Umstände, solange der Mensch in Unbewusstheit lebt. Synergien wirken und formen unseren Lebensraum und den Rahmen unserer Entwicklung, unser Energiefeld, unsere Fähigkeit zu empfinden und sogar unsere materielle Umwelt. Erlangt ein Mensch Kontrolle über diese Zusammenhänge, dann lebt er in Hozho, in innerer Schönheit. Lichtarbeit bedeutet zuallererst Bewusstwerdung und das, was die Diné Hozho nennen.

Die innere Schönheit – Hozho

Hozho ist eine mächtige Kraft, das Gefühl einer tiefen inneren Erlösung, ein Zustand voller schöpferischer Kraft und zugleich einer tiefen Ruhe. Hozho ist göttlich. Es ist ohne Bedürfnisse, ohne das Gefühl, geliebt sein zu wollen, und ohne Ängste. Selbst der Tod ist in Hozho nur ein fließender Übergang in eine andere Welt. Hozho ist die Einheit des Selbst mit Gott. Wenn wir in dem Gedanken leben, vom Licht getrennt zu sein und daher keinen Wert zu besitzen, machen wir das Hozho unsichtbar. Es wird schlichtweg von unseren Gefühlen und unserer Einstellung, dass wir kein Hozho hätten, unsichtbar gemacht. Das bedeutet aber keinesfalls, dass es diese Kraft nicht gibt. Viele Menschen suchen das Hozho in einem Partner, ihrer Lebensaufgabe oder einem Tier.

Der Kraft des Hozho kann man gut über das Medizinrad und die Innenschau begegnen; Letztere findet in der inneren Landschaft statt. Um an Hozho zu arbeiten, müssen Sie sich zuerst über Ihre jetzige innere Landschaft bewusst werden. Sie müssen erkennen, welche Kräfte, Energien und Prägungen aus den anderen Welten auf Sie in der fünften Welt wirken und wie Sie diese in eine vollständig Heilige Landschaft umwandeln können. Ein sicherer Ort für diesen Prozess ist ein wichtiger Bestandteil: Die Diné nennen diesen ihren Hogan.

Der Hogan – ein geschützter Platz

Der Hogan ist eine Mischung aus Höhle und Hütte, die mit einer runden Form, geometrischen Seiten und mit der Öffnung immer in Richtung Osten gebaut wird. Er schützt die Diné vor Hitze, Wind und Regen. In ihm gibt es Raum für die ganze Familie. Diese Hütte ist auch ein archetypisches Bild für den Mutterleib, der wiederum die schützenden Kräfte der Erde darstellt.

Hogans werden von den Diné speziell als Ritualplätze errichtet und mit der Anrufung besonderer Energien zu einem sicheren Ort gemacht. Ihr persönlicher Hogan kann ein spiritueller Platz in Ihrem Wohnraum sein. Wichtig ist, dass Sie mit dem Blick Richtung Osten sitzen, dass Sie es warm haben und ungestört sind. Sie können Ihren Hogan noch verstärken, indem Sie um den Platz, an dem Sie sitzen, einen Kreis mit Trommelsteinen aus Obsidian legen. Feiner Salbei ist beim Räuchern zur Reinigung eine gute Unterstützung.

Prüfen Sie Ihren Hogan, indem Sie die Augen schließen, sich entspannen und zwei Obsidiane halten, in jeder Hand einen. Die Steine helfen Ihnen, die Energien klarer zu spüren und die geeignete Stelle für Ihren Hogan zu finden. Erstaunlicherweise ist ein

Hogan für den westlichen Lichtarbeiter nicht unbedingt dort, wo wir ihn vermuten. Vielleicht finden Sie heraus, dass er in Ihrer Küche oder auf dem Boden neben Ihrem Bett ist und nicht in der speziell dafür geschaffenen Meditationsecke.

In New Mexico habe ich für eine Weile einen Hogan ohne jeden physischen Schutz in einer kargen Ebene gehabt. Einer meiner Lehrer bat mich, mir einen geschützten Ort zu suchen, um dort zu meditieren. Natürlich gingen meine Impulse zu einem Ort, an dem ich mich verstecken konnte. Ich wählte zuerst einen kleinen Felsen, weil seine schiefen Wände mir wie ein Dach erschienen. Als ich die Augen schloss und nachspürte, ob es wirklich mein Hogan war, fühlte ich, dass unsichtbare Hände meinen Körper in die Ebene weg von der Überdachung schoben. Diese unsichtbaren Hände trugen mich weiter bis zu einem Platz, der einen äußerlich schutzlosen Hogan bot. Erstaunlicherweise fühlte sich dieser Hogan viel angenehmer und schützender an als mein anfänglich vorgesehener Platz. Der Felsvorsprung war, obwohl weithin offen, trotzdem sicher. Auf eine wohlige Art geborgen, konnte ich mit meinen Übungen fortfahren.

Der geschützte Platz eines Hogans ist in der fünften Welt manifestiert und durchaus materiell. In den anderen Welten beginnt er, sich mit uns zu bewegen, sobald wir seine Energien in unserer Aura stabilisieren und mit uns bewegen können. Er wächst mit uns, er verstärkt das Gefühl von Geborgenheit und schenkt das Wissen, immer und überall mit dem Licht in Verbindung zu sein. Es ist in unserer Sprache ein mit uns wachsender, wandelnder Kraftplatz, den wir selbst immer weiter mit Licht füllen und aufbauen können. Kommt ein Lichtarbeiter dem Zustand von Hozho näher, kann er in den Energiebereich seines Hogans auch seine Familie, seine Tiere und sein Heim stellen und energetisch mitversorgen.

Eine wichtige geistige Voraussetzung, um mit dem Hogan schützen zu können, ist, das Leben anzunehmen, wie es ist. Ich habe gelernt, dass ein großer Teil des Eindrucks, sich als Mensch nicht sicher zu fühlen, aus unserer geistigen Haltung entsteht. Es ist eine Verweigerung, das Leben nicht anzunehmen, wie es ist, und sich stattdessen in Bildern, wie es sein könnte, zu verlieren. Leben wir in dieser inneren Einstellung, gelingt es unserem Wesen nicht, zur Ruhe zu kommen und seine Energien zu sammeln und auszurichten. Für unseren Geist und das emotionale Empfinden bedeutet das, dass die Gefühle nicht real sind, weil sie aus einer verschobenen Wahrnehmung heraus entstehen. Wir fühlen an uns selbst vorbei.

Zu Beginn werden Sie Unruhe in Ihrem Hogan spüren. Wenn Sie in einem Zustand stark verschobener Emotionen leben, werden viele Bilder und Gedanken kommen. Stellen Sie sich dann eine Umstrukturierung Ihrer Energien vor und beobachten Sie, wie Ihre Aura und Schwingung versuchen, sich diesen neuen Energien anzupassen. Oftmals halten Anfänger den Aufbau des Hogans nicht durch, die Bilder und Gefühle aus dem bisherigen Leben fühlen sich sicherer und aufgrund der dichten Schwingung stärker an.

Ein Hopi-Lehrer hat mir erklärt, dass die Seele in diesem Augenblick trauert, weil sie sich wieder von dem Zustand der Einheit entfernt. Beginnt der Hogan zu wachsen, wird er zu einem wichtigen Bestandteil des täglichen Lebens. Der Mensch sehnt sich danach und gerät in Unruhe, wenn er keine Zeit hat, um den Hogan zu spüren. Er zieht das Alleinsein im Hogan zerstreuenden Aktivitäten vor und beginnt ihn als warm und sicher ständig um sich zu fühlen.

Bei den Diné lernen die Kinder den Bau eines Hogans von den Eltern und anderen Mitgliedern des Stammes. Sie lernen ihn als ein Gebäude und als ein inneres Konstrukt kennen, das – wenn perfekt erbaut – mit der Umwelt wieder in Einheit verschmilzt. Der Hogan ist zudem ein mehr als idealer Ort, um mit Tieren, Krafttieren, Engeln und der eigenen Seele Kontakt aufzubauen.

Ein Hogan ist ein absolut reiner Raum und wenn Sie Geld berührt haben oder mit vielen Energien in Kontakt gekommen sind, sollten Sie sich reinigen. Eine hierfür empfehlenswerte Reinigungsmeditation der Sunrise Schule ist als »Lichtarbeit – Basis I« erschienen.

Energetische Reinheit

Die Engelwesen haben bei ihrem Erscheinen den Bewohnern der Welten erklärt, dass sie sich reinigen sollen. Hierbei ist nicht nur eine äußerliche, sondern auch eine innere Reinigung gemeint, mit der die Wesen entscheiden sollten, ob sie sich weiter beschmutzen oder in einem gereinigten Zustand übergehen wollen. Als die menschenähnlichen Lebewesen begannen, soziale Sicherheiten aufzubauen, Vorräte anzulegen und Entscheidungen zu treffen, war es an der Zeit, sie mit dem Zustand der energetischen wie physischen Reinigung weiter vertraut zu machen. In der Reinigung liegt immer die Läuterung, welche beinhaltet, dass wir den Zustand vor und nach der Reinigung miteinander vergleichen und uns der Transformation, die stattgefunden hat, bewusst werden. Genau wie die Entscheidung, sich negativen Gedanken hinzugeben, ist der Entschluss, sich nicht weiterzuentwickeln, zu transformieren und energetischen Schmutz anzusammeln, eine bewusste Entscheidung.

Als ich mehrere Gruppen von Diné kennenlernte, konnte ich Holy People klar erkennen. Ihre innere Reinheit strahlte nach außen, auch wenn sie äußerlich in sehr bescheidenen Verhältnissen lebten. Die meisten Indianer sind alles andere als wohlhabend. Zudem hat die kulturelle Verbindung mit dem weißen Mann dazu geführt, dass sie Lebensmittel und einen Lebensstil pflegen, der nicht für sie gemacht ist. Wenn ich Indianer kennengelernt habe, die nicht mehr an ihre Traditionen und die damit verbundene Reinheit geglaubt haben, hatte ich oftmals den Eindruck, dass diese Ureinwohner nicht spüren wollen, was mit der Menschheit und speziell mit ihrem Heiligen Land, seiner Natur und ihnen selbst geschieht. Die bewusst lebenden Diné sind nur noch selten zu finden, da die Industrie und Gütergesellschaft auch sie erreicht hat.

Das wohl bekannteste indianische Ritual zur Reinigung bezeichnen wir als Schwitzhütte. Vergleichbar mit einer energetisch aufgeladenen Biosauna, kann der Mensch durch die Hitze negative und belastende Energien ausfließen lassen. Die Schwitzhütte war früher ein Konstrukt aus Ästen und von Tierhäuten bedeckt. In der Mitte dieser Hütte lagen sehr heiße Steine in einer Grube und über diese Steine wurde das Wasser geschüttet, zusammen mit diversen Kräutern und Heilpflanzenauszügen, um eine spezifische Wirkung zu erzielen. Die Schwitzhütte war nicht nur ein Ritual der Reinigung, sondern ebenfalls der Verbindung, da ganze Familien in ihnen zusammenkamen und natürlich immer noch kommen und Reinigung erfahren. Sie ist auch ein Ritual der Wiedergeburt, denn man fühlt sich wie neugeboren, wenn man aus dem Zelt kommt. Das Ritual der Schwitzhütte variiert von Stamm zu Stamm. Manche Indianer bauen sich kleine Hütten und andere einfache Seitenhäuser dafür.

Tatsächlich öffnen sich unsere Chakren unter dem Einfluss von physischer Wärme und dehnen das gesamte Energiefeld, die Aura, weiter aus. Mit speziellen Kräutern, Anrufungen und Ritualen kann die Wirkung einer Schwitzhütte auf ein Chakra noch verstärkt werden; der Energieaustausch wird dann intensiviert. Diese Art der körperlichen Reinigung können wir durch ein Bad in Meersalz (Kopf unbedingt untertauchen!) und anschließendes Räuchern ersetzen.

Ich habe bis jetzt in Nordamerika zwei Schwitzhütten miterlebt, die an besonderen Kraftorten unter einem hohen Energieaufbau stattgefunden haben. Unter der strengen Führung meines Lehrers, meines Haatali, durfte ich zusammen mit einem inkarnierten Holy Man im Ritual einer Schwitzhütte zeitweilig meinen Körper als Energiewesen verlassen. Zuerst hatte ich Probleme mit meinem Kreislauf, dann aber spürte ich den Körper nicht mehr und es wurde immer heller und vibrierender um mich herum. Viele Menschen aus meiner Vergangenheit tauchten auf, und ich konnte alte Bilder und nicht mehr erwünschte Kontakte loslassen. Über eine besondere Anrufung und Räucherung beendete mein Haatali diese Erfahrungen und führte mich sehr sicher und bestimmt wieder in meinen Körper zurück. Das Ziel der Zeremonie war es, die lichten Wesen der höheren Welten für besondere Heilzeremonien meiner Seele einzuladen.

Die Reinigung eines Lichtarbeiters sollte in seiner Sprache, seinem Denken und seinen Lebenszielen erfolgen. Es ist nicht einfach, eine schöne Sprache, schöne Gedanken und schöne Taten den Alltag erfüllen zu lassen. Sind Sie dessen fähig und sich dabei bewusst, wie »Licht« Sie sind, beginnen Sie am besten erneut mit einer Räucherung und einem Salzbad, um immer mehr Abstand zu Ihren alten Ausdrucksformen zu gewinnen. Solange sich das Bewusstsein in seinen Taten bewerten muss, ist es noch unbewusst und vom eigenen Ego kontrolliert.

Sind Sie eine Frau und haben Sie Ihre Periode, sollten Sie besonders reinlich sein und sich täglich komplett unter fließendem Wasser reinigen. In dieser Zeit werden viele emotionale und mentale Energien aus den Zellen und den inneren Auraschichten ausgeschwemmt und die Aura verdichtet sich schnell. Wenn Sie als Therapeutin oder Heilerin tätig sind, sollten Sie beachten, dass diese Energien sehr schnell in die Aura Ihres Patienten – Mensch wie Tier – übergehen und dieser anschließend vielleicht Emotionen und Gedanken fühlt, die nicht seine sind. Das Reinigen über ein Licht, gleich welcher Art, reicht hier nicht. Wenn Sie das Gefühl haben, Sie sind geschwächt oder können Ihre Gefühle schwer steuern, dann ziehen Sie sich während dieser Zeit besser von etwaigen Behandlungen anderer zurück. Reinigen Sie auch Ihre Hände vor einem Ritual der Lichtarbeit, indem Sie sie waschen und abräuchern oder mit dem Aura Soma Balance Öl Nr. 54 einreiben.

Für die Reinigung habe ich es als sehr hilfreich empfunden, ein Drittel meines Besitzes wegzugeben: Alte Kleider, die Sie immer noch einmal tragen wollten, Teller, die Sie nicht wirklich benutzen, weil sie Ihnen eigentlich doch nicht gefallen, und Möbel, die Sie eigentlich noch verkaufen wollten – es ist Zeit loszulassen, damit neue Energien in Ihren Hogan eintreten können. Auch an Gegenstände sind Energien gebunden. Wir haben sie mit unseren Gefühlen und Gedanken geprägt, die sich nicht »herauswaschen« lassen. Je mehr materiellen Besitz Sie haben, desto mehr schleppen Sie in den anderen Welten auf Ihren Schultern herum. Alle die Energien, die Sie unbewusst in Ihrem Keller oder Dachboden mit sich herumtragen, wirken auf Ihr Bewusstsein ein und können Sie begrenzen.

Helfen Sie Ihrer Seele zu atmen und nehmen Sie sich mehr Raum. Als ehemaliges Fotomodell waren meine Schränke über

Jahre übervoll mit schönen und unnützen Kleidern, da man in diesem Beruf seine Kleider nach einem Auftrag häufig behalten darf. In jeder Schutzhülle eines Kleides waren gleichzeitig Erinnerungen und Bilder gepackt, die natürlich auch in mein geistiges Energiefeld wirkten. Als ich diese Wirkung erkannt hatte, ging ich daran, alles zu verschenken oder zu verkaufen und den Erlös zu spenden. Es fühlte sich toll an und ich hatte das Gefühl, freier zu sein.

Als mich mein Freund Eric zu Beginn meines Aufenthalts vom Flughafen abholte, witzelte er, ob ich denn vorhätte, einen eigenen Stamm zu gründen und schon einmal die Inneneinrichtung für dessen Bewohner mitgebracht hatte. Der Anblick meines Koffers auf dem Laderaum des Pick-ups führte dazu, dass mein erster Diné-Lehrer, bei dessen Familie Eric meine Unterkunft arrangiert hatte, nur den Kopf schüttelte und mich meine Habe selbst durch die Gegend schleppen ließ. Zwei Wochen später lebte ich mit zwei Jeans und dem Nötigsten und besuchte regelmäßig einen Waschsalon.

Versuchen Sie in jedem Augeblick Ihres Lebens, innerlich rein zu sein. Es ist eine Angewohnheit des Menschen, zu warten, bis sich viele negative Gefühle, Druck und Blockaden, möglicherweise sogar physische Schmerzen angesammelt haben, bis er das Gefühl hat, handeln zu müssen. Bewegt er sich dann, fühlt sich der Zustand von Hozho sehr weit entfernt und kaum zu verwirklichen an. Man hat das Gefühl, ihn nicht erreichen zu können, und baut einen künstlichen Zustand des Abgetrenntseins auf. In Hozho liegt auch die Kraft, eigene Fehler zu erkennen und die Sehnsucht nach Gott derart groß werden zu lassen, dass einen nichts von Hozho fernhalten kann. Bedenken Sie, je weiter Sie von Hozho entfernt sind, desto vertrauter erscheint die Negativität und ihre Maske, die Abtrennung, und gaukelt einem vor, dort sicher zu sein.

Einen besonderen Hinweis möchte ich noch an die Tierfreunde geben. Ihre Tiere leben gesünder, fühlen sich wohler und Sie können sie besser verstehen, wenn Sie energetisch reine Räume pflegen. Viele Tiere fühlen sich stark belastet von den Emotionen und chaotischen Energien, die wir Menschen in und an uns tragen, und reagieren darauf. Krankheiten, Verhaltensprobleme und das Weglaufen eines Tieres kann auch die Folge von starken energetischen Belastungen sein. Sie erleichtern sich generell den Zugang zur Tierkommunikation und Heilarbeit, wenn Sie auf Ihre Energien und die Ihrer Räume achten. Auch Ihr Patient wird wesentlich mehr spüren, wenn seine Chakren und Meridiane durch das Räuchern geöffnet werden.

Heilige Räuchermischungen

Zum Räuchern werden Harze, Hölzer, Kräuter und auch Samen verwendet. Die Kultur des Räuchern geht zweifellos auf Bräuche im Nahen Osten und Tibet bzw. Indien zurück. Das Räuchern generell stellt eine symbolische Opferung dar und ist eine Weiterentwicklung von Tier- und Menschenopfern oder auch Ernteopfern, die Gott als Austausch für die erhaltende Lebensenergie gegeben wurden. Eine Blütezeit erlebte das Räuchern unter der altpersischen und auch jüdischen Kultur, da Göttliche bzw. königliche Herkunft auch durch Reinheit und Wohlgeruch Ausdruck fanden. Die verschiedenen Räucherrituale und Verbrennungsweisen sind recht vielschichtig und ebenso den Gegebenheiten angepasst wie die Schwere des Duftes oder dessen Intensität. Der Wohlgeruch, der durch das Räuchern erzeugt wird, beinhaltet allgemein eine Öffnung für die Seele und den Geist eines Menschen, der darin zur Ruhe kommt.

Im orientalischen Raum finden naturgegeben mehr Harze Verwendung wie beispielsweise Weihrauch oder Myrre. Bei indianischen Räucherritualen werden entsprechend der Ausrichtung des Rituals hauptsächlich Pflanzenteile und Hölzer verwendet. Je nach Räuchermischung sind die Heiler in der Lage, einen Reinigungsprozess, Heilung, Wärme oder physische Kräftigung durch das Räuchern einzuleiten und das Energiesystem durch diesen Vorgang positiv zu stimulieren. Leider gibt es immer noch viele Vorurteile, die über das Räuchern im Umlauf sind. Das Ritual des Räucherns hat in seinem Ursprung weder etwas mit kirchlichem Räuchern (der Weihrauch ist dort meist sehr beißend und gibt leicht ein Schwindelgefühl) noch ausschließlich mit Salbei zu tun, der häufig als Räucherung genannt wird. Das Räuchern mit einem Räucherstäbchen dient leider nur der Parfümierung und beinhaltet keinerlei reinigende Wirkung. Auch das Reinigen mit Energie oder der Vorstellung einer Flamme kann das Räuchern nicht ersetzen. Hier wird nur mit Eigenenergie gearbeitet. Selbst wenn Sie Engel um Unterstützung bitten, können diese nur Ihr vorhandenes Licht potenzieren. Im Gegensatz zu vielen Vorurteilen verfärben sich meines Wissens auch Wände und Zimmerdecken nicht durch häufiges Räuchern. Tiere finden die Rituale sehr interessant und zeigen häufig große Aufmerksamkeit.

Ich habe Räucherrituale in sehr vielen Ländern kennengelernt und die Abläufe sind im Grunde immer ähnlich.

Anleitung zum Räuchern

Nehmen Sie eine stabile Schale oder einen Blumentopf und füllen Sie diesen mit Räuchersand oder Vogelsand, um eine sichere Unterlage zu schaffen.

Überlegen Sie, was Sie mit der Räucherung bewirken wollen und wählen Sie aus dem nachstehenden Räucherwerk aus.

Schließen Sie alle Fenster und setzen Sie sich in die Mitte des Raumes, in dem Sie beginnen wollen. Die Schale steht vor Ihnen auf dem Boden. Sie sollten zu Beginn ohne Musik arbeiten und erst einmal in das Spüren kommen.

Nehmen Sie eine Räucherzange und halten Sie die Räucherkohle damit. Wählen Sie eine Markenräucherkohle (siehe Bezugsquellen) aus einem guten Esoterikgeschäft. Zünden Sie die Kohle an und lassen Sie sie durchglühen. Sie können gelegentlich auf die Kohle pusten, um diese schneller zum Glühen zu bringen. Legen Sie die durchgeglühte Kohle in die Mitte der Räucherschale.

Meditieren Sie einen Augenblick oder gehen Sie in die Pranaatmung (siehe Seite 250), um Energie aufzubauen. Sie können Ihren Engel, ein Krafttier oder White Body einladen, die Räucherung zu unterstützen.

Mit der Räucherzange legen Sie nun eine Menge des Räucherwerks, etwa die Hälfte des kleinen Fingernagels, auf die Mitte der Kohle und warten, wie sich der Rauch entwickelt. Steht er wie eine Säule über dem Räuchergefäß und wirkt relativ grob, haben Sie viele dichte Energien im Raum. Dann sollen Sie zusätzlich meditieren. In der Regel merken Sie dann auch, dass der Rauch sich besser verteilt und feiner wird. Warten Sie dann, bis der Rauch sich im Raum verbreitet.

Geben Sie nach dieser Grundräucherung das spezielle Aroma oder Harz auf die Kohle, dessen Einfluss Sie wünschen. Pinie dient z. B. dazu, den Raum zu harmonisieren, und Salbei hilft, die Reinigung noch weiter zu vertiefen. Heben Sie dann Ihr Gefäß auf und gehen Sie im Uhrzeigersinn die Ecken der Räume ab. Sollten Sie sehr dichte Energien spüren, stellen Sie dort Ihr Gefäße noch einmal ab und beginnen zu meditieren. Sollte sich die Rauchsäule zu Beginn der Räucherung nicht erweitern und der Rauch nicht feiner werden, wiederholen Sie den Vorgang so oft, bis er sich verändert, legen Sie immer wieder Räucherwerk nach.

Im Anschluss wiederholen Sie den Vorgang in allen Räumen, auch Abstellkammern und Badezimmern, um wirklich gründlich zu arbeiten. In der Regel reicht eine Räucherkohle für einen Raum von 100 qm.

Wenn Sie Tiere oder kleine Kinder haben, geben Sie sie in den noch nicht geräucherten Raum. Am Ende öffnen Sie alle Fenster und lassen lange auslüften. Wichtig ist, dass Sie spüren, dass das Räuchern stark in seiner Intensität und Kraft von Ihrer Eigenenergie und Ihrem Glauben abhängt und durch Ihre Schwingung gesteigert werden kann.

Wenn Sie keine Patienten behandeln oder besonderen Rituale durchführen, reicht es, wenn Sie einmal die Woche räuchern.

Therapeuten empfehle ich tägliches Räuchern, morgens und abends. Allerdings sammeln sich dann auch nach einer Weile nicht mehr viele dichte Energien an, da die Räume einen gewissen Eigenschutz entwickeln.

Den eigenen Körper abräuchern

Wenn Sie sich selbst mit einer kleinen Schale und einer Feder abräuchern wollen, beginnen Sie wieder mit dem Ritual wie vorangehend beschrieben. Wenn der Raum um Sie herum gereinigt ist, stehen Sie auf und beginnen Sie, vor Ihrem Herzen den Rauch mit der Feder zu sich zu fächern und dann um Ihren Kopf herum. Schließlich beginnen Sie mit Ihren Füßen und arbeiten sich so gut wie möglich von unten nach oben. Wenn möglich, arbeiten Sie auch Ihre Rückseite mit ein.

Bei anderen Menschen folgen Sie demselben Ablauf an deren Körper. Hierbei empfiehlt sich als zusätzliche Unterstützung, wenn Sie stimmungsvolle Musik im Hintergrund abspielen.

Räucherwerk

Hier möchte ich Ihnen die von den Indianern bevorzugten Räuchermittel und ihre Wirkungen beschreiben. Außerdem füge ich noch ein paar meiner ganz speziellen Lieblingsräucherungen an.

Weihrauch

Obwohl Weihrauch nicht zu den traditionellen Räuchermitteln der Nordamerikaner gehört, sollten Sie ihn kennenlernen. Das reine Weihrauchharz ist ein wahres Göttergeschenk, das in Ländern wie

Jemen, Ägypten und Südoman mühsam in Familientradition geerntet wird. Meistens brechen die Männer einer Familie im Morgengrauen auf und legen den langen Weg zu den natürlichen Weihrauchplantagen zurück. In melodiösen Gesängen danken sie ihrem Gott für dieses kostbare Geschenk, das sie von Hand am Baum ernten, indem sie der Rinde Schnitte zufügen. In der traditionellen Weihrauchernte wird dem Baum nie mehr genommen, als er selbst wieder aufbauen kann. Zusätzlich bewirken die gesungenen Gebete einen Energieaustausch mit der Wirkung, dass der Baum bei der Verletzung durch die Klinge weniger Schmerzen empfindet und das Harz nicht durch diesen Schmerz belastet wird. In großen und kleinen Perlen und verschiedenen Gelbtönen gelangt der geerntete Weihrauch schließlich zu uns und wir dürfen uns an ihm erfreuen.

Reiner Weihrauch ist in den verschiedensten Qualitäten zu haben und nur der Fachmann kann ihn wirklich unterscheiden. Es gibt sehr fein räuchernden Weihrauch, der kaum kratzig wirkt und sich wie Samt in der Luft verbreitet, bis hin zu derberen Qualitäten, bei denen die Augen brennen und man unweigerlich husten muss. Der stark reinigende und transformierende Effekt entsteht durch die Umwandlung eines festen in einen gasförmigen Zustand. Das Harz verglüht und wird nicht mehr greifbar. Während dieser Veränderung nimmt es dichte Energien mit sich und wandelt diese in reine Energie um.

Meine Erfahrung ist, dass Menschen, die sich gegen den Duft von feinem Weihrauch wehren, meist sehr dichte Energien in ihrer Aura tragen und die Umwandlung durch den Weihrauch natürlich zuerst nicht angenehm ist. Man fühlt sich stärker gereizt und es lösen sich viele Energien, ein leichtes Schwindelgefühl ist möglich. Weihrauch und Gold sind von jeher Göttliche Stoffe, die, richtig angewandt, einen großen Segen in sich tragen. Ich verwende Weihrauchöl zum Auftragen auf die Meridiane und meine Beobachtung ist, dass Heilenergie noch besser angenommen werden kann.

Zu erwähnen ist, dass Weihrauchöl, in Kapseln eingenommen, eine heilsame Unterstützung bei Rheuma und Gelenkproblemen ist. Achten Sie beim Räuchern darauf, dass das Harz hell und ohne größere Einschlüsse ist. Schwarzer Weihrauch oder Weihrauchmischungen mit roten und schwarzen Perlen darin sind »Verschnitte« und eignen sich nicht für den wirklich hochenergetischen Gebrauch. Ich rate dazu, immer mit dem Weihrauch zu beginnen und dann die indianischen Stoffe nachzulegen. Das Räuchern nur mit Salbei oder einer der nachstehend genannten Stoffe kann ich nicht empfehlen, da es voraussetzt, dass die Räume eine bereits gute und stabile Grundenergie haben.

- Wirkung: Weihrauch ist sehr stark reinigend für das Energiefeld und das Gemüt. Es sollte zur Zentrierung, Heilung oder nach tiefer Transformationsarbeit genutzt werden. Wenn Sie depressiv oder krank sind, räuchern Sie öfter, um weniger belastende Energien anzusammeln.

Pinie

Die Pinie gilt als hochenergetischer Baum, nicht nur im gesamten Mittelmeerraum und Nahen Osten, sondern auch in Teilen Nordamerikas. Ihre beeindruckende Höhe und ihre wertvolle Frucht, die die kostbaren Pinienkerne birgt, ist ein Sinnbild für den Samen des Lebens. Dieser macht sie auch zu dem Baum, den wir in der Kabbala als Lebensbaum kennen. In den Dörfern New Mexicos findet man die Dörfer oftmals von sanftem Pinienduft durchweht, der eine friedliche Stimmung und Ausgeglichenheit vermittelt.

Zum Räuchern verwenden Sie Nadeln der Pinienzweige, frisch oder getrocknet.

- Wirkung: Harmonisierend und öffnend, verbindet mit der Natur und allen Lebewesen.

Zeder

Die in Nordamerika heimische Zedernart ist die mächtige Red Cedar, die Rote Zeder. Der bis zu 60 Meter hohe Baum gilt dort als hochenergetisch. Sein Stamm hat die Eigenschaft, Energie um sich herum zu leiten anstatt durch sich hindurch, wie normalerweise bei

Bäumen und Gewächsen üblich. Die Indianer beschreiben ihn als eine Antenne für höhere lichte Energien, die über seine Krone in die fünfte Welt eintreten und mit den Menschen kommunizieren. Sie sagen auch, dass sein weitentwickeltes energetisches Wesen noch aus der vierten Welt stammt und den negativen und chaotischen Energien in der fünften Welt standhält. Die Zeder selbst findet sich vom Himalaja bis zum Mittelmeerraum und ihre wohl bekannteste Art, die Libanon-Zeder, die von den Phöniziern gehandelt wurde, war als Baumaterial und Räucherwerk derart beliebt, dass sie zu Zeiten Alexanders des Großen bereits abgeholzt war. Der edle Duft des getrockneten Zedernholzes hebt in höhere Sphären und lenkt als Opferung positive Energien und Lichtwesen in die Räume.

Bei der Anschaffung sollte man darauf achten, echte Zeder zu bekommen und nicht, wie vielfach üblich, Zypressengewächse, die als Zedernholz angeboten werden.

- Wirkung: Reinigend, verbindet mit lichten Energien, öffnet für tiefe Gebete und Rituale sowie die Tierkommunikation.

Wacholder

Die schwarzen Wacholderbeeren werden in vielen Kulturen zur Abwendung von negativen Energien und als Schutzräucherung genutzt. Verschiedene Indianerstämme tragen Wacholderzweige an einem Band um den Hals oder schmücken damit den Eingang ihrer Häuser. Wacholder verbindet mit sehr feinen, hohen Energien und kann als reines ätherisches Öl alleine durch das Auftragen auf den Puls Belastungen entfernen.

Wacholder wächst in vielen Varianten von bauschigen kniehohen Gewächsen bis hin zu hohen Bäumen, die durch ihre Präsenz eine reinigende Energie verbreiten. Im keltischen Raum pflanzten die Menschen Wacholdersträucher vor den Dörfern, um böse Geister fernzuhalten. Ich habe mit dem Anbau von Wacholder im Garten gute Erfahrungen, was den Schutz von inneliegenden Gebäuden, betrifft. Bei besonders belasteten Wohngebieten stellte sich Ruhe in den Häusern und deren Umgebung ein.

Wacholderöl gehört zu meinen liebsten Ölen in der Heilarbeit, das ich neben Weihrauchöl als intensiv öffnend und transformierend empfinde.

- Wirkung: Schützt und klärt den Raum, öffnet für höhere Energien.

Hickorynussbaum

Dieser große Baum mit seinem stabilen und flexiblen Holz bildete in Nordamerika eine gute Grundlage für Holzgegenstände und Hausbau. Der Hickorynussbaum ist stark erdend. Die Indianer erkennen ihn als einen besonders bewussten Baum an, der energetische Stabilität gibt und darüber Ängste und negative Energien ablöst. Die Vorläufer dieser Bäume gehen einen langen Weg in der Geschichte zurück und es sind Samenreste aus der Frühzeit der Menschheitsgeschichte bekannt.

Die Diné kennen ihn als einen Baum, der Lebewesen im Schockzustand hilft, ihre innere Mitte wiederzufinden, und etliche Tierarten ziehen sich in seiner Nähe für den Übergang in ein anderes Leben zurück.

- Wirkung: Erdend, klärend und zentrierend, hilft bei Übergängen im Leben.

Salbei

Salbei ist mit seinen fast eintausend Arten in vielen Teilen der Welt als Heil- und Küchenkraut bekannt. Die Salbeiart, die man für Ritualzwecke in Nordamerika zum Räuchern verwendet, ist allerdings leicht halluzinogen und hilft dort den Menschen leichter, die Dichte des Körpers zu verlassen und Kontakt mit anderen Sphären aufzunehmen.

Als Küchensalbei im Tee zubereitet helfen seine Bitterstoffe, energetische Belastungen im Körper auszuschwitzen. Ein Bad in Salbeitee hilft, Belastungen aus den Aurakörpern und Zellen zu entlassen. Der für spirituelle Zwecke häufig erhältliche Weiße Salbei, der für Abräucherungen in handliche Bündel zusammengefasst wird, ist häufig qualitativ nicht besonders hochwertig. Besser ist hier der in Europa gut erhältliche Tibetische Salbei, der aus sehr feinen und wohlriechenden Zöpfen besteht. Salbei trennt das Licht vom Dunkel, ohne die abgetrennten Belastungen zu transformieren. Das Wissen um die heilende Kraft des Salbeis ist bekannt, nicht aber, dass es einer weiteren Transformation der gelösten Energien bedarf. Ich rate deshalb erst zur Anwendung von Weihrauch und dann zur Ergänzung durch Salbei.

Der gewöhnliche Küchensalbei stellt leider eine abgeschwächte Form des ätherischeren Räuchersalbeis dar und sollte deshalb durch diesen ersetzt werden.

- Wirkung: Licht vom Dunkel trennen, schön für die Rituale in diesem Buch, wärmt und reinigt gleichzeitig den Körper und die Aura.

Erle

In Nordamerika ist die Roterle heimisch, deren Holz auch zu Räucherzwecken benutzt wird. Erlen gelten als Gewächse, die die unsichtbaren Wesen der Natur, Geister und Hüter mit dem Bewusstsein des Menschen stärker in Kontakt bringen. Man könnte sie als Botenbäume bezeichnen, denn an Erlen wurden vielfach Opfergaben für Naturwesen hinterlegt und besänftigende Räucherungen für deren Wohlwollen abgehalten. Erlenblätter wurden auch als Verband auf Wunden gelegt; die Bitterstoffe der Pflanzen zogen Eiter und Wundflüssigkeit aus der Verletzung. Für die Indianer ist die Erle ein Mittler und das Räuchern mit ihrem Harz und Holz ruft die Geister der Natur in die Schwitzhütte. Weiterhin findet sie in den Ritualen des Medizinrads Verwendung.

- Wirkung: Verbindet mit der positiv gestimmten Geisterwelt, gleicht die Natur und die Psyche des Menschen aus, wenn diese verletzt wurde. Hilft Tieren, sich nach einem großen Umbruch zurechtzufinden.

Kampfer

Dieses Harz gehört nicht zu den traditionell indianischen Räucherstoffen, verdient aber wegen seiner starken energetischen Reinigungskraft, die vor allem bei langen Krankheiten und psychischen Belastungen Hilfe bringt, Beachtung. Ein großer Teil des Harzes wird aus dem Kampferbaum gewonnen, der seinen Ursprung in Asien hat. Mittlerweile gibt es für das weiße Harz aber auch chemische Herstellungsverfahren.

Kampfer schafft nach einer Räucherung mit Weihrauch eine wirkliche Trennung von den vorherigen ungelösten Energien und Gefühlen. Er hilft uns bei Lebensumbrüchen und im Neubeginn. Nach der Behandlung von schwerkranken Patienten oder Menschen, die wir als energetisch sehr belastet empfinden, löst Kampfer deren dichte Energien und hilft, die Eindrücke wirklich loszulassen.

Kampfer ist in gewisser Hinsicht eine wirkliche Antihaltung den dunklen Kräften gegenüber, weil er nichts Warmes und Besänftigendes hat.

- Wirkung: Nach langer Krankheit, nach der Behandlung oder dem Besuch unangenehmer Menschen, bei Erkältungen, nach Übergängen im Leben.

Amber Dhoop

Diese Räuchermischung hat ihren Ursprung ebenfalls nicht in Nordamerika, sondern in Indien und ist für mich die »Schokolade« der Düfte. Schon kleine Mengen des dunklen gepressten Harzes entfachen auf der Räucherkohle einen köstlichen edlen Duft, der ein starkes Gefühl von Wärme und Wohlbehagen bringt.

Tiere, Kinder und der Teil in uns, der manchmal einfach gehalten werden möchte, lieben es.

- Wirkung: Wärmend, nährend und die Aura heilend. Reinigt nicht.

11

Licht, Heilung und innerer Frieden

Ich habe verschiedene Techniken der energetischen Reinigung nicht nur bei den Diné, sondern auch bei vielen anderen Indianerstämmen wie den Hopi, den Pueblo oder den Cherokee kennengelernt. Alle diese Kulturen teilen ein Wissen um die Herkunft jener energetischen Belastungen, die den Einzelnen zusätzlich zu den Schwierigkeiten seines täglichen Lebens in der Entwicklung seines Lichts belasten. In spirituellen Kreisen wird viel über lichte und dunkle Kräfte gesprochen und doch wird eine endgültige Meinung aus Unsicherheit oder Angst vor Auseinandersetzung selten ausgesprochen. Bestenfalls werden belastende Energien gefallenen Engeln oder verhafteten Seelen zugesprochen, die aber in der Realität einen eher geringen Teil der dunklen Kräfte ausmachen. Das Volk der Indianer ist genau wie die anderen alten Lichtvölker wesentlich präziser in der Charakterisierung von dunklen Energien und Belastungen. Im Denken der Diné stammen wie bereits erwähnt der Großteil der in der fünften Welt gespürten Belastung von den Emotionen und Gedanken, die von dem Menschen selbst aus

Unklarheit über ihre Verbindung zu Gott erzeugt werden. Die Energien werden von negativen Schwingungen gleich welcher Form verstärkt und gewissermaßen als »Nahrung« genutzt. Diese Nahrung besteht im Prinzip aus den negativen Energien der Menschen, die wiederum andere negative Energien anziehen. Mit derselben Wirkungsweise kann ein Mensch im gleichen Maße mehr Licht anziehen, wenn seine innere Ausrichtung lichtvoll und altruistisch ist. Energie, egal ob positiv oder negativ, wird nicht durch eine Lichtübung oder Meditation neu erschaffen, auch die Vorstellung oder Imagination von Licht kann im eigentlichen Sinn kein Licht erschaffen. Licht oder Prana entsteht ausschließlich durch einen Umwandlungsprozess von chaotischen oder negativen Energien, die sich in der fünften Welt befinden und auch die höheren Welten durchdringen. Jeder Lichtarbeiter, der über die Stufe der Imagination von Licht hinausgewachsen ist (dieser Prozess dauert in der Regel zwei bis fünf Jahre), beginnt nun langsam zuerst seine eigenen belastenden Energien und dann die in seinem Umfeld zu transformieren. Diesen Prozess bezeichnet man als Lichtkörperprozess, was aber in spirituellen Kreisen oft missverstanden wird, da häufig gelehrt wird, dass es reiche, sich seinen Körper von Licht durchdrungen vorzustellen und sich mit seinen Engeln zu verbinden.

Der wahre Lichtkörperprozess beginnt, wenn ein Mensch seine Emotionen kontrollieren kann und Herr seiner Gefühle und Energien wird. Er trennt dann Licht von Dunkel und entscheidet sich auf immer mehr Ebenen oder Welten dafür, ungerichtete Energie in Licht umzuwandeln. Hierbei treten häufig Symptome auf, die als Nebenwirkungen des Lichtkörperprozesses beschrieben und als physische Schmerzen empfunden werden, wie etwa ein leichter Ton im Ohr. Oder jemand erlebt eine stärkere Spiegelung von negativen Anteilen im Alltag, z. B. durch Kollegen am Arbeitsplatz.

Es ist wichtig, hierbei den Fokus nicht zu verlieren und nicht zu vergessen, dass der physische Körper und die höheren Ebenen eine Art Reinigung und Loslösungsprozess durchlaufen. Hierbei werden viele bewusste und unbewusste Themen noch einmal über Situationen und Gefühle im Alltag aufgerollt, damit in der Folge diese endgültig losgelassen werden. Dieser Prozess mag sich recht einfach anhören, in der Praxis ist er es aber ganz und gar nicht. Wie mein Diné-Lehrer mir erklärte, ist ein Grundproblem des wiedererwachten Menschen das mangelnde Vertrauen in seinen Weg und in seine Entscheidungen. Jahre, wenn nicht Jahrzehnte hat er viele ungünstige Entscheidungen getroffen, die sein Lichtbewusstsein immer mehr in das Unterbewusste gedrängt haben. Jetzt ist er erwacht und möchte möglichst schnell wachsen und sich entwickeln, ohne dabei zu verstehen, dass er sein Lichtbewusstsein regelrecht verlernt hat. Es fällt uns schwer, ganz demütig noch einmal die Schulbank zu drücken. Wir halten uns bereits für wissend und denken, dass es möglich sei, kurz vor der Abschlussklasse neu einzusteigen, was ein großer Irrtum ist.

Während einer langen Schwitzhüttenmeditation, die sich über eine ganze Nacht bis in den nächsten Morgen zog, führte ich mit meinen Lehrern tiefe Gespräche über den Lichtkörperprozess im heutigen Menschen. Am Ende erkannte ich, dass, solange wir einen inneren Druck spüren, der unsere Entwicklung schnell vorantreiben soll, kein wirkliches Verständnis für diesen Prozess vorhanden ist. Der innere Druck ist ein Teil der Negativität, die wieder an Gott vorbeiwirkt und eine Trennung zwischen unserem Licht und dem der Quelle verursacht. Dieser besonders in der fünften Welt verspürte innere Druck wird wiederum durch Gier und Unzufriedenheit mit dem Geführtsein, mit dem Göttlichen Weg verursacht. Dann haben sich diese niederen Energien einfach nur in eine höhere Ebene verschoben, sind etwas empfänglicher für das Licht geworden und deklarieren sich als spirituelle Sehnsucht, um ein schöneres Gewand zu tragen. Wir Menschen sind demnach nicht nur angehalten, unser Licht zu entwickeln, um uns selbst in solchen Irrwegen zu erkennen, zu heilen und dem Einwirken von negativen Kräften zu widerstehen. Da wir außerdem die Quelle der Belastungen meist nicht genau sehen können, wird häufig mit der eigenen Unzulänglichkeit kokettiert und unbewusst ein Toleranzbereich für diese Kräfte geschaffen.

Die Diné sehen diesen Toleranzbereich genau wie andere lichtbewusste Stämme als gefährlich, täuscht er doch einen Freiraum vor, der nicht gegeben ist. Die Indianer haben überhaupt nichts gegen Humor und menschliche Unzulänglichkeiten, solange sie nicht Unfähigkeit und die innere Bindung an das Gefühl des Leidens unterstützen und helfen, dieses zu entschuldigen. Erst wenn der Mensch in seinem tiefsten Inneren erkennt, dass es diesen Toleranzbereich nicht gibt, und sich daraufhin bemüht, wahrhaftig auf der lichten Seite zu sein, beginnt er Licht und Dunkel wahrzunehmen. Die Dunkelheit ist die ausgleichende Schöpfung zur Existenz des Lichts. Sie können sich alle Wesen der Schöpfung bis auf Gott als sehr hohe Engel mit einer parallelen Existenz in der Antischöpfung vorstellen. Für die Diné ist dieser Gedanke allgegenwärtig und es ist selbstverständlich, dass diese Wesen mit uns leben, wirken und sich auf ihre Weise entwickeln. Die in den verschiedenen Schöpfungsebenen von Menschen freigesetzten negativen Energien erhalten diese Antischöpfung stark und geben ihr die Möglichkeit, sich in der fünften Welt über die Emotionen und Gedanken eines Menschen zu manifestieren. Der Mensch kann also Licht produzieren oder dichte, negative Energien und somit auch den Wirkungsgrad von lichten oder dunklen Kräften indirekt beeinflussen. Sind Sie in Ihrem Innersten nicht im Reinen mit Ihrem Licht, kann Ihnen auch durch andere Menschen viel Energie abgezogen werden. Meist handelt es sich hier um einen unbewussten Prozess und durch diesen andren Menschen wirken wiederum negative Energien. Dieser ewige Kreislauf kann nur durch bewusste Entscheidungen für das Licht und ein tiefes Verständnis für den Lichtkörperprozess erkannt und verändert werden.

Der Grund, warum man an Orten, an denen Lichtkulturen wie die Diné leben, sehr viel Licht und fast keine negativen Wesen oder Energiestrukturen wahrnimmt, liegt darin, dass diese Menschen keinen inneren Zugang bieten. Sie haben das Wissen um die bewusste Wahrnehmung für die Antischöpfung erhalten. Diese Menschen stellen sich gegen diese Schöpfung und geben ihr keine Energie; sie wehren sich auf ihre Weise durch Bewusstheit, innere Reinigung und Glauben an die aktive Kraft des Lichts.

Im Westen hingegen, in dem die Existenz des Negativen noch durch das der Kirche tradierte Bild des Bösen geprägt wird, möchte der Lichtarbeiter die direkte Auseinandersetzung damit meiden.

Viele Menschen haben meiner Erfahrung nach bewusste und unbewusste Ängste, Licht und Dunkel zu definieren und ihre Entscheidungen für das Licht konsequent in ihrem Leben umzusetzen. Diese Haltung führt dazu, dass nie die ganze Lichtkraft und das Bewusstsein eines Menschen zur Verfügung stehen, da ein Teil mit dem Kopf im Sand steckt und auf diese Weise eine tiefe Auseinandersetzung im Hinblick auf Licht und Dunkel verweigert. Für die dunklen Kräfte ist es recht einfach, an dieser menschlichen Schwachstelle einzuhaken und Licht in einem Format und einer »Verpackung« anzubieten, die wir besser annehmen können. Lichtarbeit soll bevorzugt weich, liebevoll und ohne Anforderung sein, und dementsprechend präsentieren sich die dunklen Kräfte dann auch. Die Energie, die von den Vertretern dieser Seite abgestrahlt wird, ist für den Lichtarbeiter lange oder überhaupt nicht zu erkennen.

Ein wichtiger Punkt ist, dass der Kontakt mit einem solchen Lehrer, Channelmedium oder Meister nicht klarer macht, sondern verklärt und sanft umspült. Es wird vermieden, sich mit den konkreten, auch irdischen Problemen auseinanderzusetzen. Die Menschen, die sich bewusst oder unbewusst zum Ziel gesetzt haben, negative Energien zu verbreiten, können dabei ein sehr großes Energiefeld der Täuschung aufbauen. Es kann ganze Seminarsäle oder Auditorien füllen und nur wenige Teilnehmer erkennen den Kern der Lehre als dunkel oder unklar und verlassen den Raum. In der Energie des Lehrers oder Seminarleiters wird eine zweite Energie, ein energetisches Feld der Teilnehmer gebildet, das aus ihren Wünschen und Bedürfnissen entsteht. Da diese Wünsche fast immer unbewusst egoistisch und von daher nicht auf das Licht zentriert sind, sich am persönlichen Wachstum und nicht an Gott oder einer übergeordneten Energie als Richtwert ausrichten, können sie gut manipuliert werden. Vor diesem Einfluss gibt es keinen energetischen Schutz, den man kaufen und als Amulett um den Hals tragen könnte. Der Einfluss dieser negativen Energie erfolgt auf eine innere Unklarheit des Menschen, der offen ist für viele Kräfte und Energien. Einen deutlichen Hinweis auf negative Kräfte in der Esoterikszene finden wir immer, wenn die Erwartungshaltung eines Menschen hinsichtlich seiner Wünsche nach Wachstum durch einen Lehrer oder

Channel sofort erfüllt wird. Lichte Energien und eine hohe energetische Öffnung lassen sich nicht von heute auf morgen erzielen. Sie setzen den voranbeschriebenen Prozess der Reinigung und der Auseinandersetzung voraus und ermöglichen es daraufhin, immer mehr Zusammenhänge in der Schöpfung zu erkennen. Machen Sie es zu Ihrem persönlichen Ziel, Licht und Dunkel zu erkennen und Bewusstsein für beide Seiten der Schöpfung zu entwickeln. Unser Erbauer, der Große Geist, den wir als Gott bezeichnen, wirkt durch jeden Gedanken, jedes Wort und jede Tat eines Menschen – korrigieren Sie alles, was Sie davon abhält, in diesen Ausdrucksformen positiv und lichtvoll zu handeln, und Sie werden Licht und Dunkel erkennen.

Das Lichtgefährt, eine Fortführung des Lichtkörpers

In der ersten Nacht im Navajo-Reservat konnte ich keinen Schlaf finden. Die kalte Luft schien aufgeladen mit Energie und die Glühwürmchen, die von Zeit zu Zeit am Fenster meines Trailers vorbeischwebten, verstärken noch dieses Gefühl. Tausend Gedanken wanderten durch meinen Kopf, ich dachte nach über mein bisheriges Leben, über die spirituellen Bücher und alles, was ich bisher gelernt hatte. Immer mehr Informationen und Bilder verwoben sich langsam zu einem Bild. Es zeigte einen alten Indianer, der in eine Höhle ging und sich an eine Feuerstelle setzte. Seine Haare waren lang, jedoch ohne Federschmuck und auf seinem nackten Oberkörper waren einige horizontal verlaufende rote und weiße Linien. Er blickte tief in das Feuer, nahm eine Trommel und einen Stock und begann einen gleichmäßigen Rhythmus zu schlagen. Das Bild verschwand, als ich draußen ein Rascheln hörte. Ohne weiter auf das Bild zu achten, griff ich nach meiner Taschenlampe, wickelte meine Wolldecke fester um mich und stieg aus meinem Wagen. Ich musste meine Augen einige Momente an die Dunkelheit gewöhnen, bis ich Ezrah, einen älteren Indianer, auf den Stufen vor seinem Trailer sitzend erkannte. Er war in das schwache Licht einer Gaslampe getaucht und es schien, als suchte er etwas in einem großen Plastikbeutel. Ich ging zu ihm und er lächelte mich milde an. Ich erzählte ihm von meiner Schlaflosigkeit und er antwortete, dass dies keine Nacht für Schlaf sei. Es wäre eine Nacht, in der wir mit den anderen Welten Kontakt aufnehmen könnten und durch Visionen Führung erhalten. Ich verstand, dass er gar nicht erst versucht hatte zu schlafen und in seinem Beutel nach Tabak und Zigarettenpapier suchte. Ich konnte nicht umhin, an eine bekannte Zigarettenwerbung zu denken, ließ den frevelhafen Gedanken angesichts dieser prächtigen Nacht aber gleich wieder los. Ezrah war klein und drahtig und erledigte im Alltag Handwerksarbeiten an den Trailern, um das zu verdienen, was er zum Leben und Glücklichsein brauchte. Es war offensichtlich nicht viel.

Er lud mich ein, mich zu setzen, und ich sollte ihm von meiner Vision erzählen. Ich berichtete von dem Indianer, der Trommel und dem Feuer in der Höhle. Ohne mich zu unterbrechen, ließ er mich erzählen und veränderte weder seine Körperhaltung noch seinen Blick, der auf die Sterne gerichtet war. Als ich geendet hatte, klopfte er mir wie zur Beruhigung auf die Schulter und bot mir seine Zigarette an. Er nahm meine linke Hand und zog sie unter das Licht der Lampe, dann nahm er meine rechte Hand und ließ seinen Blick über sie wandern. Seine dunklen Augen schienen sich dabei mehr auf das Gefühl in seiner Hand zu konzentrieren als auf das, was er im Schein des Lichts wahrnahm. Als er geendet hatte, erklärte er mir, dass ich die Gabe der Vision in mir tragen würde und etwas gesehen hätte, das viele Weise und Führer verschiedener indianischer Stämme schon seit einigen Jahren immer wieder als Traumbotschaft bekommen würden. Der vollständige Abstieg in die fünfte Welt hatte begonnen und der Indianer, der die Trommel schlägt, wäre einer der Holy People, der Heiligen, die das Zählen bis zu diesem Moment, dem Jüngsten Tag der Indianer, begonnen hätten. Er erklärte mir, das sowohl damals die Mayas als auch heute tibetische Stämme und viele Naturvölker diesen Abstieg in die fünfte Welt wahrgenommen haben.

Erstaunt erzählte ich ihm von dem Konzept, das ich in Büchern gelesen hatte: Die Erde und die Menschen würden in eine höhere, in eine fünfte oder noch weiterentwickelte Dimension gehen und das wäre jenes Konzept, das alte Kulturen unter einem jüngsten Gericht oder einer Wiederauferstehung verstehen würden.

Er schloss die Augen und meditierte einen Augenblick. Als er die Augen öffnete und mich ansah, durchfloss Energie meinen ganzen Körper und ich konnte einen Energieaustausch spüren. Eine Reinigung setzte ein, die mich mehrere Minuten husten ließ. Als ich wieder durchatmen konnte, fuhr Ezra fort, mir vom Aufstieg zu erzählen: »Viele Lehren, die heute den Menschen Führung vorgaukeln, sind von Coyote trügerisch in die Welt gesetzt worden. Die Dunkelheit verkehrt grundsätzlich alle Wahrheiten in das Gegenteil, um Verwirrung zu schaffen.« Er sagte, dass auch viele wirtschaftlich wichtige Institutionen und Teile der Weltpolitik diesem Muster folgen würden, um die Menschen zu verwirren. Ezra fuhr fort, dass kein altes Volk an eine unendliche Wiedergeburt glauben würde. Jede Welt, so auch unsere, und jedes Wesen würden an einem gewissen Punkt zum Ende ihres energetischen Lebens kommen und in eine Höhere Welt übergehen. Zu dem Zeitpunkt, in dem die niederen Welten bis zur ersten Welt aufgelöst werden, findet eine endgültige Trennung von Licht und Dunkel statt. Die Seele jedes Wesens, speziell die der Menschen, wird dann gewogen und für licht oder dunkel befunden. Eine Zwischenzone, wie die Menschen sich das wünschen, gibt es leider nicht. Nach dieser Reinigung wird nur noch das Licht bestehen und die Erde in ihrer jetzigen Form gereinigt sein vom Einfluss der Antischöpfung. Die Reinigung selbst kann in der materiellen Welt über zwei Elemente geschehen, über Feuer und über Wasser. Beides sind die strafenden und ausgleichenden Elemente des Großen Geistes und unterstehen den Schöpfungsengeln, den Holy Bodys. Die Idee, dass eine solche Reinigung, ein solcher Abstieg, nur im Energiebereich stattfinden sollte, schien ihm reichlich grotesk. Ich habe später erfahren, dass viele Stämme regelrecht getrauert haben, als die Energie so dicht wurde, dass das Bewusstsein der Erde von der vierten in die fünfte Welt absackte.

Diese Nacht verbrachte ich wachend in einer Mischung aus innerer Euphorie über das neue Wissen, diesen besonderen Moment und der Angst vor der Auseinandersetzung mit dem falschen Wissen, das ich mir bis zu diesem Zeitpunkt angelesen hatte. Erst einige Zeit später fiel mir ein, dass auch der Mayakalender nur bis in das Jahr 2012 reichte – genau das Jahr, das die Aufstiegsmythologien als Endzeit eingesetzt hatten.

In vielen Büchern und Seminaren über die spirituelle Entwicklung trifft man immer wieder auf den Begriff »Lichtgefährt«. Das Lichtgefährt hat durch viele Kulturen und Religionen hinweg seinen Weg in den Westen gefunden.

Der Begriff »Lichtgefährt« ist in der indianischen Kultur nicht bekannt. Vielmehr sieht man den gereinigten Geist eines Menschen als etwas, das sich über den Körper hinaus zu Gott bewegt und mit ihm Kontakt aufnehmen kann. Es gibt zwar in verschiedenen indianischen Stämmen mündliche Überlieferungen von Lichtgefährten, aber diese spielen in der täglichen Spiritualität keine Rolle. Ein Lichtgefährt ist in der gängigen Lichtarbeit das Vehikel, das sich aus den höheren Ebenen nach Einweihungen und Lichterfahrungen zu dem Menschen herabbewegt, sich in seinem Energiefeld verankert und ihm nun so den individuellen Aufstieg in das Licht erlaubt. Ein ähnlicher Prozess wird von den Anhängern dieser Theorie auch für die Erde vermutet. Den Grundstein für den Kontakt mit dem Lichtgefährt wurde 1875 durch Helena Petrovna Blavatzky in New York gelegt, die damit auch für das System der »Aufgestiegenen Meister« verantwortlich ist. In einer Zeit, in der die Menschen in Aufbruchstimmung nach einem neuen Glauben waren und voller Sehnsucht nach allem Übersinnlichen, entwickelte Madame Blavatzky als mehr oder weniger begabtes Medium das System dieser Meister. Durch eine wilde Mischung aus Kabbala, Brahmanismus und Engelwissen ermöglichte sie den Menschen, einen spirituellen Anker zu finden. Sie selbst machte nie einen Hehl aus den Ursprung ihres Systems, und es existieren sogar Schriften, in denen sie die Erfindung der Aufgestiegenen Meister nach dem Bedarf der Menschen dokumentiert. Madame Blavatzky war sich dessen bewusst, dass sich die spirituell Suchenden nicht in der Lage fühlen würden, mit dem Licht selbst Kontakt aufzunehmen. Aus dem Judentum und dessen Mystik, der Kabbala, war ihr die Merkabah als Lichtgefährt bekannt. In dieser Glaubensrichtung wirkt die Merkabah als Heilige Geometrie, die sich durch den kabbalistischen Lebensbaum parallel zur Bewusstwerdung des Menschen langsam entwickelt.

Der Mensch verfügt über dieses Lichtgefährt; er kann es durch seine lichtvolle Ausrichtung in eine höhere Schwingung versetzen und hierüber mit seiner Seele und mit Gott Kontakt aufnehmen. Das Wort »Mer-ka-bah« ist semitischen Ursprungs und bedeutet »drehender Würfel«. Dieser Würfel war es, den fast alle alten Lichtkulturen für höher entwickelte Lichtwesen als Ein- und Austrittspforte zur Erde kannten. Um dieses Gefährt, das im übertragenen Sinn ein Bewusstsein ist, zu entwickeln, dauert es viele Jahre, wenn nicht sogar Leben. Dieser Zustand lässt sich keinesfalls mit einer kurzen Lichtmeditation erreichen. Die Diné haben eine Erinnerung an einen Würfel oder ein geometrisches Lichtgefährt von den Tibetern, die es aus dem Nahen Osten und Indien mit in ihre Kultur überliefert hatten. Sie kennen ein Lichtgefährt, das von den vier Engeln Blue Body, White Body, Yellow Body und Black Body begleitet wird und den Kontakt mit den Holy People beschreibt. Die indianischen Kulturen legen wenig Wert auf die Entwicklung dieser Merkabah, da sie der Meinung sind, dass sich dessen Aufbau und Etablierung in der menschlichen Aura nicht forcieren lässt. Genau wie im Judentum sehen die Diné in einer stabilen Entwicklung des Lichts die Voraussetzung, um überhaupt in eine der Höheren Welten zu gelangen. Die bewusste Kontaktaufnahme mit einem Lichtgefährt für den Zweck der eigenen Entwicklung sieht man als egoistisch und daher nicht lichtvoll an.

An dieser Stelle möchte ich noch hinzufügen, dass Tiere sich in keinerlei Aufstiegsprozess befinden, da sie nie in irgendwelche Art von Abtrennung von Gott gegangen sind. Daher erübrigt sich für diese ein Aufstiegsgefährt oder die noch irrigere Vorstellung, an dem Aufstieg des Tieres arbeiten zu müssen. Mit meinen persönlichen Theorien über den Aufstieg der Erde wurde ich zu Anbeginn meines Aufenthalts im Reservat konfrontiert.

12

Die Verbindung zu Mutter Erde als Schlüssel der Manifestation

Stellen Sie sich vor, Sie sind ein Baum: Sie sind in einer malerischen Landschaft gewachsen und Ihre Wurzeln wachsen in die Erde. Energie empfangen Sie über die Sonne und Ihnen wird die Kraft des Regens geschenkt. Als Baum sind Sie sich dessen bewusst, dass Licht und Wasser zu Ihren Nahrungsmitteln gehören und dass Ihre Wurzeln in guter, mineralienreicher Erde fußen müssen. Sie sind sogar ein Wesen, das über die Jahre viel aus seinen Erfahrungen gelernt hat. Vielleicht haben Ihre Blätter einen bitteren Geschmack entwickelt, um sich vor Schädlingen zu schützen. Alle Äste und Zweige neigen sich zur Sonne, um möglichst viel Energie zu bekommen. Leider wissen Sie nicht, dass ein wohlmeinender Gärtner diesen Baum, also Sie, vor einigen Hundert Jahren von seiner Baumfamilie getrennt hat und dessen Schösslinge in einen neuen Lebensraum pflanzte. Das ist der Grund dafür, dass all die schöne Energie und der weiche Regen nicht bewirken, dass Ihre Baumwurzeln sehr tief in die Erde wachsen und sich wirklich zu Hause fühlen. Als Mensch müssen wir unsere Wurzeln kennen. Diese

Wurzeln sind aus dem überlieferten Bewusstsein über andere Leben hinweg in unser Energiefeld getragen worden und erzeugen eine mehr oder weniger starke kulturelle Verbindung zu unserem Umfeld. Sind sich Ihre Eltern über die Herkunft ihrer Vorfahren und deren überliefertes Wissen bewusst, stärkt dies Ihre Wurzeln. Fehlt diese »Wurzelbildung«, fühlt sich ein Mensch in seinem Leben schnell verloren und fehl am Platz. Es gibt eine starke Tendenz in der westlichen Lichtarbeit, dieses fehlende Wurzelbewusstsein durch eine Wunschherkunft aus Atlantis, einem anderen Sternsystem oder durch die Erklärung fehlender Seelenanteile zu ersetzen.

Meine sehr persönliche Erfahrung ist, dass unsere spirituellen Wurzeln häufig in dem Land liegen, für das wir die größte Abneigung empfinden. Der Grund dafür ist, dass die Auseinandersetzung mit unseren wirklichen Wurzeln eine starke Klärung des Energiefelds beinhaltet und unsere Wunschbilder dieser Transformation nicht immer standhalten.

Mein Diné-Lehrer zeigte mir einige Tage nach meiner Ankunft im Reservat einen Strauch, der wie ein blättriger Wattebausch vom Wüstenwind durch die Luft geschaukelt wurde. Seiner Meinung nach war ich dieser Strauch. Am Ende meines Aufenthalts führte er mich zu einem Sequoia, zu einem besonders energetischen Baum der Indianer. Diese Bäume haben die Fähigkeiten, sehr hohe Energien aus anderen Welten und Dimensionen in die fünfte Welt zu leiten, und lösen sogar energetische Verdichtungen auf. Er stellte mich neben diesen Baum und meinte, ich könne noch wachsen, aber im Prinzip wäre ich schon wie mein großer Bruder. Ich war sehr froh, nicht mehr der fliegende Busch zu sein.

Haben wir unsere Wurzeln gefunden, so suchen wir uns den Platz, an dem wir im Leben stehen möchten, und versuchen, unsere innere wie äußere Landschaft zu gestalten. Einerseits werden uns bestimmte Energien und Möglichkeiten im Leben mitgegeben – manche davon haben wir uns in einem früheren Leben oder einer anderen Welt erarbeitet –, andererseits erschaffen wir unseren Lebensraum permanent selbst und unsere Landschaft passt sich diesen Wünschen an. Wie ein Gartenarchitekt müssen wir unsere Heiligen Berge und Täler pflegen, unsere Ritualplätze und Felder planen, in denen wir unsere Nahrung anbauen. Da der westliche Mensch eine fundamental andere Anschauung hat als die alten Lichtvölker, richtet er sein Streben nach dem Vorteil aus, den er aus einer Begegnung mit der Natur erlangt. Er »lebt« nicht in einer Landschaft. Könnte dieser Mensch den Zusammenhang aus seiner Manifestation und der von ihm geschaffenen Landschaft seines Lebens erkennen, wäre er meist schockiert.

Unter energiebewussten Menschen wird viel über Manifestation gesprochen und darüber, dass wir uns unsere Umwelt selbst erschaffen. Da wir das Licht und dessen Verbindung zur Schöpferkraft des Menschen kaum fassen können, beschränkt sich die Annahme, dass Manifestation funktioniert, meist auf die Bestellung eines Parkplatzes bei einem Engel. Da es diese Parkplatz-Engel nur in der Vorstellung der Menschen gibt, können wir aus diesem Beispiel folgern, dass sich jeder Mensch zu jeder Zeit etwas in der Größenordnung eines Parkplatzes manifestieren darf. Und nicht nur das: Wenn Sie niemanden schädigen oder benachteiligen, können Sie einiges in Ihrem persönlichen Umfeld manifestieren. Sie werden feststellen, dass Ihre Möglichkeiten hier sehr weit reichen. Sie senden in dem Augenblick, in dem Sie Ihre Kraft und Energie bündeln, Impulse in das morphogenetische Feld der Erde, das dann einfach ausgedrückt das Schwingungsfeld in diesem energetischen Muster umstrukturiert, sodass Sie Ihre Theaterkarten, den Bus oder den Parkplatz erhalten.

Seien Sie sich bitte darüber bewusst, dass dieselben Mechanismen auch im Negativbereich funktionieren und hier nur sehr viel weniger anerkannt oder bewusst gesehen werden. Auch negative Gedanken manifestieren und verändern die energetische Matrix in unserem Bereich des morphogenetischen Feldes und der Aura. Derart können wir es schaffen, die Theaterkarten, den Bus oder Parkplatz nicht zu bekommen, weil wir es eben nicht wollen und genauso manifestiert haben. Der einzige Unterschied zur Manifestation lichtvoller und positiver Momente ist, dass sich die negativen Wünsche als Energie in den eigenen Energiefeldern sammeln und auf die Dauer sowohl Krankheiten als auch Besetzungen herbeimanifestieren können. Erst wenn wir als Lichtarbeiter diese Mechanismen deutlich vor Augen haben, können unsere Wurzeln tief in die Erde wachsen und eine Beziehung zu ihr aufbauen. Dann nämlich schaden wir ihr und dem Leben, das sie trägt, nicht mehr und sie vertraut uns. Wir werden dann zu einem »Earth Surface Walker«, frei übersetzt zu einem Erdengänger.

Lichtarbeit und selbst erschaffener Lebensraum

Wenn Sie ein Earth Surface Walker geworden sind, ein wahrer Lichtarbeiter, dann prägen Sie Ihren Lebensraum und Ihre Alltagsumgebung durch eine Ausrichtung auf das Licht mit. Für die Diné ist ein Earth Surface Walker ein Mensch, dessen Energien in Harmonie mit denen seiner Umwelt schwingen und der die tiefe Verbundenheit allen Lebens in seinem Göttlichen Funken spürt.

Ihren Lebensraum sehen die Diné genau wie die Tibeter in ein Mandala gefasst, in einen Kreis. Dieser Kreis ist das älteste Symbol für die Ewigkeit, gleichzeitig repräsentiert er die Erde, die Sonne und mit ihr den Inbegriff des Lichts, den Großen Geist. Die bereits erwähnten vier Heiligen Berge der Diné werden in einer Kreisanordnung gesehen. Die Berge spielen im Leben der Diné und ihrer spirituell verwandten Geisteshaltung, des tibetischen Buddhismus, eine wichtige Rolle. Majestätisch ragen die vier Berge in den Himmel und berühren das Licht. Bei Sonnenauf- und -untergang werden sie eins mit der Sonne und haben dann die Fähigkeit, ihre Energien über sich auf die Erde zu leiten und durch die Kräfte des Gesteins, das mit dem Erdmittelpunkt verbunden ist, noch zu verstärken. Die spirituelle Energie der Sonne nimmt auf diesem Wege den Kontakt zu den Kräften der Erde auf, um mit ihr zu veschmelzen.

Die Vorläufer der heutigen Indianerstämme, auch der Diné, haben vor ihrem plötzlichen Verschwinden in den Höhlen der Berge gelebt. Diese Höhlen, die wiederum von noch älteren Wesen, den Holy People, geschaffen wurden, dienten einst als Möglichkeit zur Manifestation auf der Erde. Sie waren gewissermaßen eine Pforte, die durch die Verbindung der hohen Schwingungen aus

Himmel und Erde eine Möglichkeit zum Eintritt in unsere Welt bot. Es existieren Überlieferungen bei den Großvätern und Großmüttern der Diné, wonach manche Holy People Jahrhunderte in einer Höhle meditierend verbrachten, bevor sie in die physische Welt eintraten. Man sagt, sie mussten sich sehr langsam unserer Energie anpassen, um das Schwingungsfeld der bereits vorhandenen Schöpfung nicht zu zerstören.

Die vier Berge in der Landschaft der Diné schaffen eine stabile Verbindung mit den energetisch höheren Sphären. Um Ihren Weg im Licht stabil und sinnvoll zu gehen, sollten Sie sich auch vier »Berge« in Ihrem Leben erschaffen. Diese Berge können Menschen, Emotionen oder ein Glaubenssatz sein, der Sie unweigerlich mit dem Licht verbindet und für Sie unangreifbar ist. Ist er angreifbar oder durch einen stressigen Augenblick zu zerstören, ist er nicht stabil genug, um einer Ihrer Berge zu sein.

- Beispiele für Ihre vier Berge:

  - Die Liebe zu Ihrem Partner/Kind/Tier
  - Ihre Glaube an Gott
  - Ihr Glaube an Gerechtigkeit
  - Ihr Mitgefühl

- Weitere Möglichkeiten sind:

  - Der Glaube an Heilung
  - Alles ist möglich
  - Das Licht ist in mir
  - Mein Herz trägt mich durch mein Leben

Die Spitzen der Berge sind für viele Indianerstämme tabu, denn dort halten sich nur Holy People oder Engel auf. Alle Berge haben untereinander eine starke energetische Verbindung, die sich auf die Täler wie ein Netz von Lichtlinien legt und je nach Sonnenstand besonders spürbar ist. Erstellt diese Energie eine sehr klare Schwingung, die sogar als Botschaft verstanden werden kann, sagen die

Heiler der Diné, dass die Bäume zu ihnen sprechen und sie leiten. Diese Energie ist sehr deutlich spürbar, z. B. in den großen Tälern des Yosemite National Parks. Für Menschen, die diese Art von natürlicher hoher Energie nicht gewöhnt sind und die gleichzeitig spirituell geöffnet sind, können Kopfschmerzen und Abgeschlagenheit fühlbar sein. Hält man sich länger in dieser ungewohnten Energiestruktur auf, durchdringt das Licht nach und nach alle Zellen und breitet sich im Körper aus. Für viele Touristen, die allein wegen der gewaltigen Natur in den Park kommen, ist das Gefühl einfach Müdigkeit, das für sie durch die reine Luft und das Wandern verursacht scheint.

Ein Gebirge kann abhängig von Alter und Gesteinszusammensetzung sehr viel Licht oder dunkle Energien speichern. In vielen Kulturen wurden gefallene Engel in Gebirge verbannt und regelrecht energetisch in den Bergen gebunden, wie z. B. im Elbruz-Gebirge, in das der Weiße Div, der Prototyp aller Dämonen, gebannt wurde. Besonders im Winter und zu Zeiten energetischer Unausgeglichenheit meiden die Einheimischen Berge, in die negative Wesen gebannt wurden. Wenn weniger Tageslicht und demnach auch weniger Licht im Alltag präsent ist, haben negative Wesen mehr Kraft und können sich leichter in ihren »Gefängnissen« bewegen.

In viele Sagen und Überlieferungen ist dieses Wissen als plötzliches Verschwinden eines meist jungen Menschen an diesen Orten eingeflossen. Meist begegnet ihm in den Geschichten noch ein warnendes Wesen in der Natur, z. B. ein Tier oder ein Wanderer, der ihn auf einen anderen, sicheren Weg leiten möchte. Diese Helfer sind in unserem Kulturkreis besser bekannt als Schutzengel, doch auch sie können nicht gegen die Entscheidung des Menschen wirken, diese Berge und Orte zu betreten. Die Sagen enden immer gleich, nämlich mit dem Verschwinden des Protagonisten, der nicht auf seine Führung hören wollte.

In der indianischen Lichtarbeit gibt es Berge, die die Stämme in Ritualen und Anrufungen nicht einbeziehen. Sie kennen die dunklen Kräfte der Orte und lassen diese einfach sein, ohne sich weiter mit diesen zu beschäftigen, was äußerst sinnvoll ist. Viele der Berge in Nordamerika kann man als Fußgänger ohne besondere Wanderbegabung erreichen. Meine Erfahrung ist, dass der Fuß eines Berges entweder sehr hell und wirklich von Licht umgeben ist, das energetisch sehr gut spürbar ist, oder von einer Dunkelheit, die tatsächlich das Gefühl vermittelt, alle Energien zu absorbieren. Es fühlt sich an, als würden Sie den Weg vor sich erkennen, aber er wirkt, als führte er ins Nichts. Es gibt kaum Orte auf der Erde, an denen ich das Gefühl deutlicher empfunden habe, dass es möglich ist, von einem Augenblick zum anderen in eine andere Dimension zu verschwinden, ohne wieder aufzutauchen.

Durch viele Übungen mit meinen Diné-Lehrern habe ich langsam gelernt, mich an diesen Orten energetisch zu orientieren, was nicht ganz einfach war, denn die Energie dort hat die Eigenschaft, die eigene Orientierung zu zerstreuen. Man muss lernen, Ablenkungen wie das Knacken von Ästen und auch die Begegnung mit Energiewesen an sich vorüberziehen zu lassen. Man darf nicht irritiert sein, wenn wie aus dem Nichts ein Wesen am eigenen Körper vorbeihuscht und ihn womöglich physisch berührt. Ich musste lernen, völlig ruhig zu bleiben und diesen Teil der Landschaft als manifestierten Teil der negativen Schöpfung zu sehen. Wenn ein Mensch respektiert, dass es so etwas gibt, und er in dem Augenblick solcher Begegnungen in eine tiefe Ruhe geht und seinen Glauben an das Licht parat hat, ist er sicher und geschützt.

Diesen Schutz kann er auch in der Umgebung der Heiligen Berge finden. Um dem Menschen die Energie der Heiligen Berge zugänglich zu machen, muss ein energetischer Austausch zwischen ihm und dem Berg stattfinden. Das bedeutet, er muss seine Schwingung erhöhen und in einen symbiotischen Zustand mit der Natur gehen. In diesem Augenblick ist es dem Lichtarbeiter möglich, die Sprache der Natur, ihrer Geister und die Sprache der Berge zu verstehen. Er kann nun über Anrufungen und Gebete Energie über sich in das Energiefeld des Berges einleiten und diesem zur Verfügung stellen; dieser nutzt sie wiederum dazu, die Belastungen abzubauen, die er von den anderen Lebewesen aufgenommen hat. Der Kreislauf wird geschlossen. Im Mandala der Diné gibt es viele Berge. Diese Berge der Diné werden durch Archetypen dargestellt, die ich Ihnen im Folgenden näherbringen möchte.

Male und Female Mountain – Berge des Ausgleichs

Die beiden Berge liegen sich innerhalb der vier Heiligen Berge gegenüber. Sie stellen die männlichen und weiblichen Kräfte in jedem Wesen dar und wirken zusätzlich jeder für sich als ein Tor für den Austausch von positiven und negativen Energien auf der Erde. Female Mountain eröffnet ein starkes Energiefeld der Zufriedenheit und inneren Ruhe, wenn er durch Gebete mit Licht erfüllt wird und sein Geist mit Ritualen in Ausgleich gebracht wurde. Dieser Zustand der inneren Ordnung wirkt sich wiederum auf die restliche Landschaft innerhalb des Lebensmandalas aus. Female Mountain ist im Glauben der Diné sehr stark und die Energien und das Engelwesen, das durch ihn wirkt, sind sehr mächtig. Er möchte seine Energien für positive Zwecke wie den Aufbau von Licht und der Tatkraft im Alltag zur Verfügung stellen. Es ist gewissermaßen eine Kraft, die der Große Geist für die Menschen bereitstellt. Werden diese Energien von den Diné nicht genutzt, sammeln sie sich und verdichten sich zu einer Blockade, die als dunkle Wolke um Female Mountain liegt. Die Diné wissen, dass es dann nur eine Frage der Zeit ist, bis sich die Göttin Luft macht und sich ein reinigendes Gewitter über den Bergen entlädt. Daraus lässt sich schließen, dass nicht genutzte Energien einen Energiestau erzeugen. Dieser muss sich entladen, um neuen, frischen Energien Raum zu geben.

Natürlich können wir diese Wirkungsweise auf den menschlichen, speziell den weiblichen Körper umsetzen. Nutzen wir die Energien nicht, die das Licht uns zur Verfügung stellt, fangen unsere Meridiane und Chakren an, Blockaden anzusammeln. Wir fühlen immer unklarer und können keine neuen Energien mehr aufnehmen. Wenn es daraufhin für einen Menschen nicht anders möglich ist, sein System zu reinigen, wird er einen Streit provozieren, um die überschüssigen Energien abzubauen.

Female Mountain birgt viel physische, sexuelle Kraft, die von den Diné in einer Liebesbeziehung oder z. B. über einen ekstatischen Tanz kontrolliert erfahren und dem Energiefeld des Körpers zugänglich gemacht wird. Viele Frauen, die sich mit dem Thema der Lichtarbeit beschäftigen, tragen den Zustand des gestauten Female Mountain in sich. Für eine Frau ist es wichtig zu verstehen, dass diese nicht gelebte Energie das Energiefeld dumpf und grau werden lässt. Es fällt dann schwer, sich zu konzentrieren, weil der Geist jedem inneren Bild, jedem Gedanken nachgehen muss und kaum an einem Ort verweilen kann. Energien sind dann generell wenig spürbar und erzeugen emotionale Unausgeglichenheit. Diese wiederum erschwert den Aufbau von wahrem Licht. Meditation und Yoga helfen, die gestauten Energien zu entlassen. Ich empfehle außerdem das von meiner Schule für Frauen entwickelte Seminar »Female Releasing«, das ihnen hilft, mit diesen Energien umzugehen.

Male Mountain ist in ausgeglichenem Zustand eine Quelle von sinnvollen Ideen. Er hilft uns, einen klaren Weg in unserem Leben zu gehen. Wie ein liebevoller Vater leitet er jeden unserer Schritte, bis wir unseren Lebenspfad erkennen können. Er gibt uns das Gefühl, »angekommen« zu sein. In seinem Schoß können wir uns bei Unwetter und Unwohlsein wohlig wiegen und uns von seiner kraftvollen Energie nähren. Durch die Stärke, die durch Male Mountain fließt, ist er erst bereit sich zu offenbaren, wenn wir uns sicher sind, wie die Landschaft in unserem Mandala aussieht, und wenn wir mit seiner Energie umzugehen wissen. Ist dies noch nicht möglich, lässt er uns hilflos herumirren. Dann verfolgen wir jede Idee und möchten das erreichen, was andere »erfolgreiche« Menschen uns vorleben. Wenn wir einem Irrlicht folgen, kann die Energie von Male Mountain wütend werden und heftige Emotionen und das Gefühl absoluten Alleinseins in uns auslösen, dadurch, dass er seine Kräfte aus uns zurückzieht. Dann entsteht der Eindruck, völlig allein auf der Welt zu sein und gegen alle Wesen kämpfen zu müssen. Der Tag wirkt freudlos und schwer. Male Mounatin können wir besänftigen, indem wir unsere emotionale Hilflosigkeit und das Bedürfnis, geliebt zu werden, erkennen. Kommen wir dem nach, scheint er erleichtert aufzuatmen. Dann fühlen wir uns leicht, gelöst und wie ein spielendes Kind von den schützenden Augen unseres Vaters bewacht.

Ein moderner Female Mountain wäre z. B. eine dynamische kontrollierte Kraft in unserem Leben, eine Yogagruppe, Sport, ein zweiter Bildungsweg oder das Studium eines spirituellen Weges, z. B. der Kabbala. Ein heutiger Male Mounatin dagegen liebt die Gartenarbeit, das Sorgen und Ernähren der Familie, er liebt es, unsere Tiere zu schützen, Rituale vorzubereiten oder zu kochen.

Gran Canyon

Ein Canyon ist ein tiefes Tal; gleich einem Riss in den Gesteinsmassen führt er uns die ungebändigte Kraft Gottes vor Augen. Die Indianer sind der Meinung, dass mächtige Engel zur Zeit der Schöpfung der fünften Welt die Canyons, die Täler, mit ihren Händen geschaffen haben. Je nachdem, welcher energetische Einfluss im Augenblick dieser Schöpfung herrschte, sind einige Abschnitte von solch hoher Energie erfüllt, dass es einem Ungeübten schwerfällt zu atmen.

Die sich auf diese Weise unterscheidenden Energien in den Canyons haben schon manchen instabilen Besucher »verrückt« werden lassen. Ist ein Mensch instabil, fällt er den listigen Geistern zum Opfer, die mit imaginierten Bildern den Verstand verwirren und den geistig unverwurzelten Menschen in Besitz nehmen. Ist dies geschehen, bleibt er in der Energie der Verwirrung gefangen. Wenn dann ein sehr negatives Wesen von ihm Besitz ergreift, hat es einen Zugang zu den vier anderen Welten und nimmt zusätzlich dort seine Energiekörper in Besitz. Körper und Geist werden langsam willenlos und schwach und verfallen den belastenden Energien.

Indianer sind sich dieser Gefahren bewusst und haben viele Techniken entwickelt, um derlei Energien aus dem Körper zu verbannen und in ihrer Herkunftswelt aufzulösen oder sie in der Natur an einem ihnen zugewiesenen Platz zu binden. Ein Canyon ist eine Öffnung, die die Qualität unserer Entwicklung offenbart und weiter vorantreibt. Ihr Canyon kann eine tiefe Prüfung in Ihrem Leben sein, wie eine schwere Krankheit, der Verlust eines geliebten Wesens oder eine tiefgreifende spirituelle Begegnung für Sie. Neben den Heiligen Bergen und Male und Female Mountain wirken noch weitere Kräfte, die für Ihre Landschaft wichtig sind.

Hilfe auf dem Lichtweg: die magischen Kräfte von Donnervogel und Schöpfungsengel

Die Energiewesen der Indianer sind von jeher mit den Bedürfnissen des Überlebens verbunden. Es gibt Götter des Krieges wie die Warrior Twins und Götter der Ernte, des Wachstums und der Heilung. Die Schöpfungsengel, die mit die mächtigsten Energiewesen sind, die uns in den alten Lichtkulturen und somit auch bei den Indianern begegnen, sind für den menschlichen Verstand kaum fassbar. Ebenso wenig können wir uns die Felsen und Berge als Sinnbilder Gottes vorstellen, wobei wir hier nicht vergessen dürfen, dass die Indianer nicht den Berg oder eine Landschaft anbeten, sondern immer den Schöpfer dieser Landschaft, den Großen Geist.

Das Wissen um die Schöpfungsengel ist eng verbunden mit einem anderen energetischen Wesen, dem Thunderbird oder Donnervogel. Der Vogel ist neben dem geflügelten Löwen die älteste Darstellung eines Engels und gilt als Bote der Götter. In Persien kennt man ihn als Simurgh, in China als Vogel Phönix. Er lehrt die Menschen und unterrichtet sie im Weben, Kochen, in der Metallverarbeitung und in den Heilweisen. In seiner klarsten überlieferten Form, dem Simurgh, erklärt er den Menschen sogar, wie sie steril Operationen durchführen können, wie zum Beispiel einen Kaiserschnitt.

Das überlieferte Wissen um Thunderbird variiert von Stamm zu Stamm. Die Diné sehen ihn als wahrhaftigen Götterboten und haben ihren Respekt und die Gebote für den Umgang mit Vögeln von diesem Bewusstsein abgeleitet. Kein Indianerstamm hatte meines Wissens die Vorstellung, mit einem personifizierten Engel sprechen zu können. Die Personifizierung von Lichtwesen waren bei den Indianern die Holy People, die auch den perfekten Menschen darstellten.

Viele Menschen wünschen sich Engel und Lichtwesen, die sich in Licht und Liebe mit ihnen verbinden. Sie können und wollen die Idee eines Wesens, das auf unsere innere Ausrichtung reagiert, nicht akzeptieren. Ausnahmslos alle Engel und unterstützenden Götter, die dem einen Großen Geist entspringen, reagieren auf das Licht der inkarnierten Lebewesen. Ist ein Mensch wahrhaftig Licht, verstärken sie diese Energie in allen Bereichen seines Lebens durch ihr Licht und Wohlwollen. Der auf diese Weise unterstützte Mensch fühlt sich dynamischer und kann das Licht tatsächlich als innere Freude spüren. Hat ein Mensch viele Ängste und bittet gewohnheitsmäßig um den Schutz eines Engels, erklärt er mit diesen Bitten gleichzeitig, dass er nicht an das wahre Licht, an Gott, glaubt. Würde er glauben, dann wäre er von Vertrauen erfüllt. Dieser sehr geradlinige Weg ist ein Teil der wirklichen Lichtarbeit, deren Ziel es ist, den Menschen in seine maximale Kraft zu bringen und das Licht für alle Wesen zu verstärken.

Glaubt ein Mensch an Gott, bittet er um Intensivierung seines Glaubens; damit erreicht er eine Potenzierung des eigenen Lichts, das je nach seiner Entwicklung bisher mehr oder weniger intensiv ist. Bittet ein Mensch z. B. darum, die Kraft zu bekommen, seine Ängste loszulassen, wird dieser Aspekt seiner Kraft verstärkt, vielleicht erhält er eine spezielle Energie oder einen Engelsaspekt, um ihn zu unterstützen. Bittet ein Mensch um die Fähigkeit, anderen Wesen besser helfen und sie heilen zu können, auch Licht und Dunkel besser zu unterscheiden, dann wird er diese Unterstützung in Form einer Energie, eines Buches oder eines gutes spirituellen Lehrers erhalten. Bitten wir nur, um uns zu bereichern, stagnieren wir in unserem eigenen Energiefeld.

Bei der Anrufung von höheren Wesen ist es wichtig, selbstlos zu sein. Meine Lehrer haben mich gelehrt, um Kraft für andere zu bitten, wenn ich selbst Schmerzen hatte, um die Trauer anderen Lebens vor meiner eigenen zu spüren. Durch diese Einstellung hat sich viel in meinen Emotionen und in meiner Wahrnehmung geändert. Diese Haltung beinhaltet natürlich, dass ein Mensch zuerst mit sich ins Reine kommen muss, bevor er anderen auf dem Weg hilft, trotzdem darf er sich selbst nicht zu wichtig nehmen und sollte immer versuchen, die Zusammenhänge der Entwicklung allen Lebens zu spüren. Durch den Umstand, dass alle Kräfte miteinander verbunden sind, hebt oder senkt ein Wesen die Qualität der Lebensenergie eines anderen Wesens durch die eigene Freude oder Trauer.

Für die nordamerikanischen Ureinwohner sind Engel vermittelnde Wesen zwischen Gott, der sich durch seine Aspekte, bei den Diné auch Götter genannt, ausdrückt. Da sich die Diné bewusst darüber sind, dass der Mensch an letzter Stelle erschaffen wurde, erkennen sie auch seine Unzulänglichkeiten und Probleme an. Sie sagen, dass er alles neu erlernen musste, sich von den Tieren abschaute, wie er sich ernähren konnte, und die Pflanzen befragte, die ihm heilend zur Seite standen. Der Mensch wird bei ihnen erst seit seiner vollendeten Beseelung durch die Götter als solcher anerkannt. Diese Beseelung, die durch die Götter vollendet wurde, trennte ihn auch ein Stück weit von der Natur; er musste erneut lernen, ihre Sprache zu sprechen. Die Diné sagen, dass der Mensch seine Lautsprache bekam, um die Götter zu preisen und damit eine Verbindung über sie zum Großen Geist aufrechtzuerhalten. Diese Verbindung gewährleistete, dass man im Licht blieb und den Weg der Reinkarnation vervollkommnen konnte. Als vollendete Seele kann der Earth Surface Walker zu einer Holy Woman oder einem Holy Man werden. Diese können sich nach ihrem Tod völlig frei dafür entscheiden, auf der Erde zu verweilen und den anderen Lebensformen zu helfen oder in höheren Welten zu verweilen.

Der Begriff »Erleuchtung« wird leider häufig und in den verschiedensten Bedeutungen verwendet und auch mit dem Zustand eines Holy Man verwechselt. Die Erleuchtung ist für die Diné ein erweiterter Bewusstseinzustand in den niederen Welten, speziell in der fünften Welt. Erleuchtung bedeutet keinesfalls das Ende aller Reinkarnation, sondern steht für die Bewusstwerdung, dass man sich überhaupt in diesem Prozess befindet. Interessanterweise gehören die Diné zu den am wenigsten friedvollen Indianerstämmen. Die Diné waren als Stamm gefürchtet, und ihre unmittelbaren Nachbarstämme, z. B. die Hopi- und Pueblo-Indianer, lebten in Angst vor Überfällen und Viehdiebstahl. Nur der Stamm der Apachen galt als noch raubwütiger und unberechenbarer.

Mein Diné-Lehrer führt die Entwicklung seines Stammes, die gerade in den letzten 200 Jahren aufgetreten ist, auf die Sesshaftigkeit der Diné zurück. Er meint, dass Menschen, die nicht mehr auf der ständigen Suche nach Nahrung sind, bequem werden und die Verbindung zu ihren Göttern und Engeln verlieren. Deshalb wären viele Diné lieber arm und würden ihr Bewusstsein dadurch nicht aufs Spiel setzen. Vergleichen wir die Entwicklung dieses Stammes mit der spirituellen Entwicklung in den Industrieländern, sind deutliche Parallelen zu erkennen. Für uns moderne Menschen gibt es keinen Kampf ums nackte Überleben, somit haben wir die Wahl, wie wir uns unseren Nachbarländern gegenüber verhalten.

Natürlich ist eine industrielle Weiterentwicklung gut und nützlich, doch möchte ich Ihnen vor Augen halten, dass Menschen in ärmeren Ländern mit einer starken Anbindung an ihren Glauben und an die Natur um ein Vielfaches herzlicher und sozialer sind. Sie kümmern sich umeinander und jeder versucht, jedem zu helfen, wo er kann. Auch Engel und Götter reagieren auf das Licht unter den Menschen und beantworten es mit einer verstärkten Anwesenheit. Es ist eigentlich einfach nachzuvollziehen: Dort, wo der Glaube stärker ist, kann sich vermehrt Licht einfinden und den Menschen zur Verfügung stehen.

13

Indianische Lichtwesen und Engel

Eines Nachts wurde ich vom Pfeifen des Windes um meinen Wohnwagen wach, was mich zunächst verwunderte. Ich hatte mich längst an die verschiedenen Geräusche des Windes gewöhnt, Töne, die einem zu Beginn gerade nachts unheimlich erscheinen und mit einem Luftzug den Sand sanft entlang der Wohnwagen schleifen, werden mit der Zeit zu wohligen Schlafliedern. Langsam wurde ich wach und konnte meine Gedanken sammeln. Am Tag zuvor hatten wir eine lange Wanderung unternommen, die mich abends selig in den Schlaf fallen ließ. Nun rappelte ich mich aus dem Bett und überlegte, was besonders an diesem Wind war.

Fröstelnd und schweren Herzens stand ich auf und suchte nach meinen Schuhen, dann schlüpfte ich aus meinem Wohnwagen. Die Nacht war heller als sonst und ein seltsamer Druck lag in der Luft, der mir fast den Atem nahm. Als ich mich umsah, erkannte ich einige Frauen, die nah beim Hogan saßen. In dicke Decken gehüllt, wirkten sie in dieses seltsame Licht getaucht unwirklich und surreal. Ich wanderte hinüber und Ella, eine der Frauen, reichte mir eine kleine Laterne und wies mich an, mich zu setzen. Sie gab mir etwas, das im Dunklen wie ein Stück Gurke wirkte, und gab mir ein Zeichen, es zu essen. Dann nickte sie in den Himmel und schloss die Augen. Ich drehte das Fruchtstück herum und roch daran. Während ich einen inneren Dialog mit meiner Seele begann, was mein Schlafpensum und unbekannte Nahrung betraf, tat ich einen beherzten Biss. Es schmeckte nicht schlecht, ein wenig süßlich-bitter vielleicht, und die Frucht selbst war faserig. Wie ich am nächsten Tag erfuhr, hatte ich Piote gegessen, das Rauschmittel der Indianer schlechthin. Sie nahmen es ausschließlich zu Ritualzwecken und um in die höheren Welten sehen und wandern zu können. Der Genuss des Piotekaktus löst die Trennung der Ebenen auf und macht das Unsichtbare sichtbar. Ich spürte in jenem Augenblick nur ein Kitzeln in mir und folgte dem Blick von Elena. Klar und deutlich sah ich nun breite Lichtschwaden, die den Himmel über uns durchwanderten. Immer stärker hörte ich jetzt auch die Töne wieder, die mich aus dem Schlaf geweckt hatten, sehr hohe, singende Töne, die wie ein unendlich heller Singsang in der Nachtluft lagen. Sie verstärkten sich deutlich, wenn ein Licht sich näherte, und verblassten, wenn es weiterzog. Ella und die beiden anderen Frauen, Ann und Manui, bildeten einen starken energetischen Verbund, der mich in ihrem Heiligen Kreis schützte, dies war deutlich zu spüren. Ich sah weiter in die Lichter über mir, die nun zu Gestalten wurden und den Bildern gleichsahen, die ich in den Höhlen und auf Gegenständen gesehen hatte. Sie sprachen in den singenden Tönen zu uns – es klang wie ein Dialekt der Diné, den ich im Reservat gehört hatte. Jedes der Wesen spielte eine besondere Rolle, es schien, als könnte keines ohne den anderen existieren. Sie waren eine Einheit, obwohl sie sich als einzelne Körper zeigten. Ich hatte immer Engel und Lichtwesen gesehen und konnte deren Botschaften verstehen, dennoch, dieses Gefühl war vollständig anders. Es waren wahre Wellen der Liebe, die uns umspülten und die durch jede Zelle zu dringen schienen. Ein Zustand von Kraft und Gehaltensein erfüllte unseren Kreis.

Als ich später über die Situation nachdachte, empfand ich uns wie Glühwürmchen, die um die Sonne kreisten.

Ohne den Kontakt zu uns zu unterbrechen, löste sich Ann aus ihrer Decke und holte aus einem Beutel einige getrocknete Fruchtkapseln heraus. Sie zerbrach sie mit den Fingern und ein grober Staub entstand. Mit ihrer linken Hand dieses Gemisch haltend, strich sie mit der rechten Hand etwas davon über ihr Gesicht und dann auch in das der anderen. Ich fühlte mich auf einmal geerdet und spürte meinen Körper wieder stärker. Die wunderbaren Töne, die zuvor um uns gewesen waren, erloschen langsam. Die Lichter verschwanden und nach einigen Minuten war das Ritual beendet. Wortlos gingen wir schlafen.

Als ich aufwachte, dachte ich über meinen seltsamen Traum nach. Als mein Blick klar wurde, erkannte ich dunkelblauen Staub auf meinem Kissen, meiner Hand und, als ich in den Spiegel blickte, auch in meinem Gesicht. Die Übelkeit in meinem Magen bestätigte, dass ich tatsächlich an einem Piote-Ritual teilgenommen hatte. Mit heftigen Magenkrämpfen schlich ich zu der Bank, auf der gewöhnlich alle saßen, die frühstücken wollten. Mein Lehrer reichte mir mit einem tiefen Blick wortlos einen Becher mit etwas Fettem, Butterähnlichem. Allein der Geruch der Flüssigkeit löste Schweißausbrüche auf meiner Stirn aus. Er wies mich mit einer Geste an, zu trinken. Das Butterfett, das mit Kräutern vermischt war, löste meine Übelkeit fast vollständig auf.

Nun erfuhr ich, dass ich die Götter, die Lichtwesen der Diné in mehreren Welten, gesehen hatte. Verdutzt und ungläubig, mit blauer Farbe im Gesicht starrte ich ihn an. »Schließ deine Augen«, sagte er. Ich schloss die Augen und war noch etwas durcheinander. »Was siehst du?«, fragte er mich nun. Es dauerte einige Augenblicke, dann erkannte ich eines der Lichtwesen, das riesig war, aus der letzten Nacht wieder. Es stand direkt hinter ihm. Ich riss die Augen auf und fühlte mich immer noch unwirklich, als mein Lehrer meine Hand nahm und drückte. »Du warst bereit dafür und sie für dich. Behalte diese Gabe.« Dann wies er mich an, etwas zu essen und wieder schlafen zu gehen.

Die nächsten Tage hatte ich hohes Fieber und die Bilder der letzen Wochen verschwammen immer wieder in meinen Träumen. Ich sah Marvin, Elena und John und hatte das Gefühl, dass sie ein

Teil dieser Wesen waren. Am dritten Tag ging es mir etwas besser und ich bekam anstelle von Maisbrei und Kräutertee wieder feste Nahrung. Elena saß an meinem Bett und hielt meine Hand. »Du musstest dich reinigen, die alten Bilder lösen, damit du klar sehen kannst«, sagte sie zu mir. Als ich schließlich wieder am Alltag teilnehmen durfte, war es, als wäre nichts gewesen. Von diesem Tag an konnte ich mit einiger Konzentration die Lichtwesen der anderen Welten und Dimensionen sehen.

Genau wie meine Diné-Lehrer behalte ich die Bilder und die Botschaften der Wesen für mich. Nur hier und da, wenn der Wind zu mir spricht, gebe ich einen Hinweis weiter.

Der Glaube der Diné und anderer Indianerstämme an Lichtwesen und Engel ist vom Bewusstsein der Alleinheit mit Gott geprägt. Wo immer eine Kultur nicht den Gedanken der Abwesenheit von Gott entwickelt hat, ist der Bedarf nach einer verbindenden Engelkraft nicht vorhanden. Auf langen Wanderungen durch die Schluchten des Gran Canyon wurde ich an die indianische Vorstellung von Engeln und Lichtwesen herangeführt. In vielen Heiligen Höhlen, die von außen unsichtbar über schmale Pfade und verwinkelte Felsplatten nur zu Fuß zu erreichen sind, offenbart sich die Welt der indianischen Engel, Lichtwesen und Götter. Diese Bilder entsprechen nicht der gängigen Vorstellung solcher Wesen, sie sind vielmehr durch eine spezielle Farbe oder Platzierung als solche erkennbar. Oft wirken die Abbildungen kantig oder übermächtig an Statur und sind in Schwarz dargestellt, ein Zeichen für besonders intensive Lichtkräfte. Ein weiteres Problem, das ich zu Beginn mit dem Lesen der Bilder hatte, war, dass sich geschmückte Priester für das ungeschulte Augen schwer von einem Lichtwesen unterscheiden lassen. Dies führte zu Beginn meines Zusammenlebens mit den Diné zu meiner Meinung, dass sie Engeln keine besondere Bedeutung beimessen. In der Tat habe ich nie von der Anrufung eines Schutzengels oder der Bitte um heilende Kraft in Richtung auf einen Engel oder ein anderes Lichtwesen gehört. Ich begann nach einer Weile zu verstehen, dass die Diné keine Hilfe in der Kommunikation mit Gott benötigen. Da es ihr Hauptanliegen ist, mit den Kräften des

Lichts verbunden zu sein, ist ihr Volk nie in den Zustand der geistigen Trennung gegangen.

Einer meiner Lehrer erklärte mir, dass jeder Mensch in jedem Augenblick bestimmt, wie viel er von Gott in seinem Leben zulässt. Seiner Meinung nach beten die Menschen im Westen zu Engeln, weil sie sich vor Gott fürchten und hoffen, dass Engel und Lichtkräfte nachsichtiger mit menschlichen Schwächen umgehen. Im Glauben alter Lichtkulturen ist ein Kontakt mit positiven Engeln nur möglich, wenn man sich mit dem Licht selbst, mit Gott, auseinandersetzt. Alles andere führt dazu, dass ein Ersatzbild von Engelkräften erschaffen wird, die dem wirklichen Wissen um ihr Wesen nicht entsprechen. Durch diese Geisteshaltung werden unbewusst sogar negative oder gefallene Engel angebetet und anstelle des Lichts verehrt. Auch sie zeigen sich als Lichtwesen und sind für den Laien nicht zu unterscheiden.

Viele Channelmedien nutzen das vergessene Wissen der Menschen, um ihr Bild eines Engels zu verkaufen. Wenn Menschen diesen Bildern folgen, die durchaus als Energie spürbar sind, beten sie in den Augen der Indianer die dunklen Kräfte an. Die Energie, die dadurch in das eigene Leben gezogen wird, ist einerseits neu erweckt und geöffnet für die Wahrnehmung aller Art, andererseits entsteht immer mehr das Gefühl, sich energetisch schützen zu müssen. Dieses Bedürfnis nach Schutz soll dann wiederum von Engeln erfüllt werden, zu denen der Mensch keine Verbindung mehr aufbauen kann. Angst trennt die Verbindung zum wahren Licht.

Trotz der Tatsache, dass die Diné Engelkräfte nicht konkret verehren oder anbeten, haben sie ein konkretes Bewusstsein davon. Die Cherubim, die in vielen Kulturen als erste für den Menschen wahrnehmbare Engelkräfte gelten, treten in ihrer entsprechenden indianischen Form bei den Diné auf. Sie begleiteten die Schöpferwesen auf dem Weg durch das Universum, beim Erschaffen der verschiedenen Welten und Dimensionen. Das Bewusstsein von den Cherubim findet sich in der tibetischen, der jüdischen, islamischen und zarathustranischen Spiritualität. In allen Glaubensrichtungen entspringen den Cherubim weitere Engelkräfte bis hin zu den Erzengeln und den sogenannten Schutzengeln. Wie im Glauben der Diné werden diese Engelkräfte hier als eine Verbindung zu Gott gesehen, nicht als eine Energieform, die konkret angebetet wird.

Engel und Lichtwesen im Alltag

Zu Beginn der Lichtarbeit ist der Wunsch nach einer Führung durch Lichtwesen und Engel sehr intensiv. Es gilt im Westen immer noch als ein Privilieg, mit diesen Wesen Kontakt aufzunehmen und damit »weiter« in der eigenen Entwicklung zu sein. Ich möchte Sie an dieser Stelle beruhigen. Lassen Sie sich nie gedrängt fühlen, etwas zu sehen oder zu spüren, wenn Sie in einem spirituellen Seminar sind. Versuchen Sie, unabhängig von der Darstellung anderer Teilnehmer oder dem Wissen aus Büchern Ihr Gefühl für Engel und Lichtwesen zu bekommen. Falls Sie merken, dass Ihr Ego im Spiel ist und sich dringend einen Kontakt zu »Ihrem« Engel wünscht, lassen Sie den Wunsch vollständig los. In der Esoterikszene besteht vielfach der Druck, Energien wie Engel und andere Wesen sehen zu müssen.

Eine ähnliche Auffassung besteht über die Fähigkeit, die Aura sehen zu können. Beide Punkte sind für Ihre persönliche Entwicklung nicht wichtig. Nichts davon bringt Sie Gott näher, ausschließlich das, was wirklich an Licht und Güte in Ihrem Herzen ist.

Lernen Sie, dass besondere Wahrnehmungen zu Ihnen kommen, wenn Ihre Seele bereit ist oder Gott es möchte. Niemand ist besser oder schlechter, weil er Energie oder Ähnliches wahrnimmt oder nicht. Auch die Seminare unserer Schule können eine Öffnung nur unterstützen und helfen, Ängste zu lösen; das Sehen von Engeln lässt sich niemals erzwingen. Viele Menschen sind in ihrem Verständnis von Engeln christlich geprägt. Hier gibt es einen Schutzengel, der den Menschen durch Freud und Leid der irdischen Existenz begleitet. Dies ist ein speziell auf das Christentum bezogener Denkansatz. In keiner wirklichen Lichtkultur benötigt der Mensch Schutz, um sich in der Schöpfung Gottes zu bewegen. Es sind der eigene Glaube und das innere Licht, die mit Gott verbinden und dadurch schützten, auch wenn dieser Umstand in vielen Büchern und Seminaren gegenteilig vermittelt wird.

First Man und First Woman

Adam und Eva des indianischen Glaubens werden First Man und First Woman genannt. Sie bilden das erste Menschenpaar, das von den herabgestiegenen Erstweltlern und deren Nachfahren erschaffen wurde. Sie entstanden aus zwei Maiskörnern, die unter einen Heiligen Korb gelegt und unter einem mehrtägigen Ritual von Talking God, Calling God und den vier Schöpfungsengeln beseelt wurden (siehe auch Anhang). Hierzu rief man die Heiligen vier Winde an, die als Göttlicher Atem oder Prana (Nichi) die Maiskörner zu zwei Figuren formten, in denen die Matrix für den späteren Menschen enthalten war. Die Menschen, die fortan geboren wurden, waren normale Menschen mit dem bereits erwähnten Göttlichen Anteil. Die Figuren von First Man und First Woman enthielten nun die nötigen Informationen, nach denen sich der perfekte Mensch entwickeln konnte. Auch in ihnen war bereits der Kern angelegt, wie ein Mensch bei genügender Entwicklung zu einem Holy Man oder Holy Woman werden konnte. Das indianische Schöpfungspaar lehrt uns, dass die Perfektion in uns ruht und nur darauf wartet, erweckt zu werden. Sie lehren uns, in Hozho, in Göttlicher innerer und äußerer Schönheit, zu leben und diese auch in anderen Menschen zu erwecken.

First Man und First Woman bilden die perfekte Ergänzung füreinander. Sie leiten uns an, die männlichen und weiblichen Anteile in uns zum Ausgleich zu bringen, damit wir überhaupt an die in uns liegende Schöpfungsmatrix herankommen und ein Gespür dafür bekommen, wer wir wirklich sind. Das Schöpfungspaar weiß, dass es als eine Art Prototyp für das menschliche Wachstum auf Erden gesehen wird. Die Diné sind der Meinung, dass ein Mensch nie wissen kann, auf welcher Stufe seiner Entwicklung er sich wirklich befindet, wie ihn die Götter sehen und auf seinem Weg einstufen. Deshalb sollten wir uns immer so verhalten, wie es uns am lichtvollsten und positivsten möglich ist.

Eine einfache Übung zur Bewusstwerdung

Nehmen Sie bei sich bietender Gelegenheit zwei Maiskörner in die Hand und schließen Sie die Augen. Versuchen Sie zu spüren, was der Unterschied zwischen Ihrem Bewusstsein und dem des Korns ist. Versuchen Sie dann, Ihr Licht in Ihrer Vorstellung und mithilfe Ihres Atems so weit auszudehnen, dass die Unterschiede und Trennlinien verschwinden. Sie sind die Maiskörner und die Maiskörner sind Sie, weil alle Information in allem ist und kein Teil der Schöpfung voneinander getrennt ist.

Versuchen Sie als nächsten Schritt, Ihr Hozho, den Göttlichen Funken, in den Maiskörnern zu spüren. Diese Stufe der Übung hat viel mit Loslassen und dem Vergessen des Ego zu tun. Es ist auch ein Zeichen, wie sehr Sie Ihrer Seele und deren Führung vertrauen, wenn sich etwas in Ihnen gegen das Sehen des Hozhos sträubt. Wenn es Ihnen mit vieler Entspannung gelingt, das Hozho zu sehen, ist der nächste Schritt, es auch zu spüren.

Versuchen Sie, das Licht, die Qualität und Energie, die über die Maiskörner als Hozho herausstrahlt, an Ihrem Körper zu fühlen. Meist ist es eine weiche Wärme, die uns auf einer sehr tiefen Ebene mit unserem Körper und dessen Existenz in Frieden bringt. Gelingt Ihnen dieser Schritt, dann versuchen Sie zu sehen oder zu spüren, wo Sie kein Hozho an Ihrem Körper wahrnehmen können. Fragen Sie Ihren Körper, warum er dort kein Hozho annehmen kann und was er braucht, um diesen Zustand in die Heilung zu bringen. Nehmen Sie sich Zeit, hinzuhören, und achten Sie auf Bilder, die sich einstellen. Haben Sie ein klares Bild vernommen, dann geben Sie Ihrem Körper, was er braucht. Er kennt das Gegengewicht, das eine Disharmonie in die Auflösung bringt.

Am Ende der Übung danken Sie First Man und First Woman für deren Unterstützung. Sie können die beiden damit ehren, dass Sie den Körnern in einem schönen Beutel einen speziellen Platz in Ihrem Hogan geben. Dort wirkt dann die entsprechende Energie und kann bei Bedarf abgerufen werden.

Rufen Sie von jetzt an First Man und First Woman zu jeder Übung, bei der Sie Ihre Verbindung zu Ihren spirituellen Ahnen und der Erde stärken wollen. Die Energien sind heilsam bei Menschen mit tiefen Ängsten und Vertrauensproblemen und können gut bei Meditationen angerufen werden.

Great Spider Mother – Die Grosse Spinnenmutter Erde

Die indianische Gesellschaft der Diné war eine Standesordnung, die ursprünglich durch die spirituelle Kraft der Frauen geprägt wurde. Sie gewann Struktur durch die starken weiblichen Erdkräfte. Die Natur als solche und alles Leben Gebende war weiblich und fruchtbar. Die Erde und die Sternzeichen sowie deren astrologische Zuordnung sehen viele Esoteriker in direktem Zusammenhang mit der Großen Spinnenmutter. Ich stelle sie mir als ein riesiges Energiewesen vor, das von der vierten Welt aus wirkend seine Eier in die Erde gelegt und darum dicke Fäden aus Nebel, Lichtbahnen und Energien gewoben hat, um ihre Kinder zu schützen.

Der wohl wichtigste Nachkomme dieser symbolischen Energiesenderin, die immer mit großer weiblicher Weisheit verbunden wird, ist Changing Woman, die »Wechselnde Frau«, die wir als ihre Tochter verstehen können. Die Große Spinnenmutter weiß, was ihre Kinder einst erschaffen werden, noch bevor diese geschlüpft sind. Sie hat das Wissen um die Zukunft der Erde und die Energiestrukturen von deren Wesen bereits in sich und webt diese in ihrem Faden in die Manifestation nach außen.

Wenn wir auf die Große Spinnenmutter hören, gehen wir stets den lichten Weg in unserem Leben. In jedem Augenblick, in jeder Sekunde hat der Mensch sehr viele verschiedene Möglichkeiten, nach denen er handeln und für die er sich entscheiden kann. Doch nur einer von ihnen kann den tatsächlich lichten Weg, ein Maximum an Wachstum und Harmonie, darstellen. Im täglichen Leben entscheidet sich ein Mensch nur zu 50 % für den lichten Weg. Die anderen 50 % gewinnen durch Begierden, festgefahrene Meinungen, Erziehung und Ähnliches die Oberhand und lenken von jenem wichtigen und wertvollen Weg ab. Geht der Mensch nicht den lichten Weg, beginnen die kleinen und großen Katastrophen des Alltags und machen ihm das Leben schwer. Oft wird diese Fehlentscheidung in der westlichen Esoterik als eine wichtige Lernaufgabe oder Prüfung gesehen und so von entsprechenden Lehrern vermittelt, was sie aber im Grunde nicht ist. Keine Seele muss einen falschen oder zu 50 % den dunklen Weg gehen, um besser oder schneller zu wachsen. Dieser Glaube ist aus dem Christentum in die Esoterik aufgenommen worden, um den Menschen nicht mit einer zu großen und einfachen Erklärung für sein Leid zu überfordern.

Stellen Sie sich einfach vor, dass die Große Spinnenmutter Sie sicher führt, dass Ihr Leben leicht und fließend wird. Sie gehen mit Entspannung in den nächtlichen Schlaf und werden am Morgen durch ein großes Wohlgefühl geweckt. Danach verläuft Ihr Tag wie ein großer goldener Fluss, der sich nicht einmal durch Täler oder an rauen Bergwänden entlangwindet. Er fließt einfach gerade und das macht Ihnen sogar Spaß. Mit diesem Gefühl leben Sie die Verbindung zur Großen Spinnenmutter. In ihre Eier legt diese wohlumsorgende Mutter all ihre Liebe und ihr ganzes Wissen und gibt dieses an die Lebewesen der Erde zurück. Ihr ganzes Leben lang wartet sie darauf, dass ihre Kinder aus dem Ei schlüpfen und diese Geschenke annehmen, anstatt so viele Leben lang nur von innen gegen die Eihaut zu treten und um Hilfe zu rufen. Wenn Sie sich als Mensch so verhalten, kann Ihnen die Spinnenmutter nicht helfen. Sie hat nicht geahnt, dass ihr Kind so wenig spüren würde und kaum Vertrauen in sie hat, dass es nicht einfach aus dem Ei ausschlüpft. Sie wartet also, legt viele Male über viele Leben hinweg ihre Eier und lässt die Seele eines Menschen darin reifen.

Diese Spinnenmutter ist eine Mutter, die die meisten Menschen in ihrer Kindheit, bei ihrer eigenen Mutter nicht kennengelernt haben. Bei den meisten Frauen wurde das Bewusstsein für die Spinnenmutter in der Kindheit nicht erweckt und so können sie es nicht an ihre Kinder weitergeben. Dabei wandeln wir alle auf der Spinnenmutter, es ist Mutter Erde.

Übung

Ein sehr schöner Weg, um mit ihr in Kontakt zu gehen, ist, sich in sehr viel wohlige Decken, Kissen und Düfte zu kuscheln und das Licht zu dimmen. Stellen Sie sich nun vor, Sie liegen in der Erde, warm und eingebettet, bewacht und umsorgt von der Großen Spinnenmutter, die Ihnen alle Zeit der Welt gibt, um aus Ihrem Nest hervorzutreten. Wenn Sie bereit sind, die Energie der Mutter anzunehmen, schließen Sie die Augen und entspannen alle Muskeln in Ihrem Körper. Visualisieren Sie Licht vor Ihrem Dritten Auge und ziehen Sie dieses in Ihren Körper. Lassen Sie zu, dass das Licht Sie und Ihr Nest durchdringt und dass Ihnen warm wird. Rufen Sie die Große Spinnenmutter und bitten Sie sie um ihr Wissen und ihre Führung. Lassen Sie die nun kommende Energie einfach wirken. Möglicherweise werden Sie traurig, weil Sie diese Art der Verbindung viele Leben hindurch nicht gespürt haben.

Eine sehr einfache und effektive Übung, um mit der Großen Spinnenmutter in heilsame Verbindung zu treten. Kehren Sie, wann immer Sie es brauchen, in Ihr Nest zurück; die Große Mutter wird Sie freundlich empfangen und umsorgen.

Great Changing Woman

Die Große Wechselnde Frau stellt den Archetyp der Manifestation auf allen Ebenen dar. Als Tochter von Spinnenmutter ist sie sich all ihrer besonderen Fähigkeiten bewusst und über alle Geschehnisse und Energien zwischen Himmel und Erde unterrichtet. Die liebevolle Beobachterin greift selten in ein Geschehnis ein – stattdessen wirken ihre beiden Söhne, die Kriegerzwillinge, als ausgleichende Gerechtigkeit und bei Bedarf harmonisierende Kräfte. Wechselnde Frau stellt aus ganzheitlicher Sicht den geheilten Menschen dar, der ein Bewusstsein davon hat, dass sich sein Leben aus lichtvollen Entscheidungen und die darauf reagierende lichtvolle Führung zusammensetzt. Wenn wir uns vom Licht abgetrennt fühlen, empfindet die Wechselnde Frau Schmerz. Sie begleitet uns durch die Wandlungen des Lebens, sie hat Mitgefühl für unsere Ängste und das daraus resultierende Chaos, worunter auch unsere Familie, Umwelt und Natur leiden. Sie möchte uns helfen, uns zu heilen, indem sie uns Wissen zur Verfügung stellt.

Im Landschaftsmandala der Diné stellt Wechselnde Frau einen Berg dar. Ihr Wissen ist tief in diesen Berg eingebettet und kann nur über einen geheimen Zugang gefunden werden. Es gibt Höhlen und Zugänge in den Heiligen Bergen, die nur von Sängern und den Holy People genutzt werden können. Nur sehr wenige Sänger können diese Eintrittspforten nutzen; ist einer von ihnen nicht weit genug entwickelt, rollt er den Stein, der den Eingang verschließt, zur Seite und steht dann in einer kleinen Höhle, einer Sackgasse. Etwa alle 200 bis 300 Jahre gibt es einen Sänger, für den sich die Höhlen weiter öffnen und der bis in ihre Mitte vordringen kann. Manche von ihnen bleiben viele Jahrzehnte in den Höhlen und verbringen sie, den Körper verlassend, in einer Art Traumzeit, in der sie lernen und Energie aufnehmen. Dann kehren sie zu ihrem Stamm zurück, um dieses Wissen zu unterrichten.

Jeder Mensch hat ein kleines Bruchstück dieses Heiligen Raums in sich. Die östliche Philosophie nennt es Tan Tchien. Es ist das geheime Kraftzentrum, das von einem höheren Chakra weit über dem Kopf gespeist wird. Wechselnde Frau ist eine Göttin, die uns ebenfalls die Jahreszeiten der Natur und der Elemente vor Augen hält. In der nordamerikanischen Natur leben die meisten Wildtiere und naturverbundenen Menschen im Zyklus von Wechselnder Frau. Sie haben eine tiefe innere Verbindung zu den sie umgebenden Energien und deren Botschaften.

Wie wenig unsere Tiere die Sprache von Wechselnder Frau noch verstehen können, da diese von Klimaveränderungen und menschlichem Wirken überlagert ist, erkennen wir, wenn sich Hunde außerhalb der passenden Jahreszeiten in den Fellwechsel begeben und Vögel bei zu früh auftretender Wärme ihre Eier in Nestern ablegen, die noch einmal vom Frost erfasst werden. Die Tiere und auch die Menschen spüren Wechselnde Frau über den Blick in den Horizont und den unverbauten Ausblick auf eine Landschaft.

Ein interessanter Punkt in der Kommunikation mit Wechselnder Frau ist das Vertrauen eines Menschen im Schlaf. Ich habe viele Klienten, denen es schwerfällt, ohne Lichtquelle einzuschlafen,und die den Ton eines leise laufenden Fernsehers benötigen, um genügend Vertrauen für das Einschlafen zu finden. Wechselnde Frau wird besonders spürbar beim Übergang in die Nacht, insbesondere beim Einschlafen. Können wir nicht mehr ohne Stimulantien oder Licht Sicherheit finden, werden wir des Tags Wechselnde Frau nicht spüren, fühlen uns verloren und im Alltag ohne innere Führung. Wechselnde Frau ist das, was wir als Seelenbewusstsein, als Wissen um die Seele und die Auswirkung um dieses Wissen im Alltag, beschreiben können.

Übung

Wenn Sie Wechselnde Frau spüren wollen, setzen Sie sich bei Sonnenuntergang alleine in eine unbebaute Landschaft ohne Handymasten oder Stromleitungen. Warten Sie auf den Moment, wenn das Licht blau wird, und schließen Sie dann die Augen. Lassen Sie alle Ängste los und atmen Sie einfach. Atmen Sie tief und kraftvoll wie ein Neugeborenes, das seinen ersten Atemzug nimmt und weiß, dass es in dieser Welt angekommen ist. Wenn sich Ihr Körper und Ihre Gesichtszüge entspannen, fühlen Sie vielleicht ein leichtes Zuggefühl in der Herzgegend. Es ist Wechselnde Frau, die in dieser Zeit die Seelen der Wesen zu sich ruft, die gerade ihren Körper verlassen, und sie liebevoll in eine andere Welt leitet.

Wechselnde Frau und der Sog, den sie ausübt, zeigen Ihnen eine Verbindung, die Sie auch im Alltag haben, die nur in diesem Augenblick besonders stark zu spüren ist. Gehen Sie dem eine Weile nach und öffnen Sie die Augen.

Im Übergang von einem Leben zum anderen gilt der Sonnenuntergang bei fast allen alten Kulturen als die Zeit, in der die Seele besonders viel Unterstützung erfährt, um sich aus ihrem Körper lösen zu können. Zu diesem Zeitpunkt entsteht eine mächtige energetische Öffnung, die es der Seele ermöglicht, leichter ins Licht zu gehen und die dichten Energien der Menschheit hinter sich zu lassen. Im Nahen Osten gehen heute noch fast alle Menschen zum Sonnenuntergang aus ihrem Körper, und natürlich ebenso die Tiere, wenn es ihnen möglich ist. Die starke und präsente Überleitung durch die Energie von Wechselnder Frau ist nur dann für ein Wesen zugänglich, wenn es sich der Energie auch ansonsten bewusst ist. Dass bei uns im Westen viele Menschen in den Morgenstunden versterben, ist meiner Meinung nach ein weiteres Symbol dafür, dass wir diese Verbindung weitestgehend verloren haben.

The Warrior Twins – Die Kriegszwillinge

Die beiden mächtigen Söhne von Wechselnder Frau bewachen die Landschaft und schützen sie vor negativen Energien. Über sie treten Kräfte in die Erde ein, die ein von Menschen verursachtes Ungleichgewicht in der Schöpfung begradigen. Somit sind sie ein wichtiger Vertreter der Göttlichen Gerechtigkeit und des Ausgleichs. Die beiden Söhne tragen die Namen »Monster Slayer« und »Child born of Water« und haben die Aufgabe, negative Wesen zu vernichten. Die Diné glauben, dass viele Steine und Felsen ehemalige Monster sind, die von den Zwillingen besiegt und in Stein verwandelt wurden. Tatsächlich hatte ich oft den Eindruck, neben riesigen, versteinerten Körpern zu stehen, wenn ein solcher Felsen mich umgab.

In dem Landschaftsmandala der Diné gilt es die Kriegszwillinge zu besänftigen, noch bevor sie ihre korrigierenden Kräfte auf den Plan rufen können. Das bedeutet, dass die Menschen des Diné-Landes ein sehr feines Gespür dafür entwickelt haben, wann Energien in ein Ungleichgewicht geraten sind. Sie versuchen, diese Disharmonie mit Anrufungen und Ritualen auszugleichen und damit die Energie der beiden mächtigen Berge milde zu stimmen.

Im Denken der alten Lichtkulturen wirkt der Mensch eine lange Zeit, ohne höhere Mächte wirklich zu berühren und auf diese Weise verstimmen zu können. Eine Strafe Gottes, wie vom christlichen Glauben in das Unterbewusste eingeprägt, gibt es im alten Lichtverständnis nicht. Der Mensch ist seiner eigenen Wirkung ausgesetzt. Anders als bei der tibetischen Reinkarnation, die über mehrere Leben wirkt, sehen die Diné den Schwerpunkt ihres Lebens in diesem Leben. Disharmonien werden sofort ausgeglichen und begradigt.

Erst wenn die Menschen oder andere in unserer fünften Welt wirkenden Kräfte ein zu großes Ungleichgewicht im Energiebereich verursacht haben, gelangt das Echo dieses Zustandes in höhere Ebenen und die dort ausgleichenden, positiven Kräfte treten auf den Plan. Deren Korrektur kann durchaus von den Bewohnern eines Landes als Katastrophe und somit als Strafe empfunden werden. Bei den Diné gibt es hierzu ebenfalls Beispiele: Ab Mitte des 18. Jahrhunderts haben die Diné durch Raubzüge, die vermehrt durch den Besitz von Pferden möglich waren, Nachbarstämmen wie den Hopi und Pueblo geschadet. Nach einer Weile gehörte es zur Gewohnheit, auf diese Weise zu Nahrung und Vieh zu kommen.

Die Diné waren mit den Apachen die gefürchtetsten Indianerstämme, speziell für jene, die zur mexikanischen Grenze hin lebten. Nach der Eroberung durch die Amerikaner wurden die Diné in ihren Widerständen und Kämpfen ebenso mit der Tötung von Nutztieren und dem Verbrennen von Obstplantagen und Ernten bestraft. Bei einem Ereignis kam es zur Tötung von mehreren Tausend Rindern, die den Lebensunterhalt der Diné bildeten. Im Zusammenhang gesehen nehmen die Diné dies als Ausgleich für ihre eigenen Taten an, obwohl dadurch ein Großteil ihres Stammes ausgerottet wurde, bis sie sich schließlich nach Vertreibung und anschließendem Friedensvertrag wieder in ihrem ursprünglichen Land niederlassen konnten.

Übung

Gehen Sie in einer Meditation in den Bereich zwischen Wurzel- und Sakralchakra. Schließen Sie die Augen und atmen Sie in Ihr Tan Tchien. Wenn Sie es spüren, rufen Sie Wechselnde Frau und bitten Sie um Kontakt zu ihren Söhnen, den Kriegszwillingen. Bei der Anrufung können Sie einen leichten Druck im Brustbereich verspüren, dies ist die Energie der beiden Zwillinge. Fragen Sie sie, wo in Ihrem Körper kein Ausgleich besteht, und spüren Sie in den dann gefühlten Bereich. Bitten Sie die Zwillinge dann um einen Gegenstand oder eine Energie des Ausgleichs, die Sie in den Bereich fließen lassen. Meditieren Sie noch ungefähr fünf Minuten und öffnen Sie dann die Augen.

Durch diese Übung lernen Sie mithilfe der Kriegszwillinge, Energien, Bilder, mentale und emotionale Themen zu heilen. Beide sind hilfreiche und starke Schutzwesen für Menschen, die ohne Angst in die eigene Heilung zu gehen wünschen.

Der Schamane der Navajos

Die Schamanen der Navahos nennen sich »Singer« oder auch Hatalii, die ihren Namen zu Recht tragen, denn sie singen ihre Gebete und Anrufungen in den Himmel und formen dabei gleichzeitig wunderschöne Bilder aus Sand auf der Erde. Ein Gesang ist nötig, wenn ein Wesen aus seinem inneren Gleichgewicht gekommen ist, was an Krankheit, Viehsterben oder ungünstigen Omen erkannt wird. Auch Gefühle, wie z. B. die Begierde, werden als chaotischer Zustand betrachtet, der zu einer Krankheit führt.

Die Diné weichen Menschen, die sich nicht in ihrer inneren Mitte befinden, gerne aus, was dazu führte, dass es keine wirkliche Vermischung mit anderen Völkern gab. Für den Diné ist die Linie der Vorfahren, die man durch komplizierte Aufzeichnungen bis auf First Man und First Woman zurückverfolgen kann, auch eine wichtige Aussage im Hinblick auf seine Harmonie. Ist die eigene Ahnenreihe nicht klar, fällt es diesen Menschen schwer, sich im Leben wirklich wohl zu fühlen und inneren Frieden zu leben. Ist ein Stammesmitglied außergewöhnlich reich, was sich an der Anzahl seines Viehs oder an einer sehr reichen Ernte ablesen lässt, betrachten ihn die anderen Stammesmitglieder als unharmonisch. Erst wenn er seinen Besitz mit allen teilt, kann er wieder Harmonie erlangen.

Die meisten Diné-Schamanen sind Männer, es gibt aber auch eine große Anzahl von Frauen, die diese Aufgabe annehmen, wenn sie aufgrund ihres biologischen Alters keine Kinder mehr bekommen können. Eine Frau darf zu keiner Zeit bei einem Ritual ihre Periode haben oder schwanger sein; Letzteres, weil der Embryo negative Schwingungen aufnehmen könnte und Krankheit oder Behinderung als Folge gesehen werden. Die weiblichen Singer gelten als die eigentlichen Energieüberträger, die durch Handauflegen, Hellsichtigkeit und die Fähigkeit, die Zukunft in den Sternen zu lesen, große Achtung innerhalb des Stammes erlangen. Die Frauen sind es, die meist über die Art und den Zeitpunkt der Heilungszeremonie entscheiden und einen wichtigen Platz in der Diagnostik einnehmen. Die Diné-Frauen fürchten besonders die Kraft von Hexen und Zauberern. Beide werden als unehrlich und unrein gesehen, genau wie die Diné sarkastischen Humor verabscheuen, weil ein lichtvoller Mensch sich nicht auf Kosten anderer Lebewesen amüsieren soll.

Wenn ein Singer seine Aufgabe ausübt und es zu einer Heilzeremonie kommt, die sich über mehrere Tage und Nächte hinziehen kann, werden meist alle Verwandten aus großen Distanzen eingeladen, um ein Teil davon zu sein. Der Singer selbst erhält für sein Wirken ein großzügiges Honorar, das manchmal die Lebensersparnisse einer Familie umfasst. Die Diné halten einen energetischen oder materiellen Austausch bei einer Behandlung für sehr wichtig. Mein Lehrer hatte mir z. B. einmal erlaubt, einen seiner Enkel zu behandeln. Nach der Heilsitzung, die ich als Ehre empfand, wollte er mir unbedingt einen finanziellen Ausgleich geben. Er insistierte so lange, bis ich sein Geld annahm. Erst dann war er wieder der entspannte und freundliche Mann, den ich kannte.

Die von den Singern gefertigten Sandbilder sind von einmaliger Schönheit. Manche von ihnen benötigen ein ganzes Leben, um ein Bild, ein Mandala, das zumeist rund und vielfarbig ist, fertigzustellen. Diese Bilder werden Weiys genannt; sie können Größen von bis zu einem Radius von zehn Metern annehmen und benötigen mehrere Singer. Am Ende des Rituals wird dieses Mandala wieder im Wind zerstreut, um die Erde mit den durch das Mandala aufgebauten Energien nicht zu beschmutzen.

Die Diné kennen über dreihundert verschiedene Anrufungen und über fünfzig verschiedene Sandbilder, die je nach Bedarf gelegt werden. Die Materialien werden der Natur mit besonderem Respekt entnommen. Gefärbter Sand, Blütenpollen und Mineralien, Samen und Steine bilden die Grundlagen der komplizierten Bilder, in denen oft die Yeis, die Heiligen Menschen, dargestellt werden. Die Sandmandalas werden zu Hochzeiten, zur Einweihung eines neues Hogans oder einer Heilzeremonie gefertigt.

Die Heilzeremonien

Als ich die Diné kennenlernte, hatte ich mit einer Reihe von Heilzeremonien und Ritualen gerechnet, war aber zugegeben etwas von der westlichen Darstellung des »Indianers« beeinflusst. Winnetou war eine Wunschgestalt des kreativen Schreibers Karl May. Dieses Urbild des tugendhaften Indianers hatte er nach dem Vorbild der Apachen erschaffen. Mit einem langen Blick zurück in der Geschichte der einzelnen Stämme lernte ich dann, dass die Apachen und die Diné einst ein Volk gewesen waren, das sich in zwei große Stämme aufgeteilt hatte. Während die Apachen zu bestimmten Ritualen Federn als Schmuck trugen, war dies den Diné aus ihrem Glauben heraus verboten. Für das klassische Indianerbild stehen wohl die Stämme der Hopi und Apachen, die, prächtig geschmückt, mit geflochtenen Haaren und Federschmuck, unser Bild der Ureinwohner Nordamerikas prägen.

Die Diné-Rituale erscheinen auf den ersten Blick einfach in der Ausführung, weil sie wenig Show verlangen; stattdessen gehen sie umso mehr in die Tiefe und bewirken starke energetische Veränderungen. Ihre Rituale lassen sich rein äußerlich zunächst in zwei Arten unterscheiden: Rituale, in denen die prächtige bemalte Rassel nicht benutzt wird, und Anrufungen, in denen die Rassel den Gesang umrahmt und die Energie im Hogan deutlich spürbar anhebt. Abgesehen von einigen Ausnahmen können wir die Rassel als ein Unterscheidungsmerkmal der Rituale nutzen.

Als ich das erste Mal bei einem Ritual eine Rassel hörte, spürte ich einen leichten Widerstand. Es fühlte sich an, als ob mein Geist dem Rhythmus der Rassel nicht vertrauen wollte und sich dagegen sperrte. Als die Anrufungen und Gesänge sich langsam mit dem Schlag der Rassel steigerten, löste sich meine Sperre und das Spiel der Rassel trug mich in seiner eigenen Sprache fort. Ich hatte das Gefühl, zu einem wilden Tier zu werden, einem Berglöwen oder einer Großkatze, die mit großer Geschwindigkeit hinter etwas herzujagen schien. Mein physischer Körper, der sich während des ganzen Rituals völlig ruhig anfühlte, war mir während der Reise bewusst. Als Katze schien ich mit meinem Maul nach etwas zu schnappen und ich hatte das Gefühl, als hätte ich gerade etwas zur Strecke gebracht. Ich legte als Katze meine Beute ab und konnte ein Knäuel schwarzen Fells oder schwarzer Wolle entdecken. Nach einigen Augenblicken zerfiel es zu schwarzem Staub und die Anrufungen und Gesänge holten mich langsam wieder aus meiner anderen Welt zurück. Mit meinem Bewusstsein wieder im Körper angekommen, konnte ich einen sehr seltsamen Geschmack in meinem Mund feststellen.

Mein Lehrer erklärte, dass ich durch die Rassel in eine andere Existenzebene meiner Seele gewandert sei und dort ein belastendes Wesen getötet hatte. Mit einem völlig ernsten Gesichtsausdruck fügte er hinzu, dass wir eine Welt nie völlig unbemerkt verlassen können. Bei der Rückkehr in diese Welt hatte ich den dumpfen Geschmack der Belastung als Erinnerung mit mir genommen. Ich war froh, als ich mir den Mund mit Wasser spülen konnte.

Eingeteilt werden die Rituale in zwei Themenbereiche: In die *Segnungen und Anrufungen*, die dazu dienen, Hozho weiter auszubauen, und in den *Feindweg* (Anaaji). Die Diné *segnen* und beten eigentlich ununterbrochen durch *Anrufungen* – ein Ritual, das Hozho verstärken soll und das wie eine ständige innere Ausrichtung auf das Licht immer dann stattfindet, wenn eine Weile kein öffentlicher Gesang ausgeübt wurde. Jeder nutzt es ganz einfach nach Bedarf.

Der *Feindweg* ist ein sehr alter überlieferter Weg von Ritualen, die dazu dienen, Krankheit und Disharmonie zu lösen und vor Fremdenergien, negativen außerirdischen Wesenheiten sowie vor dem Verlust von Hozho zu beschützen. Gleichzeitig schützen diese Rituale vor den Geistern der feindlichen Krieger, die im Kampf getötet wurden. Der *Feindweg* ist ein bewusstes Entgegenstellen, das sich der Präsenz und Macht negativer Wesen wohl bewusst ist.

Es ist anzunehmen, dass viele der Rituale aus Tibet überliefert und den Diné entsprechend abgewandelt wurden. Die Gesänge differenzieren sich im Weiteren in den *Feindweg* (Schutz und Auseinandersetzung mit dem Bösen), den *Lebensweg* (bei Unfällen und Verletzungen angewandt) und die Gesänge, die das Malen von Sandbildern begleiten. Ursprünglich stammen wohl alle Gesänge von den Anrufungen des Lichts ab, die Hozho vermehren sollten.

In dieser Entwicklung ist sehr schön zu erkennen, dass vor der Fähigkeit des Heilens und der Auseinandersetzung mit den negativen Kräften zuerst das Licht in einem Menschen gestärkt werden muss, da es die Basis bildet. Egal welche Anrufung oder welches Ritual abgehalten wird, am Ende steht immer ein Lied aus den Anrufungen des Lichts, des Segensweges. In der Regel dauern die Rituale der Diné drei, fünf und neun Tage und beginnen je nach Bedarf zu unterschiedlichen Tageszeiten, deren Erklärung hier den Rahmen dieses Buches sprengen würden. Zu Beginn jeden Rituals steht die innere und äußere Reinigung, das Auflösen von negativen Energien und dann die Anrufungen von Gott.

14

Krafttiere als Lehrer auf dem Lichtweg

Einer meiner ersten Tierlehrer war ein Coyote, der mir im Traum in einer Steppe erschien und mir mit einer Kopfbewegung signalisierte, ich solle ihm in den Sonnenuntergang folgen. Er führte mich durch die Nacht und erklärte mir dabei, welche Bedeutung einige Sterne für die Menschen haben. Langsam ging schließlich die Sonne auf. Erst zu diesem Zeitpunkt erkannte ich, dass er wohl sehr alt war, und als er sich hinlegte, sagte er mir, dass er seinen Körper nun, da seine Aufgabe erledigt war, verlassen wollte. Es war ein sehr freudvolles und stolzes Ereignis, denn jeder seiner Atemzüge erschien mir bewusst und ich konnte keinerlei Angst erkennen. Als er schließlich seinen Körper verlassen hatte, war es hell geworden und er stand als weißer Energiekörper neben seiner gerade erst verlassenen Hülle, die seinem Körper glich. Noch einige Augenblicke lang blickte er mich ruhig an und meinen Körper durchflossen Ströme von Liebe. Dann lief er davon und löste sich im Licht der Sonne auf. Dieser Lehrer hat mich gelehrt, auch in Zeiten von emotionalem Chaos das Göttliche in mir und den Menschen zu sehen. Ich habe durch ihn gelernt, Vertrauen in mich zu haben.

Wenn ich von Krafttieren spreche, muss ich zugeben, dass ich diese Bezeichnung für die Energie der Tiere nicht besonders mag. Sie impliziert, dass ein Tiergeist Kraft und seine Fähigkeit ohne Gegenleistung zu geben hat, weil der Mensch das Tier ruft. Dieser Gedanke ist in etwa mit der landläufigen Meinung über Engel, insbesondere Schutzengel, vergleichbar. Genauso wie Engel auf die innere Hingabe an das Licht reagieren und somit eine Schutzengelanrufung erst wirksam wird, wenn ein Mensch intensiv glaubt, reagieren Krafttiere auf die Intention eines Menschen.

Strebt er einen energetischen Austausch an und ist mit seinem Herzen mit allen Lebewesen verbunden, reagiert ein gerufenes Krafttier durchaus spürbar. Ruft er es einfach, weil er eine Erwartungshaltung hat und sich diese durch eine Tierenergie erfüllen soll, wird er wenig spüren. In der indianischen Spiritualität gibt es kein Anrecht auf den Kontakt mit Krafttieren, Engeln oder Lichtwesen. Es bedarf einer intensiven Vorbereitung, bis ein Schüler einer Energie begegnen kann und bis er fähig ist, diese zu erschließen und zu integrieren. Krafttiere können uns mit ihrer Energie leiten und führen, sie können uns ungeheilte Anteile in uns offenbaren und machen das Unsichtbare für uns sichtbar.

Deshalb sehen Indianer Krafttiere mehr als Lehrer, die sie einen Teil ihres Weges begleiten und als Archetypen bestimmte Energiepotenziale verwalten. Durch diese besondere Fähigkeit können sie diese Energien an uns weiterleiten. Das hat jedoch wenig mit der Affinität vieler Menschen zu einzelnen Tierarten wie Walen oder Delfinen zu tun. Ein solcher Tierlehrer erscheint nicht nach Gefallen. Wir können uns durchaus einer Schlange, einem Skorpion oder einer Spinne gegenübersehen, die uns lehren möchte. Wenn wir unseren Geist nur für bestimmte Tierarten öffnen, weil wir diese für besonders spirituell oder weit entwickelt halten, drohen wir möglicherweise unseren eigentlichen Lehrer zu verpassen. Wir können ihn nicht sehen, weil wir ihn nicht sehen wollen. Ein Tierlehrer führt uns, um uns seine Welt zu zeigen.

Bei den Diné habe ich gelernt, die Zeichen zu lesen, die diese Lehrer uns geben. Sie können uns nachts im Raum besuchen, sich durch eine physische Erscheinung bemerkbar machen und direkt mit uns in Kontakt treten. Sie können aber genauso als Geistwesen tagsüber vor uns erscheinen oder über einen Fernsehbeitrag wirken, durch den wir besonders berührt werden. Sie können zu uns klar und deutlich sprechen, wie andere Menschen dies tun, oder uns einfach ein Symbol hinterlassen, mit dem wir lange meditieren müssen, um es zu verstehen. Die gängige Meinung ist, dass ein Krafttier, z. B. ein Bär, väterlichen Schutz und Stärke, Weisheit verleiht und wenn er einmal erschienen ist, unser Leben lang in unserem Energiefeld verweilt. Die eigentliche Botschaft des Bären wäre aber stets aus der Situation, dem Zusammenspiel mit anderen Krafttieren und der Frage des Rufenden abzuleiten. Alle Krafttiere oder Tierlehrer haben auch eine Schattenseite, an der wir arbeiten müssen. So kann der Braunbär bei Zeiten mächtig und ungelenk sein oder als Einzelgänger seine Tage fristen. Es ist wichtig, die Schattenbotschaft der Krafttiere verstehen zu können, um wirklich mit ihnen zu arbeiten.

Jede einzelne Tierart stellt einen besonderen Teil des Lichts auf der Erde dar. Die Tierlehrer helfen uns, Zugang zu möglichst vielen dieser Teile zu gewinnen und uns als Menschen mit unseren Seinsqualitäten zu verbessern. Ebenso kann ein Tierlehrer zur Tierkommunikation hinzugerufen werden, um die Kommunikation zwischen dem Menschen und seinem Krafttier klarer werden zu lassen. Wenn Sie Ihren augenblicklichen Tierlehrer finden möchten, befolgen Sie am besten die nachfolgende Meditation. Es können auch mehrere Tierlehrer erscheinen, die Ihnen etwas mitteilen wollen. Hier hilft es, jeweils ein Tier anzusprechen und nach seiner Botschaft zu fragen. Wundern Sie sich nicht, wenn die Botschaft ein Wunsch an Sie ist, z. B. dass Sie den Bären helfen sollen. Sie können hier natürlich durch die Gabe von Licht reagieren, aber in jedem Fall ist auch eine praktische Handlung, wie z. B. eine kleine Spende an eine Bärenauffangstation, eine gute Idee. Erinnern Sie sich bei der Interpretation der Botschaft an Talking God, Sprechender Gott. Leben Sie in Gedanken, Sprache und im Alltag, in der Handlung, auch im Umgang mit dem Wunsch eines Krafttieres.

So finden Sie Ihren Tierlehrer

Bitten Sie in Ihrer Meditation einen Tierlehrer zu sich in Ihren Hogan. Beobachten Sie einfach, wie er sich in der Landschaft verhält und ob er diese z. B. umformt oder stellenweise das Licht verstärkt.

Räuchern Sie den Raum, in dem Sie meditieren, mit Weihrauch und Weißem Salbei. Gehen Sie in Gedanken in Ihren Hogan und suchen Sie sich dort einen Platz, der sich geborgen und sicher anfühlt. Zünden Sie ein kleines Büschel Salbei als Geschenk für Ihren Tierlehrer an. Seien Sie entspannt, freudvoll und offen, um diesem Wesen zu begegnen.

Schließen Sie die Augen und atmen Sie mehrmals hoch über Ihrem Kopf ein und lassen Sie den Atem durch den Körper fließen, atmen Sie am Steißbein aus (wie bei der Pranaatmung im Kronenchakra ein- und im Wurzelchakra ausatmen). Atmen Sie mindestens 15-mal auf diese Art. Dann stellen Sie sich vor, am Steißbein einzuatmen. Sie ziehen den Atem nach oben und atmen in Ihrer Vorstellung so weit über dem Kopf aus wie möglich (im Wurzelchakra ein- und im Kronenchakra ausatmen). Atmen Sie mindestens 15-mal auf diese Weise.

Anschließend atmen Sie in Ihren Brustbereich und entspannen den Nacken und den Lendenwirbelbereich mit jedem Ausatmen. Bitte die Entspannungsatmung auch mindestens 10-mal wiederholen. Gehen Sie weiter zum Bauch und verfahren Sie wie im Herzbereich. Gehen Sie weiter zum Becken und wiederholen Sie die Atmung.

Wenn Sie ruhig und gleichmäßig atmen, visualisieren Sie vor Ihrem Dritten Auge ein Licht. Versuchen Sie, dieses Licht mit jedem Atemzug sanft tiefer in den Körper hineinzuziehen. Wenn es möglich ist, versuchen Sie, in diesem Licht Wärme zu spüren. Dehnen Sie das Licht langsam in Ihrem Körper aus und füllen Sie ihn damit an. Dehnen Sie das Licht dann in Ihre Aura aus und füllen Sie dann zuletzt den ganzen Raum mit dem Licht an. Ihr Hogan sollte nun voller Licht sein und sie sollten das Gefühl haben, geschützt zu sein.

Bitten Sie jetzt darum, einen Tierlehrer zu erhalten. Warten Sie, bis Sie ein Bild oder ein Symbol für ein Tier empfangen. Je unklarer das Erscheinen des Lehrers ist, desto weniger wollen Sie ihn wirklich kennenlernen, vielleicht aus Angst oder Unsicherheit. Lassen Sie die Bewertung einfach los und nehmen Sie an, wie sich das Tier darstellt. Erscheint es Ihnen klar und deutlich und können Sie es vielleicht sogar riechen oder seinen Atem spüren, dann hat Ihre Seele diesen Kontakt sehnlichst erwartet.

Sie können Ihren Tierlehrer nach seiner Botschaft fragen. Noch besser ist, einfach abzuwarten, was das Tier Ihnen zeigen möchte. Am Ende des Kontakts fragen Sie Ihren Lehrer, ob er bleiben möchte, und wenn ja, erlauben Sie ihm, sich einen Platz in Ihrem Hogan zu suchen.

Wenn er geht, dann bedanken Sie sich und kommen langsam wieder in den Alltag zurück. Ist Ihr Tier geblieben, atmen Sie mehrmals tief ein und aus und nehmen es mit in den Alltag. Sie müssen sich keine Sorgen darüber machen, das Tier festzuhalten. Ein Tierlehrer wird einfach verschwinden, wenn er eine andere Aufgabe annimmt.

Nachstehend möchte ich Ihnen nun die wichtigsten Krafttiere und ihre unterstützenden Kräfte vorstellen:

Der Adler

Erhaben und mächtig zeigt er uns, dass es an der Zeit ist, zu handeln und Pläne umzusetzen. Er sagt, dass es wichtig ist, zu meditieren und sich an einen Ort zurückzuziehen, um wieder einen Überblick über das eigene Leben zu bekommen.

Der Adler steht für eine starke männliche Kraft und versöhnt uns auch mit seinem ersten irdischen Stellvertreter, dem eigenen Vater. Dieser Vogellehrer ist ein Visionär und möchte uns ermutigen, in höhere Bereiche unserer Seele vorzudringen und zu erfassen, zu welchen wundervollen Taten wir als Menschen fähig sind, wenn wir uns dem Licht zuwenden.

Aspekte, an denen es zu arbeiten gilt:

- Vielleicht erzählt uns der Adler, dass wir uns nicht in einem scheinbar gemachten Nest ausruhen sollen und dass Bewegung physisch wie geistig sehr wichtig ist, um neue Erfahrungen zu machen. Er warnt auch vor Isolation und Überheblichkeit.

Der Bussard

Er kreist weit oben am Himmel und weist uns darauf hin, dass es Zeit ist, unsere Lebensumstände zu überprüfen. Er sagt, dass wir uns ein Bild unseres tatsächlichen Lebens machen sollten, anstatt an einzelnen Momenten des Tages hängen zu bleiben und ihn dadurch zu verpassen. Mit seiner Scharfsicht zeigt er uns, wo wir uns in unserem Leben bewegen sollen. Er kann auch auf mögliche Feinde zufliegen und diese für uns offenbaren.

Aspekte, an denen es zu arbeiten gilt:

- Der Bussard bedeutet uns, jeden Moment und jedes Geschenk unseres Lebens mit Demut anzunehmen. Vielleicht beginnen wir damit, unseren eigenen Atem und die Selbstverständlichkeit schätzen zu lernen, wie er uns mit Licht versorgt. Der Bussardlehrer sagt, wir sollen nicht glauben, schon alles zu wissen, denn dem ist nicht so. Sperren wir uns zu sehr für seine Botschaft, wird ein starker Umbruch in unserem Leben eintreten, um uns die Augen zu öffnen.

Die Eule

Die Eule ist ein Botschafter, der das Negative dadurch überwunden hat, dass er auch in der Nacht auf die Jagd geht. Die Eule hat ihre Ängste hinter sich gelassen und kann über sich selbst hinaussehen. Möglicherweise haben Sie eine lange Krankheit oder einen Schock verarbeitet und können nun im Stillen von den gemachten Erfahrungen profitieren. Die Eule zeigt uns, dass Weisheit und Ruhe in unser Leben Einzug gehalten haben und wir endlich die Kraft haben, uns selbst zu begegnen.

Aspekte, an denen es zu arbeiten gilt:

- Die Vogellehrerin weist uns hier daraufhin, dass wir uns selbst mit einer Situation, in der wir stecken, belügen. Es ist Zeit, den eigenen Schatten anzunehmen und ihn aufzulösen. Die Eule erzählt von tiefen Ängsten des Verlassenseins und der Einsamkeit. Wir sollten hier nicht vergessen, dass sie auch im Dunkeln sehen kann und uns führt.

Der Kolibri

Er kommt zu uns, wenn es an der Zeit ist, das Leben zu genießen und uns selbst neu zu definieren. Vielleicht kündet er von einer Auszeit, in der wir entspannen und auf unsere innere Stimme lauschen können. Der Kolibri möchte uns mit den Engeln verbinden, spricht er doch wie sie die Sprache der Musik und kann auf diese Weise ein guter Führer in die Engelwelten sein. Lachen, Teilen und Großzügigkeit sind seine Botschaften.

Aspekte, an denen es zu arbeiten gilt:

- Seine Botschaft ist, dass wir die Zeit der Trauer oder des Selbstmitleids beenden sollen. Um wieder lachen zu können, möchte er uns weg von negativen Gefühlen wie Gier, Wut oder Ablehnung führen. Der Kolibri sagt, dass wir uns selbst nicht ernster nehmen sollten, als Gott es tut.

Der Biber

Der Biber ist ein Meister im Aufbau von Strukturen in der Organisation des Lebens. Begegnet er uns, gibt es eine Anerkennung unseres bisherigen Schaffens, in dem wir sozial und liebevoll mit anderen Lebewesen umgegangen sind. Der Biberlehrer hilft, Träume umzusetzen, und leitet einen Schritt vor den anderen, um den eigenen Lebensweg langsam erkennen zu können. Er ist fürsorglich und vergisst sich manchmal selbst ein wenig in der Sorge um das Wohl der anderen. Dafür wird er geehrt und bewundert.

Aspekte, an denen es zu arbeiten gilt:

- Der Biberlehrer sagt hier, dass ein Mensch in seinen alten Programmen und Sichtweisen feststeckt. Verzweifelt verteidigt er das, was er gelernt hat, nur um nicht erkennen zu müssen, dass die einzige Sicherheit, die wir alle im Leben erlangen, unsere Verbindung zu Gott ist. Möglicherweise sind Sie gerade sehr traurig, wenn Ihnen der Biber begegnet. Dann ist es Zeit, einen Neuanfang zu wagen und die eigenen Tränen zu trocknen. Der Biber kann auch eine starke und eventuell erschreckend schnelle äußerliche Veränderung bedeuten wie einen ungeplanten Berufswechsel.

Der Dachs

Vater Dachs ist fürsorglich und organisiert. Er zeigt uns, dass es sich lohnt, in unserem eigenen Wachstum ein Ziel vor Augen zu haben und sich daran auszurichten. Er gibt uns die Vorstellung, eine Familie gründen zu können und über unsere Existenzängste hinauszuwachsen. Er schenkt uns den Mut, in unserem Herzen alte Ängste und mangelnde Imagination aufzulösen.

Aspekte, an denen es zu arbeiten gilt:

- Der Dachslehrer bringt uns bei, mit unserer eigenen Wut in Kontakt zu kommen. Er schafft es aus der Apathie heraus, alte Gefühle zu erwecken, mit denen wir uns auseinandersetzen müssen. Vielleicht muss der eigene Freundeskreis überprüft werden, vielleicht sind wir beleidigt, weil wir uns im Moment eines Streits nicht wehren konnten, und ziehen uns deshalb zurück. Der Dachs sagt auch, dass es gut ist, eine Zeit für sich zu sein. Langfristig sucht jedoch auch er sich einen Partner, um das Leben zu genießen.

Der Hund

Der Hund möchte Ihnen zeigen, dass Sie den Schutz Ihrer Familie und Ihrer Freunde annehmen sollten, um sich gut zu fühlen. Der Hundelehrer möchte Ihnen auf spielerische Art Sicherheit vermitteln und empfiehlt, dass Sie sich mit Ihren Ahnen auseinandersetzen. Ergründen Sie sie mit Leichtigkeit und lernen Sie das Wissen kennen, das in Ihrer Familie vorhanden ist.

Aspekte, an denen es zu arbeiten gilt:

- Der Hund lehrt uns, aus Abhängigkeit und falschen Strukturen zu entfliehen. Er möchte, dass wir aus unserer bequemen Haltung in eine aktive Lebensführung übergehen und uns selbst versorgen. Uns sind Spontaneität und Entdeckungsdrang verloren gegangen, es fällt uns schwer, einen Grund zur Arbeit an uns zu finden. Der Hund erinnert uns daran, dass wir letztendlich alles, was wir für uns tun, auch für Gott tun, der sich mit jeder positiven Handlung in uns erfährt.

Der Coyote

Der Coyotelehrer bringt uns Humor und Gelassenheit. Er hilft uns, mit dem täglichen Auf und Ab umzugehen, ohne allzu ernst zu werden. Er taucht immer dann auf, wenn es Zeit ist, die Situation mit einem Lächeln zu sehen. Er hilft uns, nicht getäuscht zu werden, und gibt uns die Fähigkeit, Intrigen zu durchschauen.

Für mich war der Coyote ein wundervoller Lehrer im Umgang mit dem Tod. Er hat mich gelehrt, über das Offensichtliche hinwegzusehen und die Seele im Übergang zu beobachten. Auf diese Weise hat er mir geholfen, mich selbst nicht mit alten Wahrnehmungen zu blenden.

Aspekte, an denen es zu arbeiten gilt:

- Der Coyote warnt uns davor, Opfer eines Betrugs zu werden. Er zeigt uns, dass angebliche Freunde nicht immer unser Bestes wollen, und gibt uns den nötigen Instinkt, um uns schützen zu können. Der Coyote sagt, dass die Gefahr unmittelbar um uns herum ist.

Der Fuchs

Der Fuchs zeigt Ihnen, dass es wichtig ist, alle Sinne und Empfindungen im täglichen Leben einzusetzen. Er möchte, dass wir das nach außen ausdrücken, was wir wirklich sind. Ihm widerstrebt es, wenn wir uns hinter einem aufgesetzten Image verstecken. Der Fuchslehrer zeigt, dass es wichtig ist, anpassungsfähig zu sein und sich selbst treu zu bleiben.

Aspekte, an denen es zu arbeiten gilt:

- Vielleicht ist ein Mensch etwas zu prahlerisch mit neuem Besitz oder frisch erworbenem Wissen umgegangen. Vielleicht reden wir zu viel in einem Moment, in dem es wichtig wäre, still zu sein und zuzuhören. Der Fuchslehrer zeigt uns, dass wir auf diese

Weise negative Aufmerksamkeit bekommen und uns dann nicht mehr sicher fühlen können. Er möchte, dass wir falsche Eitelkeit und Hochmut ablegen und das teilen, was wir materiell und immateriell unser Eigen nennen.

Der Luchs

Lehrer Luchs macht uns mit dem Mysterium des Lebens bekannt. Lautlos und schnell gleitet er durch den Schnee, um dann wieder wie angewurzelt zu verharren. Er weiß, wo es wichtig ist, sich zu bewegen, und in welchem Augenblick wir einfach nur beobachten müssen, um zu lernen. Der Luchs möchte, dass wir selbstständig sind und uns das manifestieren, was wir zum Leben brauchen. Oft ist er ein Botschafter, der Geschenke im Innen und Außen vorhersagt und uns damit überraschen möchte.

Aspekte, an denen es zu arbeiten gilt:

- Der Luchs zeigt uns, dass wir nicht ehrlich mit unseren Mitwesen umgehen. Vielleicht haben wir die große Gabe, etwas vorherzusehen, benutzt, um uns einzuschmeicheln und Aufmerksamkeit zu erregen. Wir plaudern etwa Geheimnisse aus oder können einen visionären Augenblick nicht genießen, da wir sofort versuchen, ihn zu ergründen und in Besitz zu nehmen. Der Luchslehrer möchte, dass wir ehrlich sind und unsere spirituellen Fähigkeiten nicht missbrauchen.

Der Puma

Dieser weise Lehrer ist ein perfekter Führer und will diese Qualitäten an uns weitergeben. Er möchte uns lehren, stark und wachsam zu sein und trotzdem den Körper und die Muskulatur zu entspannen. Taucht der Puma auf, ist es Zeit, Pläne zu verwirklichen. Körper, Geist und Seele müssen dafür gestärkt und wach sein.

Aspekte, an denen es zu arbeiten gilt:

- Der Puma zeigt uns, dass wir durch unsere Selbstsicherheit träge geworden sind. Unsportlich und langsam verfolgen wir den Gang der Dinge und lassen sie geschehen, weil sie funktionieren. Vielleicht unterdrücken wir andere Menschen auch, um sicher in unserer Machtposition zu sein. Es ist an der Zeit, anderen zu vertrauen und Kompetenzen an sie abzugeben.

Das Kaninchen

Dieser flinke Lehrer taucht mit der Botschaft auf, dass Zuhören wichtig ist. Er sagt, wir sollen in unserem Leben innehalten und einen prüfenden Blick auf unsere Umgebung werfen. Erst dann sollen wir entscheiden, welchen Weg wir einschlagen. Das Kaninchen ist ein sorgsamer Lehrer, der auch mit der eigenen Familie verbindet. Es ist einer der ersten Tierbotschafter, die erschaffen wurden, und vermittelt uns, dass Ängste zu unseren tiefsten innersten Gefühlen gehören.

Aspekte, an denen es zu arbeiten gilt:

- Der Kaninchenlehrer sagt hier, dass wir andere Lebewesen mit unseren zum Teil irrationalen Ängsten belasten. Indem wir immer wieder in Was-wäre-wenn-Gedanken oder alte, Angst verkörpernde Bilder gehen, rufen wir die Antwort darauf förmlich in unser Leben herein. Das Kaninchen erzählt uns als Lehrer von Ursache und Wirkung im Hinblick auf Schutz und Vertrauen. Vertrauen bedeutet, entspannt die Augen offen zu halten und bei einer wirklichen Gefahr Schutz zu suchen. Wir müssen erkennen, wenn wir über eine Gefahr hinausgewachsen sind und sie deshalb keine Bedrohung mehr in unserem Leben darstellt.

Das Stachelschwein

Lehrer Stachelschwein gewinnt unser Vertrauen durch die tiefe Unschuld und Reinheit, die er ausstrahlt. Er führt uns in unser Kindesalter zurück und möchte mit der früheren Leichtigkeit verbinden. Er möchte, dass wir unser Ego loslassen und etwas weniger »erwachsen« sind. Gleichzeitig warnt er uns, nicht zu vertrauensselig zu sein.

Aspekte, an denen es zu arbeiten gilt:

- Dieser liebevolle Lehrer zeigt uns hier, dass es reicht, uns zu verteidigen; wir müssen nicht mit unseren Stacheln stechen und andere verletzen. Sind wir selbst verletzt worden, können wir diese Stacheln nun entfernen und die Wunden heilen lassen. Das Stachelschwein möchte, dass wir die Menschen, die uns verletzt haben, ansehen und die Ursache ihres Verhaltens neutral analysieren.

Das Pferd

Der Pferdelehrer möchte uns von der unendlichen Freiheit des Geistes erzählen. Durch seinen starken und energiegeladenen Körper lädt er uns ein, über unseren eigenen Kleingeist hinwegzusehen und die Ewigkeit wahrzunehmen. Das Einhorn stellt die mystische Kraft des Pferdes perfekt dar. Es verlässt die materielle Welt, erhebt sich von der Erde und schwebt seinem Licht entgegen. Das Pferd lädt uns ein, zu erkennen, wer wir wirklich sind.

Aspekte, an denen es zu arbeiten gilt:

- Hier fordert uns der Botschafter auf, unseren Kopf wieder zu erheben und vom Boden aufzustehen. Er möchte, dass wir wieder selbstbewusst und stolz auf dem Pfad unseres Lebens schreiten. Ein wichtiger Punkt ist, alte Abhängigkeiten loszulassen und neue

Menschen, neue Lehrwege und eine neue Spiritualität kennenzulernen.

Der Elch

Der Elch möchte uns beibringen, dass wir stolz auf unsere Leistungen sein können und dass wir Anerkennung annehmen sollen. Wir haben lange und hart gearbeitet, bis der Elch als Botschafter auftaucht. Er bringt uns auf angemessene Weise bei, ein Krieger des Geistes zu sein und unsere männlichen Aspekte durch Heilung zu integrieren.

Aspekte, an denen es zu arbeiten gilt:

- Der Elch hilft uns, über eigene tiefe Ängste hinauszuwachsen, indem wir die größte Angst, die Angst vor dem Tod, bewältigen. Er befreit verhaltene Kreativität; dies kann mit einem starken Umbruch im Leben einhergehen. Alte Hobbys oder Fähigkeiten, die uns in der Kindheit ausgeredet wurden, werden nun wieder entdeckt und entfaltet. Der Elch hilft uns, über die einengenden Bilder unserer Eltern hinauszuwachsen.

Der Wapiti

Erhalten wir diesen Botschafter, können wir uns sicher sein, dass wir gut auf unseren Körper und seine Bedürfnisse geachtet haben. Wapiti steht für ein Gleichgewicht von Körper und Geist und stellt die Kraft dar, den Mikrokosmos mit dem Makrokosmos zu verbinden. Er ist auch der Botschafter der Liebe und tut kund, dass eine geheime Sehnsucht erwidert wird. Wapiti lehrt uns, im wahrsten Sinne menschlich zu sein, indem wir alle unsere Qualitäten heilen und anschließend anderen Menschen dabei helfen.

Aspekte, an denen es zu arbeiten gilt:

- Hier sagt der Wapitilehrer, dass wir aus Unsicherheit viel Zorn und Streit um uns herum verbreiten. Vielleicht wechseln wir dauernd unser äußeres Erscheinungsbild und versuchen, jedem zu gefallen. Auch ein häufiger Partnerwechsel verletzt die Energie des Wapiti und wir verunreinigen uns. Wapiti lehrt, dass wahres Selbstbewusstsein von innen kommt und nicht durch andauernde Veränderung. Wir sollten auch nicht zu viele spirituelle Lehrer haben, da dies unseren Geist am Anfang unseres Weges verwirrt.

Der Büffel

Der Büffellehrer ist einer der ältesten Botschafter im Tierreich. Wenn wir einen langen und intensiven Weg des Gebetes und der Hingabe durchlaufen haben, gewährt uns der Büffel als Antwort seinen Schutz. Endlich dürfen wir uns vollends sicher fühlen. Er wirkt auch als starker Gegner von negativen Wesen und Belastungen und regt uns an, sich von beidem zu reinigen. Dankbarkeit und Liebe rufen den Büffellehrer zu unserer Seele. Er gibt die Gewissheit, dass alles ist, wie es sein soll, wir sind in Frieden und Göttlichem Schutz.

Aspekte, an denen es zu arbeiten gilt:

- Der Büffel kann uns zeigen, dass wir nicht mit unserer Seele in Kontakt stehen. Vielleicht leben wir ungesund oder bringen uns selbst nicht genügend Respekt entgegen. Er sagt uns, dass wir uns mehr spüren müssen, und lehrt, dass es wichtig ist, das zu verteidigen, was man liebt. Der Büffellehrer erscheint auch, wenn wir zu viel geben, ohne auf einen Ausgleich zu achten.

Der Bär

Der Bär ist ein großer Heiler und Zeremonienmeister. Er weiß, wie wir mit unseren heilerischen Fähigkeiten in Kontakt kommen und diese nach einer langen Zeit der Übung weitergeben können. Er verleiht außerdem die Macht, in Visionen zu sehen und Träume zu deuten. Wenn der Bärenbotschafter bei Ihnen auftaucht, möchte er Sie lehren, mehr auf den Energiebereich zu achten und Licht und Dunkel zu unterscheiden. Er ist auch ein großer Lehrer der Heilpflanzen und hat seinen aufrechten Gang an die Menschen weitergegeben.

Aspekte, an denen es zu arbeiten gilt:

- Taucht der Bärenbotschafter auf, kann es sein, dass ein Mensch mehr auf seine Ressourcen achten soll. Es ist wichtig, sich gut zu ernähren und im Alltag mit schönen Gerüchen und duftenden Ölen für sich zu sorgen. Der Bär sagt uns auch, dass wir mehr Ruhe brauchen, eventuell auch mehr Schlaf, und auf unseren Körper hören sollen.

Der Delfin

Er sagt uns, dass wir endlich unser Herz geheilt haben. Wir haben gelernt, über unsere tiefsten Ängste hinwegzugehen und uns für das Leben zu öffnen. Der Delfin ist ein Lehrer und Botschafter aus den anderen Welten, aus der Traumzeit. Somit birgt er dieses Wissen in sich. Sich mit ihm als Lehrer zu verbinden bedeutet, einen Zugang zu dieser speziellen Zeit zu bekommen.

Aspekte, an denen es zu arbeiten gilt:

- Der Delfinlehrer weist uns darauf hin, dass es wichtig ist, den eigenen Dickkopf loszulassen und sich in den Fluss des Lebens zu begeben. Er möchte, das wir sozial werden und uns um unsere nächsten Wesen sorgen, nicht nur um unsere eigene Familie oder unsere Tiere. Er sagt auch, dass wir verspannt sind und uns zu sehr auf die Materie ausgerichtet haben. Die Arbeit mit einer Rassel oder Klangschale ermöglicht es dem Delfinlehrer, besser mit uns in Kontakt zu treten.

Der Wal

Haben wir einen Wal als Botschafter erhalten, ist es Zeit, sich mit dem Wissen der eigenen Seele zu verbinden. Wir sind als Menschen über einen langen Reifeprozess sanft und weise geworden und können unsere Lebensaufgabe, Gott zu dienen, wo immer wir stehen, annehmen. Die Schwingung des Wales ist so hoch, dass sie uns mit der gesamten Schöpfung verbindet. Der Wal zeigt uns den Weg zur Selbstliebe und auch, dass mit ihr ein unendlich andauerndes Geben verbunden ist. Wir sollten dem Wal in Dankbarkeit begegnen, damit er uns ganz erfüllen kann.

Aspekte, an denen es zu arbeiten gilt:

- Der Wal sagt uns, dass es einen Gott gibt, der uns ruft und uns mit seiner Liebe erfüllen möchte. Dieser Tierlehrer hat viele Jahre im Verborgenen in den Tiefen des Ozeans verbracht, um sein Wissen zu vervollkommnen. Jetzt ist er bereit, das kosmische Wissen mit uns zu teilen. Und spätestens jetzt gilt es, alles Wenn und Aber aus unseren Gedanken zu entlassen und endlich zu vertrauen.

Die Schlange

Die Schlange zeigt uns die Kraft des Wurzel- und Sakralchakras. Sie möchte uns heilsam mit der Kraft der Sexualität verbinden, auch um energetische Belastungen loszulassen. Eine innere Wiedergeburt wird durch die Kraft der Schlange angezeigt und kann jetzt vollzogen werden. Es ist der richtige Moment, eine alte Hülle abzulegen und sich in einem neuen Gewand zu zeigen.

Aspekte, an denen es zu arbeiten gilt:

- Wenn wir uns nicht schön oder wertvoll genug für einen liebevollen Partner fühlen, erscheint die Schlangenlehrerin, um uns vor falschen Partnern zu warnen, die unsere Energie und unseren Körper verunreinigen. Möglicherweise trinken wir außerdem zu viel Alkohol oder nehmen andere schädliche Substanzen zu uns, um den Körper nicht spüren zu müssen. Die Schlange sagt, dass es an der Zeit ist, das, was ist, anzuerkennen. Das eigene Alter als schön und wertvoll zu empfinden ist eine weitere ihrer Botschaften.

Die Spinne

Von Anbeginn der Zeit hat diese große Lehrerin mit an dem Schöpfungsplan der Erde gewebt. Sie kennt alle unsere Schwachstellen und webt auch noch weiter daran, um diese zu heilen. Die Spinne ist eine schnelle und kluge Lehrerin, die weiß, worauf es bei unserer Entwicklung ankommt. Sie lehrt uns, in Harmonie und Ausgleich geduldig darauf zu warten, dass die Außenwelt sich unserem geheilten Inneren anpasst.

Aspekte, an denen es zu arbeiten gilt:

- Die Spinnenlehrerin zeigt uns, dass wir achtsam sein müssen, um nicht auf eine Täuschung hereinzufallen. Sie sagt auch, dass wir in unserer Entwicklung feststecken und den leichtesten Weg heraus suchen. Dass dies nicht immer der richtige Weg ist, können wir von der Spinne lernen. Vielleicht wird unser ganzes Netz zerstört, wenn wir es ungesichert für einen Augenblick verlassen.

Der Schmetterling

Dieser Lehrer fragt uns, an welcher Stelle unserer Entwicklung wir stehen und welchen Schritt wir als Nächstes gehen. Er fordert Bewusstheit und einen guten Umgang mit unseren Kräften ein, um von einem Stadium in das nächste zu gelangen. Er ist empfindsam und verbindet Männer wie Frauen mit deren weiblichen Anteilen.

Aspekte, an denen es zu arbeiten gilt:

- Wir müssen lernen, nicht mehr herumzuflattern, sondern uns endlich festzulegen, was wir für unsere Seele in diesem Leben erwirken möchten. Vielleicht ist eine tiefe Bindungsangst das Thema, vielleicht haben wir Angst davor, wer wir wirklich sind.

Die Ameise

Der Ameisenbotschafter sagt uns, dass wir unseren Weg nicht verlassen sollen, dass es wichtig ist, noch eine Weile auf diesem Pfad des Lebens zu bleiben und keine großen Veränderungen anzustreben. Wir müssen zuerst wirklich lernen, unsere gegebene Situation zu lieben und konzentriert auf ein Thema hinzuleben. Beherrschen wir diese Fähigkeiten, können wir in einen neuen Lebenszyklus übergehen. Die Ameise spricht auch davon, dass wir an die Gemeinschaft denken müssen und uns nicht nur selbst sehen sollen.

Aspekte, an denen es zu arbeiten gilt:

- Die Ameise sagt, dass wir zu vielen Ideen und Träumen nachgehen, sodass wir die Realität aus den Augen verlieren. Sie möchte uns beibringen, Respekt zu lernen und die kleinen Ziele vor die großen zu stellen.

15

Indianische Tierkommunikation

Wie einigen meiner Leser vielleicht bekannt ist, habe ich bereits zwei Bücher zum Thema Tierkommunikation veröffentlicht. Da ich einen großen Teil meines spirituellen Wissens meinen Diné-Lehrern verdanke, möchte ich Sie auch über die indianische Art, mit Tieren zu sprechen, informieren. Tierkommunikation ist ein wichtiger Teil der Lichtarbeit, wenn wir sie als das sehen, was sie wirklich ist, Liebe und der Wunsch, das Licht an alle Wesen weiterzugeben.

Für die Diné gibt es keine Form der persönlichen Lichtarbeit. Egal, was ein Mensch in seiner spirituellen Entwicklung erreicht, alles wirkt sich unmittelbar auf alle Lebewesen aus. Die Diné denken, dass die Menschen, als sie sich in der fünften Welt entwickelten, viel von den Tieren gelernt haben. Das Wissen der Tiere bezeichnen sie als Medizin; um diese zu verstehen, müssen wir ihre Sprache sprechen. Ich habe die Erfahrung gemacht, dass Tierkommunikation häufig als etwas Statisches gelehrt wird. Man sitzt in einem Raum, der möglichst frei von Umweltgeräuschen ist, und konzentriert sich auf die Schwingungen des Tieres. Die Indianer sagen, dass man, um ein Tier zu verstehen, seinen Atem atmen muss und seinen Körper im eigenen Körper spüren soll. Die Trennung zwischen menschlichem und tierischem Erfahren muss aufgehoben werden, um vollständig in Kontakt zu treten.

Die Medizin eines Tieres ist ungefärbt von menschlichen Gefühlen und Abhängigkeiten, die wir dem Tier entgegenbringen oder unterstellen. Es ist eine Medizin, deren Grundlage Freiheit und ein langer Weg der Entwicklung ist. Nur über Jahrmillionen hat jedes Tier seinen Platz in der Schöpfung gefunden. Im Laufe der Zeit haben die Menschen die Sprache der Tiere verlernt, weil sie von ihnen gelernt haben zu überleben und diese Techniken selbst vollendet wurden. Die Tiersprache und deren Medizin geriet in vielen Ländern in Vergessenheit. Für den heutigen Menschen ist es keine leichte Aufgabe, das Sprechen mit den Tieren zu erlernen. Respekt und Achtung sind die Grundlagen, auf denen sich diese Sprache aufbaut. Meine Lehrer haben mich gelehrt, dass die Tiere viele Züge ihres Wesens an die Menschen weitergegeben haben, wie der Bär, der aufrecht stehen kann und giftige von ungiftigen Pflanzen unterscheidet, oder der Biber, der uns gelehrt hat, ein Haus zu bauen und die Werkstoffe dafür zusammenzusuchen. Kurzum, die Tiere haben das morphogenetische Feld der Erde geprägt und dieses hat das Wissen der Tiere übernommen.

Bei den Diné gibt es eine besonders große Sensibilität den Tieren gegenüber, die mir von anderen Stämmen nicht bekannt ist. Sie haben viele Anweisungen im Hinblick auf den Umgang mit Tieren und wer genau hinsieht, erkennt den buddhistischen Einfluss, der über die tibetischen Vorfahren ihr Tierbild geprägt hat. Daher bedeutet für die Diné, mit den Tieren zu sprechen immer auch, mit einem Anteil des Großen Geistes zu sprechen. Um sich auf indianischem Weg für die Tierkommunikation vorzubereiten, ist es wichtig, die Gabe der Beobachtung zu lernen. Sie dürfen nichts von einem Tier »wollen« oder mit einem selbstsüchtigen Hintergrund in die Kommunikation gehen.

Den Diné ist der Gedanke, dass ein Mensch etwas von einem Tier möchte bzw. eine persönliche Frage hat, fremd. Von daher ist jeder Versuch, mit dem Tier zu sprechen, eher eine Einladung an ein Tier, uns eine Botschaft oder eine Vision zu offenbaren. Es kann also jedes Tier, nicht nur das eigene, erscheinen und mit einem Menschen sprechen – hier wirkt eine Resonanz, die das entsprechende Tier berührt. Nur erfahrene Heiler und Sänger rufen gezielt ein Tier, um mit ihm in Kontakt zu gehen, meist um das Tier um seine Medizin, also sein Wissen zu bitten. Als ausgleichende Gabe wird gebetet oder es werden Opferungen dargebracht.

Ich habe bei den Indianern gelernt, wie schnell man mit dem eigenen Ego kommunizieren kann, ohne es überhaupt zu merken. Als ich mit den Tieren der Diné gesprochen habe, haben sich selbst deren Haustiere, Katzen und Hunde, nicht wie unsere westlichen Tiere geäußert. Diese Tiere haben einen sehr feinen Sinn für die innere Intention eines Menschen und können daher auch die Kommunikation leicht verweigern. Es ist kein starkes Gefühl vorhanden, dass sie einem Menschen gehören oder mit ihm leben müssen. Ich habe in ihnen nicht den inneren Druck gespürt, den ich häufig bei unseren Tieren wahrnehme. Dieser Druck zeigt, dass das Tier frei leben möchte, sich erfahren will, aber gleichzeitig die Liebe oder emotionale Abhängigkeit seines Menschen spürt, der es braucht. Das Tier wird zum Tier, indem wir es dazu machen, was positiv oder negativ sein kann. Oftmals begegnen die Menschen in ihrer Hilflosigkeit dem Tier mit noch mehr Druck. Es wird immer mehr beobachtet und jedem Schritt wird künstlich Gewicht auferlegt. Solche Tiere können nicht mehr frei mit dem Menschen sprechen. Erst wenn dieser sein Licht ordnet und einen klarem emotionalen wie spirituellen Weg geht, öffnen sich die Tiere wieder.

Einführung in die indianische Tierkommunikation

- Der Geist muss zur Ruhe kommen. Gehen Sie in Ihren Hogan und räuchern Sie gründlich, lassen Sie den Rauch Ihr Wesen und Ihren Körper reinigen.
- Beobachten Sie im Geist oder mit dem Blick aus dem Fenster wilde Tiere, versuchen Sie ihr Wesen zu erspüren und wie sie mit der Natur verbunden sind.
- Atmen Sie tief und gleichmäßig so lange, bis Ihr Körper leichter wird und Ihr Geist zur Ruhe kommt.
- Rufen Sie Talking God und Calling God und bitten Sie um deren Führung.
- Bitten Sie ein Tier, zu erscheinen, das mit Ihnen in Kontakt treten möchte.
- Wenn das Tier erscheint – es kann auch ein Symbol sein, wie eine Kralle oder eine Feder –, stellen Sie keine Fragen, sondern beobachten Sie nur.
- Nehmen Sie die Botschaft des Tieres dankend an. Sie können als Zeichen der Dankbarkeit eine kleine Spende an bedürftige Tiere geben. Geld ist ein energetischer Stellvertreter und wird hier wieder in Nahrung umgewandelt.

Tierkommunikation ist immer mit einer tiefen Empfindung für das Spüren des Tierkörpers und dessen Bedürfnisse verbunden. Kommuniziere ich mit einem Tier, kann ich feststellen, was in seinem Energiefeld und in seinem Körper in Disharmonie ist. Je nach Bereitschaft des Tieres ist es mir möglich, Krankheiten gezielt Organen oder Körpersystemen zuzuordnen und dies dem Tierhalter mitzuteilen. Ein Tierkommunikator ist somit die Stimme eines Tieres in der Welt der Menschen. Kommuniziere ich auf diese hochschwingende Art und Weise, stellt sich unweigerlich die Frage nach der Heilung des Tieres. In meiner Lehrzeit bei den Diné habe ich wesentliche Grundlagen für die Krankheitsursachen bei Tieren gelernt. Ich bin der Meinung, dass viele Tierfreunde ihre Tiere mit ihren Gefühlen und menschlichen Bedürfnissen nach Nähe und Heilung überfordern, Bedürfnisse, die von einem Tier nicht erfüllt werden können, weil dies ganz einfach nicht seine Aufgabe ist.

Denken wir über ein spirituelles Zusammenleben mit unseren Tieren nach, ist es eine Tatsache, dass die Menschen von ihren Tieren hören wollen, wie sehr sie sie lieben. Vielleicht fragen Sie sich jetzt, was denn daran negativ ist. Wenn Ihnen dieser Gedanke kommt, sind Sie sich bereits darüber bewusst, dass Sie auf einer Ebene von Ihrem Tier getrennt sind oder es von seinem natürlichen Umfeld getrennt lebt und eigentlich andere Lebenswünsche hat. Sie spüren es, wenn Ihr Hund an seiner Leine zerrt oder Ihre Katze in der Wohnung markiert.

Natürlich sind die meisten Tiere nicht mehr in der Lage, in ihrem natürlichem Umfeld zu überleben oder z. B. den mitunter rauen Wechsel der Jahreszeiten zu ertragen. Trotzdem ist der Impuls der Freiheit in jedem Tier vorhanden und auch in jeder Kommunikation bemerkbar. Die Tiere lieben uns meist viel zu sehr, um uns dies deutlicher zu machen. Seit ich bei den Diné war, spüre ich diesen Wunsch bei meinen Meerschweinchen, bei meinen Hunden und bei vielen Tieren meiner Klienten. Auch Tierkommunikatoren, die eine wirkliche Verbindung zu Tieren aufbauen können (was wenigen gelingt), spüren diese Energie.

Die nordamerikanischen Ureinwohner sind sich sehr wohl bewusst, dass jede Form von Freiheitsbegrenzung eines Tieres sein inneres Wachstum und seine spirituelle Entwicklung einengt. Diese Begrenzung wirkt sich auch auf die Aura, speziell auf die erste und fünfte Schicht aus, die beide für die Gesunderhaltung des physischen Körpers zuständig sind. Meist folgen dann weitere negative Veränderungen in den anderen Schichten der Aura und schließlich wird das Tier krank. Ein guter Tierkommunikator ist fähig, die Aura zu lesen und die beschriebenen Veränderungen zu erkennen. Wenn er erfahrener ist, kann er Energie gezielt auf die belasteten Stellen lenken und eine Heilung bewirken.

Indianer sind der Meinung, dass Tiere möglichst frei leben sollen. Sie haben großen Respekt vor der Medizin jeden Tieres, diesem alten Heilwissen, das sich die Arten über die Jahrtausende ihrer Entwicklung auf der Erde angeeignet haben und nur als freie und gesunde Wesen an die Menschen weitergeben. So z. B. wissen die Nachfahren der Nomaden sehr genau, dass ein Kamel sehr gut gepflegt und mit dem besten Futter, viel Wasser und einem schönen Auslauf bei guter Ausbildung ein prächtiges Rennkamel werden kann. Trotzdem sind die Verstimmungen und Krankheiten, die es bekommt, diesen Nomaden zufolge eine Zivilisationskrankheit, die sich zeigt, weil der Körper des Tieres nicht mehr dem folgen kann, was er gelernt hat. In der Wildnis kommen Kamele viele Wochen ohne Wasser und Nahrung aus und haben gelernt, die Ressourcen in ihrem Körper möglichst gleichmäßig zu nutzen. Als edles Rennkamel werden die Tiere stark belastet, übermäßig versorgt und es fällt ihren Körpern schwer, sich zu regenerieren.

Anbei finden Sie einige leichte Heil- und Transformationsübungen, die im Sinne der Diné sind. Sie sind gut im modernen Zusammenleben mit unseren Tieren umzusetzen und sollen helfen, das Energiefeld und den Körper gesund zu halten. Ich empfehle Ihnen diese Übungen, um unsere Tiere vor energetischen und emotionalen Belastungen zu schützen und sich selbst auszugleichen.

- Bevor Sie nach der Arbeit nach Hause kommen und Ihre Tiere begrüßen, nehmen Sie sich Zeit, um den energetischen Wechsel von Anspannung und Loslassen bewusster wahrzunehmen. Lehnen Sie sich vor Ihrem Haus an einen Baum und bitten Sie diesen, Ihr Energiefeld auszugleichen. Ein gesunder Baum wird dies gerne für Sie tun. Atmen Sie dabei mindestens 20-mal tief ein und aus. Am Ende der Übung danken Sie dem Baum für seine liebevolle Unterstützung.

- Gehen Sie eine Extrarunde um den Block und versuchen Sie, Ihre Augen auf etwas zu richten, was Ihrem Blick sonst entgeht. Ruhen Sie Ihren Geist in diesen neuen Bildern aus.
- Waschen Sie Ihre Hände bewusst, bevor Sie Ihre Tiere begrüßen. Wenn Sie sich dann noch gestresst fühlen, räuchern Sie mit Salbei und Weihrauch und visualisieren Sie Licht, das in Ihre Atmung einfließt.
- Wenn Sie nicht wissen, was Sie zwischen den geplanten Tätigkeiten im Alltag machen sollen, und Sie sich rastlos und unruhig fühlen, lassen Sie Ihren Blick nicht automatisch zu Ihren Tieren wandern. Für die meisten Menschen ist es eine liebe Gewohnheit geworden, »Leerzeit« mit der Aufmerksamkeit auf die eigenen Tiere zu verbringen. Die meisten Tiere fühlen sich dadurch belagert und spüren genau, dass ihr Mensch nicht bewusst bei ihnen ist. Sie wünschen sich viel mehr bewusste Zeit, in der sich der Mensch innerlich auf die Zeit mit seinem Tier vorbereitet, als immer wieder Kontakt aus der menschlichen Ziellosigkeit heraus.

  Diese Art der Zuwendung baut außerdem nach und nach die siebte Auraschicht ab, sodass das Tier weniger schützende und ausgleichende Energie zur Verfügung hat. Dann kann es belastende Emotionen, Störfelder oder minderwertiges Futter schlechter verarbeiten. Auch Zigarettenrauch löst die siebte Auraschicht auf. Nachstehend finden Sie Regeln, die das Energiefeld Ihrer Tiere schützen und Ihnen selbst helfen, bewusster mit eigenen Energien umzugehen.
- Wenn es Ihnen nicht gut geht und Sie traurig oder krank sind, nehmen Sie nicht automatisch Kontakt zu Ihrem Tier auf und drücken es an sich. Möchte und kann Ihr Tier Ihnen mit seinen Energien helfen, wird es freiwillig zu Ihnen kommen und gehen, wann es möchte. So kann es die belastenden Energien seines Menschen besser verarbeiten und fühlt sich nicht gezwungen, etwas zu übernehmen. In der Regel

sind Käfigtiere wie Hamster, Meerschweinchen, Kaninchen mit einem sehr feinen Energiefeld versehen und können mit dem anfänglich noch zu ungeordneten Energiefeld des Menschen nicht umgehen.

- Nehmen Sie Ihr Tier bei Meditationen und jeder Form der Lichtarbeit zu Beginn aus dem Raum. Wenn Menschen noch nicht geübt im Umgang mit Energien sind, lassen sie am Anfang ihrer körperlichen und energetischen Entspannung sehr viel belastende Energien (Stress, negative Emotionen, Ängste) los und atmen diese in den Raum. Wenn Sie nicht gelernt haben, diese Energien richtig umzuwandeln und zu harmonisieren (Licht zu visualisieren funktioniert hierbei nicht), senken sich diese Energien auf Bodennähe ab und die Tiere fangen sie regelrecht in ihrem Energiefeld auf. Erleichterung und Umwandlung schaffen Sie durch das Räuchern.
- Wenn für Ihr Tier eine Tierkommunikation oder ein Heiltermin (auch der Tierarzt) ansteht, nehmen Sie sich vorab Zeit, sich selbst zu sammeln und Ihre Energien der Angst oder Hilflosigkeit von dem Tier zurückzuziehen. Sie können dies durch bewusste Atmung und Meditation erreichen. Ein Tierkommunikator oder Heiler spürt dann viel genauer und muss nicht durch die Schwingungen des Menschen »hindurch«-spüren.
- Wenn Sie Ihr Tier lieben, dann suchen Sie immer nach dem Besten für Ihr Tier, nicht für sich. Wir sind alle Menschen und verwechseln die Bedürfnisse der beiden Spezies oft. Die Diné sagen, dass der Große Geist, der in jedem von uns wohnt, sehr traurig ist, wenn wir gegen den Willen des anderen handeln.
- Reinigen Sie Ihre Räume regelmäßig durch Räuchern und Energieaufbau. Ihr Tier wird es Ihnen danken.

Wilde Tiere

Die Diné pflegen einen sehr respektvollen Umgang mit wilden Tieren, der durch viele Regeln, Gebote und Verbote unterstrichen wird. Viele dieser Regelungen sind den Diné durch die Götter übermittelt worden, um ihr menschliches Bewusstsein herauszubilden und eine klare Verbindung zu ihrem Licht aufzubauen. Eine prägende Regelung ist z. B. die körperliche Reinheit, die den Diné durch den Kontakt mit Lichtwesen aufgegeben wurde. Viele der primitiven Völker hatten vor ihrem Kontakt mit Engeln und Lichtwesen körperlichen, sexuellen Kontakt mit Tieren. In jeder alten Lichtkultur wird durch Engel und andere Wesen diese Verbindung verboten und als unrein beschrieben. Viele der wilden Tiere galten den Diné als unheimlich, weil sie zwischen den Welten von Licht und Dunkel wandern konnten.

Eulen, Krähen, Mäuse und Coyoten sind für die Diné solche Tiere. Als die Kriegerzwillinge klein waren, sendeten Magier und andere höhere negative Kräfte diese Tiere als Spione und Botschafter aus, um ihren Aufenthaltsort zu erfahren. Die Klaue eines Bären, die fast allen Indianern als heilig gilt und deshalb für Ritualzwecke benutzt wird, ist den Diné als Talisman verboten. Sie nutzen keinen Teil des Bären, da er aufrecht stehend dem Menschen ähnlich sieht und deshalb als heilig gilt. Auch Hirsch- und Elchgeweihe werden nicht für Ritualzwecke genutzt, da der Geist dieser Tiere als sehr rein gilt. Dafür gelten die Hörner von Bergschaf, Büffel und Antilope als energiereiche Ritualgegenstände, die benutzt werden. Der Grund hierfür liegt darin, dass sich diese Tiere in den anderen Welten in stärkerem Kontakt mit dem Menschen befinden und nicht wie z. B. die Elche reine Energieträger sind. Das Fell eines Berglöwen darf für Rituale genutzt werden, ebenso die Federn eines Adlers, was eine große Ausnahme darstellt, denn es ist den Diné verboten, die Federn der anderen Vögel zu sammeln. Hier findet sich ein weiterer Grund, warum die wenig geschmückten Diné, die nicht dem klassischen Indianerbild entsprechen, im Westen weniger bekannt sind als die Hopi oder andere Stämme.

Verbote im Umgang mit wilden Tieren

Da die Diné an das Prinzip der Reinkarnation glauben, ist es für sie besonders wichtig, keinerlei Karma im Umgang mit anderen Lebewesen auf sich zu nehmen. Aus diesem Glauben heraus sind strenge Regeln entstanden, die für den westlichen Menschen mit Sicherheit ungewohnt wirken. Es folgen die Regeln der Diné im Originalton:

Das Töten von Fröschen, Echsen und Salamandern ist verboten, denn es wird starken Regen oder möglicherweise sogar eine Flut heraufbeschwören. So ist es tabu, z. B. im Unterricht Frösche zu sezieren, da sie keine toten Tiere, die im Wasser leben, berühren dürfen.

Es ist verboten, Hornechsen zu töten, die als Großväter gesehen werden und spirituelle Wächter und die Hüter des heilenden Pfeilkrauts sind. Wird eine Hornechse versehentlich getötet, verursacht dies Bauchschmerzen, im schlimmsten Fall einen Herzinfarkt.

Es ist verboten, Frösche bei der Nahrungsaufnahme zu beobachten, da dies Schluckbeschwerden verursacht.

Es ist verboten, Spinnen zu töten. Wurde es doch getan, gilt die Anweisung, einen Kreis um das Tier zu ziehen und zu sagen: »Du hast keine Verwandten.« Die Diné wissen um die Kommunikation unter den Seelen der Tiere und fürchten einen Rachebiss einer verwandten Spinne.

Das Urinieren auf Ameisenhügel verursacht Blasenprobleme. Das Verbrennen von Ameisen führt zu einer Allergie.

Das Töten von Grashüpfern ist verboten, denn es verursacht Nasenbluten. Bienen, Grashüpfer, Zikaden und andere Insekten wie Fliegen sind wichtige Tiere im Schöpfungsmythos der Diné und haben ihren Platz, der ihnen vom Großen Geist gegeben wurde.

Das Töten von Motten führt den Menschen selbst ins Feuer.

Es ist verboten, Falken- oder Adlerküken zu ärgern; dies verursacht einen Ausschlag am ganzen Körper.

Das Sammeln von Rabenfedern, Krähenfedern und Eulenfedern, Bussardfedern verursacht Beulen auf der Haut.

Das Verbrennen von Tierhaut verursacht einen Ausschlag.

Schlangen werden von den Indianern generell gemieden, da sie mitunter eine reale Bedrohung für einen Stamm und dessen Tiere darstellen. Obwohl die einzig wirklich giftige Schlange im Umfeld der Diné die Klapperschlange ist, werden alle Schlangen gemieden. Gleichzeitig sind sie die Träger des Regens und der Blitze und stehen in Verbindung mit den erleuchteten Menschen. Die Liste der Verbote und Gebote im Umgang mit Schlangen ist sehr lang, ich beschränke mich hier auf einige Regeln als Beispiele:

Das Kreuzen eines Schlangenpfades bringt geschwollene Fußknöchel und Unglück. Es ist verboten, eine Schlange beim Fressen zu beobachten, da sonst der eigene Hals anschwillt. Das Töten einer Schlange lässt einen Blitz in den Hogan einschlagen. Wenn man eine tote Schlange unbedeckt liegen lässt, bringt ein Blitz sie zurück in das Leben. Schlangen sind irdische Manifestationen des Lichts und haben denselben energetischen Ursprung wie Blitze.

Das Greifen eines Gegenstandes mit zwei Fingern ist verboten, außer der Zeigefinger formt den Griff mit, da dies die Bewegung einer Schlange imitiert und deren Aufmerksamkeit erregt. Generell ist jedes Verspotten eines Tieres verboten, weil dies eine Resonanz im Energiefeld des Wesens verursacht und das Tier auf den Menschen aufmerksam wird. Das Beobachten von Schlangen macht blind, das Treten auf eine Schlange lässt die Beine verkrüppeln oder anschwellen. Auch das Beobachten der Fortpflanzung von Schlangen macht blind und impotent.

Bären gelten wie bereits erwähnt wegen ihrer großen Ähnlichkeit mit dem Menschen als besonders Heilige Tiere. Der Bär ist ein edles und erhabenes Wesen, das die besten menschlichen Charakterzüge spiegelt und hervorbringt. Deshalb ist es für die Diné wichtig, das Wesen des Bären wie das des Menschen zu achten. Folgende Regeln leben die Diné im Hinblick auf den Bären:

Tritt nicht in die Hinterlassenschaft eines Bären oder du wirst dich wie ein Bär benehmen. Das Lachen über einen Bären macht einen Menschen krank. Es ist verboten, über einen Bärenweg zu laufen, denn du wirst diesen Pfad nicht mehr verlassen können und verrückt werden.

Manche dieser Regeln mögen uns als ungewöhnlich und übertrieben erscheinen – in den Augen der Diné aber halten sie das empfindliche Gleichgewicht zwischen Mensch und Tier aufrecht.

Domestizierte Tiere

Mit der Einführung von Schaf und Pferd begann eine bedeutende Veränderung in der Lebensführung der Diné. Große Herden von Mustangs durchziehen auch heute noch die Steppen und ernähren sich vom Gras, mit dem man genauso gut Schafe und Rinder füttern könnte. Die Diné ehren diese Tiere und wollen sie bewusst nicht durch Nutztiere ersetzen. In früherer Zeit wurde der Reichtum eines Stammes an der Anzahl seiner Mustangs gemessen. Die Diné waren weit über die Grenzen ihres Landes für ihre reiterlichen Fähigkeiten und ihre tiefe geistige Verbindung zu den Pferden bekannt. Die Anweisungen für den Umgang mit den Nutztieren sind von tiefem Respekt und Mitgefühl geprägt:

Es ist verboten, negativ über seine Nutztiere zu sprechen, sonst wird diesen etwas zustoßen.

Es darf kein Schaf getötet werden, das von unnormalem Äußeren ist, drei Hörner oder zwei Geschlechter hat. Dieses Tier bringt Glück und man verliert sein Glück, wenn dieses Tier getötet wird. Es ist nicht erlaubt, auf die Größe der Herde zu stolz zu sein und die Tiere zu oft zu zählen, denn sonst verliert man sie und wird nur noch eine kleine Herde haben.

Wirft man Gegenstände nach Tieren der eigenen Schafherde, verschwinden diese nach dem Glauben der Diné. Auch wissen die Diné um eine Strafe, wenn ein Mensch auf dem Rücken eines Schafes reitet. Der Schmerz, den man dem Tier zugefügt hat, wird einem selbst widerfahren.

Verschwendet man Teile eines geschlachteten Tieres, wird sich der Viehbestand verringern. Es ist nicht erlaubt, Reste eines Tieres, auch nicht den Dung, zu verbrennen, sonst verbrennt man das Tier. Das Schlachten von vielen Tieren auf einmal impliziert Gier. Wenn die Herde diese Gier spürt, wird sie verschwinden. Verbrennt man Holz, werden die Schafe hungern und etwas Negatives wird ihnen geschehen. Spielt man mit dem Schwanz einer Ziege, könnte das Tier verletzt werden und ein Unglück wird geschehen. Es ist verboten, beim Schafehüten einzuschlafen, sonst erscheint eine Krähe und stiehlt dem Hüter die Augen. Es ist verboten, die Ohren deines Pferdes zu beschneiden oder zu tätowieren, denn das Pferd wird sonst einfältig, verrückt oder schwer zugänglich. Verbrennt man Pferdehaar, wird man seine Pferde verlieren. Es gilt als sehr negativ, ein tragendes Pferd zu reiten oder hart zu behandeln, es wird sein Fohlen verlieren und nicht mehr schwanger werden. Generell sollte man im Glauben der Diné kein Tier beim Gebären beobachten, sonst könnte man blind werden. Es ist verboten, die Reste eines Tieres, das von einem Coyoten gerissen wurde, zu essen, man wird sonst verrückt. Bedeckt man den Kopf eines Pferdes, so wird es blind.

Hunde

Diese treuen Gefährten sind für die Diné die kleineren Pferde. Sie stellen den freien Geist dar, der in jedem Wesen wohnt. Deshalb ist es für diesen Stamm wichtig, dass ein Hund einem Menschen freiwillig folgt. Hier folgen die Regeln, die für die Diné gelten:

Kaufen Sie keinen Hund oder eine Katze, Sie können arm werden. Hunde und Katzen sollen sich ihren Menschen frei wählen. Öffnen Sie nie die Augen eines neugeborenen Hundes oder einer Katze oder Sie werden blind. Es ist verboten, einen Hund oder eine Katze zu töten, sie gehören zum Reich der Geister. Als Strafe wird der Mensch körperlich behindert. Wer einen Hund aus Spaß tätowiert, verliert seine Herde. Wer ein Katzenbaby erwürgt, wird Halsprobleme bekommen. Einen Hund oder Katze beim Geschlechtsakt zu beobachten kann zur Erblindung führen.

Da bei einem Ritual der Diné oft Lebensmittel als Opferung verwendet werden, fallen diese hinterher als Reste an, dürfen aber nicht an Hunde verfüttert werden. Der Grund ist, dass dies auch im Nachhinein die Energie der Zeremonie verändert. Es ist wichtig,

dass ein Priester nicht von einem Hund gebissen wird, denn sein Gesang wird dann keine Geister mehr rufen können.
Dies sind nur einige von sehr vielen genauen Regelungen im Umgang mit Tieren. Sie bauen fast ausschließlich auf energetischen Wirkungsweisen auf, nach denen die Diné leben.

Das Beobachten oder »Leerstarren«, das wir unbewusst betreiben, gilt bei allen Lichtkulturen als unrein. Es ist ein energetisches Konsumieren eines anderen Lebewesens und da die Indianer sich des Karmas wohl bewusst sind, können sie die Wirkung abschätzen. Da ein Tier sich nicht wehren kann, wirken die korrigierenden oder strafenden Kräfte der Götter noch stärker zum Schutz gegen die übergriffige Tat der Menschen, da das Tier sich nicht wehren kann.

Ein Diné würde nie bei einem Unfall auf offener Straße stehen bleiben und die Opfer oder Beteiligten anstarren, da hier Energie abgezogen wird. Im arabischen Raum sagt man, dass ein Mensch, der einen anderen Menschen bei dessen Sterben angestarrt hat, bei seinem eigenen Tod um ein Vielfaches entblößt wird. Ähnliche Ansichten haben auch die Diné. Alles, was in den Intimbereich eines Wesens gehort, wie Essen, die Paarung oder der Zustand von Krankheit, fällt in den Bereich, in dem ein Mensch nicht »gaffen« soll. Tiere ziehen sich in solchen Situationen meist zurück oder nehmen sie einfach als natürlich an. Ist ein Wesen verletzt und dadurch wehrlos, ist sein Energiefeld besonderes empfindlich und kann leicht angegriffen werden. Die Entleerung wird bei Tieren und Menschen als unrein erachtet und findet im Abgelegenen statt.

Auch die folgenden Regeln werden von den Diné im Alltag ernst genommen: Alle Tiere, die der Mensch nicht anfassen soll, weil sie in ihrer eigenen Ebene leben, bringen beim Kontakt Ausschlag, Allergien oder Rötungen. Schwere Misshandlungen eines Tieres oder ein Vergehen einem besonders Heiligen Tier gegenüber bringen schwere körperliche Behinderungen oder den eigenen Tod.

Dies ist eine Gleichung, die wir in vielen buddhistischen Karmagedanken finden und die auch bei den Diné vorhanden ist. Körperlich behindert zu sein bedeutet für die Diné, das Leben nicht mit aller Beweglichkeit erfahren zu können und dadurch die Korrektur für das verursachte Leid in diesem oder einem letzten Leben auszugleichen. Ein Diné würde jedoch nie einen Menschen aufgrund einer Krankheit wie einer Behinderung bewerten. Sie sind der Meinung, dass jeder Mensch selbst hinter den Sinn seiner Körpergesundheit in diesem Leben kommen muss.

Viele Regeln im Umgang mit Tieren dienen dazu, sich durch negative Handlungen gegenüber den Tieren kein Karma aufzuladen. Diese Regeln gibt es in vielen alten Lichtschriften, in der Thora, im Koran oder in der Avesta, dem Heiligen Buch der Zarathustraner. Für die Entwicklung des Menschen war es nötig, diesen Umgang mit seinen Mitlebewesen immer reiner und bewusster werden zu lassen. Er erhielt hierfür durch Engel und Propheten über Übermittlungen Unterstützung. Bei den Diné wurden viele dieser Regeln von den Holy People offenbart.

Ein weiterer auffälliger Punkt ist, dass die Diné auch bei der Haltung von Schafen und Ziegen Gier und zu große Herden verabscheuen. Sie sind der Meinung, dass diese Tiere sich dem Menschen anvertrauen und wenn er sie wie Besitz behandelt, ziehen sie sich durch ihren Tod zurück oder laufen einfach weg. Dies ist ein Umstand, den ich häufig in meiner Arbeit als Tierkommunikatorin beobachtet habe. Alleine das Beachten und ständiges inneres Gewahrwerden für die Anzahl der Tiere führt im Glauben der Diné zu deren Verlust. Der menschliche Geist fokussiert sich nicht mehr auf das Licht, sondern auf Besitz und verliert ihn dadurch. Ich habe die Menschen, mit denen ich leben durfte, speziell meine indianischen Lehrer, immer sehr liebevoll und voller Respekt mit kleinen und großen Tieren umgehen sehen und viel von ihnen gelernt. Durch diese Erfahrung konnte ich eine achtungsvolle innere Distanz als Ausdruck der Liebe zu den Tieren einnehmen.

16

Indianische Lichtsprache

Bei Tagesanbruch verließen wir in Marvins türkisfarbenem Cadillac, Baujahr 67, das Dorf. Wir hatten Proviant, Wasser und zwei volle Benzinkanister eingeladen, denn es waren mehr als vier Stunden Fahrt zu den Mesas, den Heiligen Hochplateaus. In vielen Dörfern teilten sich mehrere Familien ein Auto für die täglichen Besorgungen. Es waren alte Autos, die viel Treibstoff verbrauchten, und da es nur wenige Tankstellen gab, sorgten die Diné lieber vor. Benzin, das hatte ich nach mehreren Monaten im Reservat gelernt, war fast so wichtig wie Trinkwasser. Mittelweile war ich im Dorf zu Hause und konnte mir nur schwer vorstellen, in einem Monat wieder nach Deutschland abzureisen. Ich kannte die Gewohnheiten und Lebensweisen der Diné und liebte die Umgebung. Viele der Diné-Rituale hatte ich unbewusst übernommen, und es passierte, dass ich hier und da ein Navaho-Lied sang und einfache Sätze in Navaho sprach.

An diesem Morgen fuhren wir nach Shungopavi, einem Dorf auf dem Second Mesa, einer riesigen Plattform, die von den anderen beiden Mesas, First und Second Mesa, umgeben ist. In diesem Dorf lebte Benjamin, einer der letzen Navacho Code Talker, der eine Hopi-Frau geheiratet hatte. Die Mesas liegen im Südosten Arizonas und grenzen an das Diné-Reservat, zu dem Black Mesa gehört. Die Mesas, zu denen wir aufbrachen, gehören zum Land der Hopi. Mittlerweile war ich über die anderen Stämme, die das Reservat umgaben, gut informiert. Der Stamm der Hopi wanderte vor über 2000 Jahren aus Süd- und Mittelamerika in das heutige Arizona und die angrenzenden Gebiete. Im 12. Jahrhundert wurden die Hopi sesshaft und wirkten wahre Wunder im Anbau von Mais, Kürbissen, Bohnen und Melonen, indem sie lernten, die Verteilung des Saatgutes durch den Wind und die Befeuchtung durch Schnee und Regenreste im Boden zu nutzen.

Als wir durch die Ebene fuhren, wurde die Luft langsam trocken. Der alte Wagen wirbelte viel Staub auf, der sich am tintenblauen Himmel verlor – ein Blau, wie es nur der Himmel Arizonas hervorbringen kann. Aus der Ferne konnte ich die Hochplateaus, die Mesas, nun erkennen und war zutiefst beeindruckt. Einer meiner Lehrer hatte sie mit einem Augenzwinkern als UFO-Landeplätze bezeichnet, was mich bei ihrem Anblick nicht wunderte. Majestätisch erheben sich nacheinander riesige Flächen dem Himmel entgegen. Sie wirken, als hätte ein Riese seinem Spieltrieb freien Lauf gelassen und drei platt gedrückte Berge in das Land gesetzt. Im Süden der Mesas liegt Black Mesa, der wie ein Finger eines Riesen in die Landschaft ragt. Der Lebensraum der Hopi liegt traditionell am Fuß der Mesas und geht von dort nach oben bis steil in die Wände der Mesas hinein. Die unterschiedliche Höhe des Lebensraums erklärte mir Marvin durch zweierlei Gründe. Einerseits konnte sich der Stamm bei Bedrohungen durch andere Stämme in die höher gelegenen Dörfer wie Walpi, das spektakulärstgelegene aller Dörfer, zurückziehen. Anderseits war im Glauben der Hopi eine erneute Sintflut möglich. In ihren Überlieferungen erzählten sie von den ersten Sintfluten der Erde und der Vernichtung der Menschheit auf Gottes Geheiß durch Lichtwesen und Engel. Diese Dörfer des Rückzugs liegen seit Jahrhunderten unverändert in den Steilwänden der Mesas.

Während wir unsere Sachen aus dem Wagen holten, erzählte mir Marvin von seinem Freund Benjamin. Er lachte und erklärte, dass

Benjamin für seine Liebe täglich weite Wege gehen müsse, denn Shungopavi, sein Dorf, wäre schwierig zu erreichen. Er hatte sich vor über 50 Jahren in Lepa verliebt, eine junge Hopi-Frau, die er bei einer Zeremonie kennengelernt hatte. Von ihren südamerikanischen Vorfahren hatten die Hopi-Frauen hohe Wangenknochen und tiefschwarze Augen geerbt und waren für ihre Schönheit weithin berühmt.

Wir erreichten das Dorf kurz vor Mittag und Marvin ließ mich alleine auf einem Stein rastend zurück. Es war nicht die Jahreszeit für Touristen, die sich gerne in diesem sehr spirituellen Dorf aufhielten. Shungopavi ist bekannt für seine spirituelle Energie, die Jahr für Jahr viele Besucher aus aller Welt anzieht. Die Hopi waren anders als die Diné an Zuschauer bei öffentlichen Ritualen gewöhnt. Zu diesen Events verkauften sie ihren Silberschmuck, Tongefäße und Flechtarbeiten und verdienten ihren Lebensunterhalt.

Als ich in die Ebene hinabsah und den unendlich weiten Blick auf mich wirken ließ, zupfte mich etwas am Ärmel. Ein kleiner Junge sah mich mit großen Augen an und hielt mir einen Karton entgegen. Ich wehrte dankend ab und wollte weiter meinen Ausblick genießen, als das Zupfen an meinem Ärmel erneut meine Aufmerksamkeit forderte. Wieder starrten mich große schwarze Augen an und der seltsam erwachsene Gesichtsausdruck verwies stumm auf den kleinen Karton in seinen Händen. O. K., dachte ich und suchte in meiner Tasche nach einem Dollar. Als ich ihm das Geld reichte, nahm er eine der Figuren und gab sie mir. Eine Kugel bildete den Körper, eine kleinere den Kopf, aus der ein Schnabel hervorstach. Längliche Einkerbungen stellten das Gefieder des Raben dar. Durch das Sonnenlicht war die Tonfigur warm und lag angenehm in meiner Hand. Ich wollte dem Jungen danken, doch er war bereits verschwunden. Die Dollarnote lag von einem kleinen Stein beschwert zu meinen Füßen. Ich erkannte mein Krafttier und verstand, dass ich wieder einmal an einen Ort geführt worden war.

Wenige Augenblicke später lernte ich Benjamin kennen. Mit seinen 92 Jahren war er erstaunlich flink und hatte einen kräftigen Händedruck. Seine schmale Gestalt wirkte erhaben, ein Eindruck, der durch einen langen weißen Zopf, der auf seiner Brust ruhte, verstärkt wurde. Seine hellbraunen Augen strahlten aus dem filigranen Gesicht und dicke weiße Augenbrauen verliehen ihm »Großvaterenergie«. Bei Tee und Kuchen saßen wir vor der Steinterrasse seines kleinen Hauses. Begeistert begann er zu erzählen: »Ich bin einer der Navacho Code Talker, jener Navachos, die sich dem amerikanischen Militär für die geheime Übermittlung von Botschaften zur Verfügung gestellt haben. Zu Beginn gab es nur 29 von uns. Wir erklärten uns bereit, aus einem ungeschriebenen Dialekt der Diné eine geheime Sprache, die abhörsicher war, zu entwickeln.« Er lachte heiser. »Bis dahin konnten solche Botschaften nur gemorst werden, was ein langwieriger Prozess war, der oft Stunden dauerte. Wir hingegen nutzten eine Sprache, die in wenigen Augenblicken über Stützpunkte, Rückzugsmöglichkeiten und Versorgung des Militärs informieren konnte. Die Diné und andere Stämme wie die Sioux, Choctaw und Commanche haben sich als Amerikaner gefühlt und ihrem Land gedient.« Weiter erzählte er, dass es viele Schlachten gegeben hatte, die ohne die Codesprache der Diné nicht siegreich für das amerikanische Militär gewesen wären. Viele Indianer waren damals auf der Suche nach einer neuen Identität und suchten diese im Dienst ihres neues Vaterlandes. Nur wenige Indianer waren für ihre Mithilfe geehrt worden und in manchen Bundesländern wurde ihnen trotz ihres Einsatzes bis 1957 (Utah), 1953 in New Mexico, die Wahlberechtigung vorenthalten.

Benjamins Blick wurde leer und ich spürte seine Traurigkeit. Unvermittelt sprach er in klarem Deutsch: »Wie geht es Ihnen heute?« Überrascht sah ich ihn an, aber da wechselte er wieder die Sprache und erklärte mir, er hätte vier Jahre in Deutschland gelebt und etwas Deutsch gelernt. Immer wieder hatte er nach seiner Rückkehr nach Amerika Deutschland besucht und dort viele Freunde gewonnen. Er hatte auf diese Weise die Gesellschaft beobachtet und in den 60er-Jahren eine starke innere Suche unter den Menschen gespürt. Nach dem Krieg waren die Menschen in seinen Augen wurzellos geworden und hatten, überschattet vom Ersten und Zweiten Weltkrieg, den Bezug zu ihrer Herkunft verloren. Eine große Verwirrung der Seelen der Menschen begann, sie wurden ziellos und suchten nach wirtschaftlicher und spiritueller Identität. Man wollte sich spüren, sich aber nicht mit den Gefühlen der vorangegangenen Jahrzehnte auseinandersetzen. Alternativ suchten nun viele Menschen in anderen Glaubensrichtungen nach der Sicherheit, die sie über die beiden Kriege verloren hatten. Viele verloren den Glauben an einen Gott, der in ihren Gedanken die Schrecken des Krieges erlaubt hatte. Benjamin meinte, dass das deutsche Volk dieselben Fehler gemacht hätte wie sein eigenes Volk. Auf der Suche nach einer neuen Identität hatten sie sich darüber selbst verloren.

Wir unterhielten uns über den Trennungsschmerz der Menschheit. Ich erfuhr, dass viele der schmerzvollen Erfahrungen auf der Suche nach einer Erlösung von eben diesem Schmerz entsteht. Das Erlösungsmysterium, wie er es nannte, war vor über 3000 Jahren in Babylon entstanden und von dort etwa 300 nach Christus in das Christentum aufgenommen worden. Dieser Erlöserkult, wie Benjamin mir erklärte, trennte den Menschen gedanklich und spirituell von der eigenen Verbindung zu Gott ab. Ein Mysterienkult baut auf dem Gefühl der Menschen auf, das Licht durch einen im Augenblick noch verborgenen Weg erkennen zu können. Er ist ein Hauptgrund für die innere Verwirrung und Angst der Menschheit. Der Gedanke, von Gott getrennt zu sein, entwickelte sich und führte infolgedessen zur Notwendigkeit einer spirituellen Suche.

Hier nahm er meinen Tonraben, der vor mir auf dem Boden lag, und drückte ihn in meine Hand. »Jetzt kannst du mit deinem Wissen anderen Menschen helfen.« Mit einem Blick auf den Sand zu unseren Füßen nahm er das Gespräch wieder auf. Wenn jemand, der ohne eigene Identität, ohne Wissen darüber, wer er ist und wo seine Wurzeln liegen, eine neue Spiritualität sucht, wird in den Augen der Indianer ein Trugbild von sich selbst erschaffen. Zuletzt hatte Benjamin Deutschland 1996 besucht und bezeichnete es aufgrund dieses Besuches als Angstland. Er nannte es ein Land voller Menschen, die fürchten, etwas zu verlieren, was ihnen nicht mehr gehört: ihre Freiheit.

Ein kühler Wind zog auf und wir verlegten unser Gespräch in das kleine Steingebäude, das Benjamins Haus war. Er und seine Frau lebten noch bescheidener, als ich es von den Diné gewohnt war. Drei kleine Räume, ein Wohnraum, in dem gekocht wurde, und zwei Schlafzimmer bildeten sein Reich. Eines der Schlafzimmer diente einst als Kinderzimmer und war heute Nacht mein Schlafplatz. Die kühlen Steinwände waren mit Familienfotos und Kunstwerken geschmückt, alle Räume waren einfach und sauber. Im Wohnraum schlief ein großer Hund, der eine Mischung aus vielen Rassen und einem Schäferhund war. Zu meiner Begrüßung öffnete er kurz die Augen, um die Lider sofort wieder zu schließen. Sein Schlaf war ihm wohl wichtiger.

Nach dem Abendessen wollte ich etwas über die Sprache der Diné wissen. Benjamins Frau und Marvin gingen spazieren und ließen uns alleine. »Sprache«, so begann Benjamin, »ist Licht.« Ich lernte in jener Nacht, dass Sprache eine Verdichtung von Licht ist, die sich in Tönen manifestiert. Jedes Lebewesen, jeder Gegenstand, jede Form von Schöpfung drückt sich in ihrer individuellen Schwingung aus, die ihren eigenen Klang bzw. Ton besitzt. Ein Ton, der eine Sprache ausdrückt, ist eine Manifestation des Lichts.

Die alten Formen der Lichtsprache haben keinerlei Gemeinsamkeit mit der Lichtsprache, die gerne in der modernen Esoterik benutzt wird. Dort werden Symbole als ein Mittel eingesetzt, um mit Wesen in anderen Ebenen und Dimensionen zu kommunizieren. Da diese Symbole aber von Menschen »empfangen« wurden, die keinen Zugang zu diesen Ebenen haben, erzeugen sie energetisches Chaos und Manipulation. Der Zweck solcher Kommunikationsversuche liegt darin, den Weg der eigenen Spiritualität abzukürzen und möglichst schnell die Eigenschwingung zu erhöhen. Die Diné kennen diese Gedanken nicht. Sie sagen, dass das Hören der Lichtsprache beginnt, wenn man auch im Alltag seinen eigenen Pulsschlag hören kann. Dies ist die Basis dafür, den Pulsschlag anderer Wesen zu hören und ihr Licht verstehen zu lernen.

Die Sprache der Diné selbst findet in mehreren Ebenen statt. Im Alltag sprechen sie Amerikanisch vermischt mit einem Dialekt der Diné. Es gibt jedoch weitere Dialekte, die teilweise nur mündlich überliefert wurden. Ebenfalls aus einem Dialekt heraus hatte sich im Zweiten Weltkrieg die Geheimsprache der Diné entwickelt. Selbstverständlich haben alle Wörter der Diné-Sprache eine Verbindung zur Natur und zu Gott und werden aus Respekt für dessen

Schöpfung immer positiv und lichtvoll ausgesprochen. Durch diese bewusste Nutzung erzeugt die Sprache im Alltag wie in rituellen Gesängen eine klarfe Verbindung zu Gott. Im Zustand der Trance hatten viele Diné-Priester Symbole aus den Höheren Welten empfangen. Diese Symbole wurden jedoch nicht zur Kontaktaufnahme mit höheren Energien genutzt, sondern galten als Zeichen eines Bündnisses der Menschen mit den lichten Schöpfungswesen. Wie bei den Diné gelten auch in anderen Kulturen Symbole als eine Bestätigung des Lichts und werden nicht zur Manipulation oder aus persönlichen Wünschen heraus genutzt.

Wie mir Benjamin gestand, bedauert er, dass die Diné ihre Geheimsprache für einen Krieg zur Verfügung gestellt hatten. Am nächsten Tag verabschiedete er sich, indem er seine rechte Hand auf meine Stirn legte und mir seinen Segen gab. Ich war traurig über den Gedanken, diesen wundervollen Lehrer und Menschen zu verlassen. Mit der Hand auf meiner Stirn sprach er ein indianisches Gebet und schob mich sanft auf den Weg. Als wir zum Auto wanderten, war ich still und schluckte meine Tränen hinunter. Ich umklammerte den Tonraben in meiner Jackentasche und wollte nicht, dass Marvin meine Trauer spürte.

Als wir schließlich im Auto saßen, reichte er mir eine Flasche Wasser und atmete tief. Während er den Wagen anließ, erwähnte er, dass ich nicht traurig zu sein brauchte. »Du kannst Benjamin jederzeit sehen, genauso wie letzte Nacht.« »Natürlich«, antwortete ich, »in einem Traum oder Ritual oder so. Aber ich vermisse bereits jetzt den Menschen, den ich real getroffen habe.« Marvin fuhr unbekümmert weiter und tuckerte den Hang hinab. »Benjamin ist 1993 in Deutschland gestorben und seine Frau ist dort geblieben. Er ist einer der Holy People geworden und du hast dich entschieden, ihm hier zu begegnen«, entgegnete er ungerührt. Ich fühlte mich auf den Arm genommen, denn in meiner Tasche fühlte ich die Tonfigur, die ich nun triumphierend zeigte. »Und das hier?« »Der Junge war dort«, antwortete Marvin, »der Hund war dort und das Haus, das andere hast du in einer anderen Ebene erlebt.« Ich war immer noch außer mir und um irgendetwas zu tun, trank ich eifrig von meinem Wasser. »Und das Dorf, was hatte das zu bedeuten?«, fragte ich ihn.

»Du hast diesen Kontakt nur in diesem Bild, in diesem Rahmen zugelassen. Es war deine Entscheidung, deine Suche zu beenden. Hättest du Benjamin in der ersten Woche im Trailerpark zu dir sprechen hören, hättest du ihn wohl kaum sehen können. Deine Suche, wenn du es so nennen möchtest, war dein Annehmen von dem, was ist.«

Tief geprägt von diesem Erlebnis zog ich es vor, den Rest der Fahrt zu schweigen. Ich brauchte einige Zeit, um zu verkraften, dass mir einer der Holy People wie ein Mensch begegnet war, dass ich mit ihm gesessen und gespeist hatte und dass ich sogar seine Trauer gespürt hatte.

Im Hinblick auf Ihre persönliche Suche nach dem Licht und Gott möchte ich Sie nun einladen, darüber nachzudenken, warum Sie Gott suchen und welche Kraft von ihm Sie in sich nicht finden können. Ist Ihre Suche vielleicht nur ein Weglaufen vor dem, was in Ihrem Leben ist? Oder finden Sie die Rituale Ihres anerzogenen Glaubens schwach und unglaubwürdig und suchen deshalb nach einem Ersatz? Im Verständnis der indianischen Lichtarbeit können Sie sich in jedem Augenblick Ihres Lebens dafür entscheiden, Gott zu spüren. Es gibt keinerlei Trennung, kein Mysterium, das Sie für sich annehmen müssen, um Ihr Licht zu erkennen. Verändern Sie Ihre Gefühle, Ihre Einstellung, mit der Sie durch jede Sekunde Ihres Lebens gehen. Halten Sie den Atem an und verstehen Sie für sich, dass es nichts zu erreichen gibt, was nicht bereits in Ihnen wäre.

Sie müssen das Licht nur zulassen und Ihre Glaubenssätze und Emotionen Gott gegenüber verändern. Es bedarf keiner besonderen Sprache oder Symbole, um Gott zu hören. *Sie* müssen dem Licht zuhören. Lassen Sie das, was eine Suche war, zu einem Lernen werden, und versuchen Sie, andere Kulturen und ihr Wissen um die Lichtarbeit zu verstehen. Dies ist einer der wirkungsvollsten Wege, Gott in all seinen Ausdrucksformen zu erkennen.

17

Licht und Schrift

Zwei Tage vor meiner endgültigen Abreise lud mich einer meiner Lehrer ein, mit ihm nach Phönix zu fahren. Da er nie viel sprach, ging ich von einer Besorgungsfahrt aus und freute mich, ihn begleiten zu dürfen. Wehmütig betrachtete ich die Landschaft während unserer Fahrt. Ich saugte die Bilder und Eindrücke regelrecht auf und bedauerte schon jetzt, dieses Land wieder verlassen zu müssen. Wir erreichten Phönix am Nachmittag und machten einen kleinen Spaziergang, den wir gemächlich mit einem Kaffee ausklingen ließen.

In einer größeren Stadt wie Phönix war mein Begleiter eine aufregende Erscheinung und zog viele Blicke auf sich. Sein langes schwarzes Haar trug er an diesem Tag offen, sodass es bis auf die Schultern fiel. Der massige Silberschmuck um seinen Hals wurde von einem schwarzen Stetson ergänzt, ebenfalls versehen mit einem silbernen Band. Die wertvollen Türkise, die in den Schmuck eingearbeitet waren, ergänzten sich gut mit seinen türkisfarbenen Flip-Flops. Ein dunkelblaues Jeanshemd und eine passende Hose machten das Outfit komplett. Ich war eine Weile damit beschäftigt, neugierige Touristen abzuwehren, die unbedingt ein Foto von ihm machen wollten, und achtete deshalb nicht auf den Weg.

Wir waren vor der Bibliothek angekommen, einem rechteckigen Neubau, der einsam das Viertel beherrschte. Innen war das Gebäude sehr weitläufig. Ich folgte meinem Lehrer, der zielsicher durch die Stockwerke schwirrte und mir aus verschiedenen Abteilungen Bücher in die Hand drückte. Dann nahmen wir an einem der riesigen Tische Platz und er begann murmelnd einzelne Seiten mit Notizpapier zu markieren. Endlich hatte ich Zeit, einen Blick um mich zu werfen. Ich fühlte mich wohl, denn die großen Hallen gaben mir das Gefühl von Freiheit und Intimsphäre. Es roch nach Papier und Reinigungsmittel; ehrfürchtige Stille umgab die wenigen eifrigen Leser.

Es dauerte etwa zwei Stunden, bis mein Lehrer den Kopf hob und mich triumphierend anlächelte. »Es gibt kein Geheimnis«, sagte er, »nur Menschen, die verstehen, und andere, die nicht verstehen.« Mit diesen Worten schob er mir das erste Buch zu und setzte sich gegenüber.

Das erste Buch handelte von dem Schöpfungsmythos der Diné, der Geschichte ihrer Wanderung durch die Welten. In einem der Heiligen Texte las ich über den ersten Tod eines Menschen und die damit verbundene Bewegung in der Schöpfung. Begochiddy, einer der Schöpfergötter, erschuf den Planeten, die Natur, die Tiere und die ersten Menschen, auch die Heiligen Berge als Ort der Verbindung mit Höheren Wesen. Die Erde, der Himmel, Sonne und Mond existierten bereits, doch zum Erstaunen von Begochiddy bewegten sie sich nicht. Der schlaue Coyote tauchte auf und sagte, der Grund für den Stillstand wäre ein bevorstehender Tod. Als das erste rein menschliche Wesen starb, reagierten Sonne und Mond. Sie setzten die freigewordene Energie in ihre jeweilige Bewegung um. Die Sonne sagte: Ich bin glücklich, wenn ein Mensch den Kreislauf von Leben und Tod aufnimmt, denn dies hält meinen Kreislauf am Leben. Ich bin glücklich, wenn ich meine Aufgabe erfülle.

Die nächste markierte Stelle befasste sich mit der Großen Flut. Als die großen Schöpfergötter die Erde verlassen hatten, wurden die Menschen Opfer vieler Plagen. Negative Wesenheiten lockten, indem sie sich als Pflanzen, Canyons und Tiermonster näherten und durch ihre tückischen Kräfte den Menschen einen qualvollen Tod bereiteten. Sie taten dies, um den Glauben der Menschen an Gott zu schwächen und sie durch Kummer und Verzweiflung zur Anbetung von negativen Wesen zu bringen. Begochiddy kam eines Tages auf die Erde, um seine Schöpfung zu besuchen. Er war ein sehr hoher Schöpfungsgott und die verschiedenen Welten waren durch seine Kräfte miterschaffen worden. Nun musste er feststellen, dass es fast keine Menschen mehr gab. First Man und First Woman, die Urahnen der Diné, hatten sich auf einen Berg zurückgezogen und lebten in den Wolken. Er befahl den Menschen, zwei Lebewesen jeder Art in ein großes Bambusfloß zu geben, das von First Man erbaut werden sollte. First Man, First Woman und Coyote begleiteten das Vorhaben. Alle Lebewesen taten wie befohlen, das Floß erhob sich in die Lüfte und umkreiste die Heiligen Berge viermal, bevor es sich der Nähe des San Francisco Peak niederließ. Dort gab es eine riesige Höhle, in der die Menschen, die auf dem Floß gereist waren, Unterkunft fanden. Nur First Man, First Woman und Coyote flogen am Tag unsichtbar umher, um sich einen Überblick über die Lage der Erde zu verschaffen. Was sie sahen, erschrak sie, denn große fischäugige Monster – eine Menge Yehtso-Lapai, graue außerirdische Wesen – streiften umher; die wenigen überlebenden Menschen waren verrückt und gewalttätig geworden. Die Götter reinigten daraufhin die Erde. Schließlich vermissten sie die Menschen und reisten zu der Höhle, um die überlebenden Menschen wieder auf der Erde abzusetzen und dort leben zu lassen.

Ich blickte auf und sah meinen Lehrer zufrieden an seiner Hornpfeife kauen. »Was erkennst du in diesem Text?«, fragte er mich. Für mich war die Botschaft klar. Die Götter, die auch symbolisch durch die Elemente dargestellt wurden und diese miterschaffen hatten, brauchten den Kreislauf von Leben und Tod, um Energie fließen zu lassen und darüber die Schöpfung in Bewegung zu halten. Der zweite Textteil beschrieb die Vorgeschichte der Sintflut. Gott wollte seine Schöpfung retten und von der entstandenen Negativität reinigen, indem er die Erde mit einer Flut überzog. Die Monster und negativen Wesen der Diné erkannte ich im nächsten Textabschnitt wieder, den mir mein Lehrer zu lesen gab.

Vor mir lag das alte Testament, 1. Buch Mose, 6,5–8: »Da sah Jehova, dass die Schlechtigkeit der Menschen ausnehmend groß war auf der Erde und dass jede Neigung der Gedanken seines Herzens allezeit nur schlecht war. Und Jehova bedauerte, dass er den Menschen auf der Erde gemacht hatte, und es schmerzte ihn in seinem Herzen. Da sprach Jehova: ›Ich werde die Menschen, die ich erschaffen habe, von der Oberfläche des Erdbodens wegwischen, vom Menschen bis zum Haustier, bis zu den sich regenden Tieren und bis zu den fliegenden Geschöpfen der Himmel, denn ich bedauere in der Tat, dass ich sie gemacht habe.‹ Noah aber fand Gunst in den Augen Gottes.«

Und weiter: »Danach sprach Gott zu Noah: ›Das Ende allen Fleisches ist vor mich gekommen, weil die Erde voller Gewalttat ist durch sie; und hier verderbe ich sie samt der Erde‹« (6,13). Der Rest des Abschnitts war mir bekannt, es folgte die alttestamentarische Sintflut, die Noah zum Stammvater aller Menschen werden ließ.

Kaum hatte ich die ersten Vergleiche gezogen – denn eine große Reingung erfolgte offensichtlich in beiden Heiligen Texten –, bekam ich das nächste Buch, den Koran, vorgelegt. Sure 29, »Die Spinne« las sich wie folgt: »Wir sandten Noah zu seinem Volke, und er weilte unter ihnen tausend Jahre weniger fünfzig Jahre. Da ereilte sie die Sintflut, weil sie Missetäter waren.«

Mir war bewusst, was mir mein Lehrer mitteilen wollte: Das Wissen hatte den gleichen Ursprung und glich sich daher von Kultur zu Kultur. Wir hatten auf dem Papier eine Reise durch überliefertes Wissen verschiedener Völker gemacht, die unabhängig voneinander dieselbe Schöpfungsgeschichte als Grundlage ihres Glaubens hatten. Bei den Diné war First Man, der auch Adam war, gleichzeitig auch Noah, denn je nach Sprache und Überlieferung änderte sich leicht die Form der Geschichten.

Immer noch an seiner Pfeife kauend, erklärte mir mein Lehrer, dass die Geschichte der Sintflut in über 200 Texten rund um die ganze Welt existiert. In Kulturen und Völkern, die nachgewiesenermaßen keinen Kontakt zueinander hatten, gab es eine einzige Figur, von der alle Menschen abstammten, dargestellt durch Noah. Die Schöpfung der Menschen und Tiere war von den Göttern nicht nur erschaffen und erhalten worden, sie wurde auch, falls nötig, durch eine Sintflut gereinigt.

Mit dem Vergleich der Textstellen wollte mein Lehrer mir zeigen, dass alles Licht von Gott gegeben war und dass die Menschen auf der ganzen Welt davon Kenntnis haben. Jedem Menschen ist auf diese Weise die Möglichkeit gegeben, seinen Ursprung selbst nachzuvollziehen, in jedem Teil der Welt, in jeder Kultur. Mein Diné-Lehrer schloss keine andere Lehre als falsch oder unwirklich aus. Was ihn in diesem Augenblick bewegte, war, mir zu zeigen, dass lichtes Wissen einen gemeinsamen sehr alten Ursprung hatte und durch andere Religionen und Kulturen bestätigt wurde.

Nach dieser Erörterung legte er mir das letzte Buch vor, das Epos des Gilgamesch. Dieses Buch, das aus mehreren Tontafeln besteht, gehört zu den ältesten Schriften der Welt. Die Schriften werden auf 3000–1800 v. Chr. datiert und beschreiben das Leben des Gilgamesch, der halb menschlichen, halb Göttlichen Ursprungs war und auf die Suche nach dem ewigen Leben ging. Um mehr über die Unsterblichkeit zu erfahren, machte er sich auf, um Noah zu besuchen, der hier den Namen Utnapischtim trägt.

Das Gilgamesch-Epos gilt durch viele auffällige Ähnlichkeiten als ein Werk, dessen Themen vielfach in das Alte Testament übernommen wurden. Ein Beispiel ist die Geschichte um Noah, der hier die Sintflut beschreibt:

»Ausschau hielt ich einen Tag lang, da war Schweigen ringsum,
Und das Menschengeschlecht war ganz zu Erde geworden!
Gleichmäßig war wie ein Dach die Aue.
Da tat ich eine Luke auf, Sonnenglut fiel aufs Antlitz mir;
Da kniete ich nieder, am Boden weinend,
Über mein Antlitz flossen die Tränen.
Nach Ufern hielt ich Ausschau in des Meeres Bereich:
Auf zwölfmal zwölf Ellen stieg auf eine Insel,
Zum Berg Nißir trieb heran das Schiff.

Der Berg Nißir erfasste das Schiff und ließ es nicht wanken;
Einen Tag, einen zweiten Tag erfasste der Berg Nißir das Schiff – und ließ es nicht wanken;
Einen dritten Tag, einen vierten Tag erfasste der Berg Nißir das Schiff – und ließ es nicht wanken;
Einen fünften und sechsten erfasste der Berg Nißir das Schiff – und ließ es nicht wanken.
Wie nun der siebente Tag herbeikam,
Ließ ich eine Taube hinaus;
Die Taube machte sich fort und kam wieder:
Kein Ruheplatz fiel ihr ins Auge, da kehrte sie um.
Eine Schwalbe ließ ich hinaus;
Die Schwalbe machte sich fort und kam wieder:
Kein Ruheplatz fiel ihr ins Auge, da kehrte sie um.
Einen Raben ließ ich hinaus;
Auch der Rabe machte sich fort; da er sah, wie das Wasser sich verlief,
Fraß er, scharrte, hob den Schwanz – und kehrte nicht um.«

Nachdem ich den letzten Text gelesen hatte, stand mein Lehrer wortlos auf und begann, die Bücher zu ordnen. Er hatte mir eine große Wahrheit gezeigt, ohne viel Aufhebens, ohne Erlärung, ohne Ego. Durch unsere langen Gespräche hatte ich bereits festgestellt, dass er sehr belesen war, ich hatte aber nie zu fragen gewagt, woher er dieses Wissen hatte. Beim Aufräumen der Bücher – es schien, als kannte er den Standort der Werke auswendig – wurde mir die Quelle seines Wissens klar. Einerseits war er in seinem Dorf ein Heiliger Mann, wahrhaft hellsichtig und in ständiger Verbindung mit den Höheren Welten. Dabei lebte er einfach und abgeschieden. Andererseits ergänzte er sein Wissen durch das Studium von Büchern und alten Texten und konnte so Zusammenhänge zwischen der indianischen Lichtarbeit und dem Licht von anderen Kulturen und Heiligen Schriften erkennen. An diesem Tag lernte ich, dass alles Wissen einer Quelle entspringt und dass eine höhere Kraft die Darstellungsweise vermittelt, die für das jeweilige Volk am besten zu verstehen ist.

Mein Rat ist es daher, im Hinblick auf die eigene Lichtentwicklung und die Entwicklung der Erde mit dem Sammeln von Wissen in der Vergangenheit zu beginnen.

Ich begegne täglich vielen Menschen, die mich nach sinnvollen Büchern für ihre Entwicklung fragen, Ratgeber dafür, das Licht besser zu verstehen. Entgegen der landläufigen Meinung finden sich die direkt aus dem Licht übermittelten Schriften in den Büchern der Vergangenheit, nicht in den gechannelten Schriften der Gegenwart. Doch kaum jemand möchte diese Texte lesen, sie entsprechen nicht der heutigen spirituellen Ästhetik. Dabei vermitteln sie klar, was Licht und Dunkel ist, und zeigen vielfach durch Gleichnisse einen heilsamen Lehrweg für die eigene Seele auf. Ich möchte Sie daher einladen, alte Texte neu zu entdecken. Die Texte der Diné sind leider sehr schwer zugänglich und setzen die Kenntnis der Sprache voraus. Die Kabbala, die Lehren des Buddha, der Koran und die Thora erweisen sich als unerlässlich für die spirituelle Wissensbildung. Auch wenn viele der überlieferten Texte im Nachhinein verändert und den jeweiligen Herrschern angepasst wurden, sind viele von ihnen direkt von Engeln und positiven Lichtwesen empfangen worden. Im Anhang empfehle ich Ihnen einige sinnvolle Bücher für Ihre Lichtarbeit.

18

Die Apokalypse oder der Aufstieg in das Licht aus indianischer Sicht

Auf dem Weg von Phönix nach Hause fragte ich meinen Lehrer, warum er das Thema der Sintflut zur Erörterung ausgewählt hatte. Er antwortete mir, dass er spürte, dass dieser Bereich die Menschen in meinem Land beschäftigen würde. Er sagte, es wäre ein sehr starkes Gefühl einer Bedrohung, das für die Menschen in der ganzen Welt spürbar ist.

Ich hatte bis dahin viele englische Bücher zum Thema des Aufstiegs gelesen und eine Menge Spekulationen über das mögliche Jahr, die Tragweite und den Grad einer möglichen Zerstörung erfahren. Von meinen Diné-Lehrern hatte ich erfahren, dass es in der ganzen indianischen Kultur die Überlieferung von einer möglichen Apokalypse, einer endgültigen Reinigung, gab. Die Diné und Hopi legten sich auf das Jahr 2012 als Jahr der endgültigen Reinigung fest. Als Reinigung verstehen diese Stämme die endgültige Herrschaft des Lichts auf Erden.

Zum einen waren mir die alten Texte, eben jene aus dem Alten Testament, dem Koran und der Mayakultur, bekannt, Texte, in denen der Aufstieg nichts anderes als eine endgültige Trennung von Licht und Dunkel war, bei der die lichten Kräfte siegten. Alles Negative inklusive der negativ wirkenden Menschen würde endgültig vernichtet. Andererseits waren mir diverse Bücher bekannt, in denen die Apokalypse als ein »Aufstieg in das Licht« beschrieben wurde. Hierbei handelt es sich um die Verwandlung der Erde in eine bessere und angenehmere Welt, in der alles bleibt, wie es ist, und die »positiven« Menschen in energetischer Form zusammen mit der Erde in eine höhere Dimension wandern würden. Interessanterweise wird dies häufig die 5. Dimension genannt, die für die Diné die niedrigste Schwingung impliziert. Da mein Lehrer dieses Thema berührt hatte, fragte ich ihn nach seiner Meinung.

Auf halbem Weg nach Hause brachte er den Wagen auf einer Anhöhe zum Stehen und bat mich, in die Landschaft zu blicken, die unter uns lag. »Auf jedem Kontinent«, begann er, »gab es immer wieder Propheten und Engel, die das Volk über Licht und Dunkel aufgeklärt haben. Über die Jahrtausende haben viele Wesen die Erde besucht und Wissen über das empfindliche Gleichgewicht von Licht und Dunkel weitergegeben. Gott hat durch Engel zu den Propheten gesprochen, zu Noah, Abraham, Moses, Jesus und Mohammed und die Menschen haben Anweisungen für eine positive Lebensführung erhalten. Sicher, die Schriften sind von Menschen angepasst worden, aber der Inhalt war von Gott gegeben. Der letzte dieser Propheten war Mohammed, auch er machte die Menschen auf die Wichtigkeit des Glaubens aufmerksam.«

Mein Lehrer hielt inne und suchte nach seiner Pfeife. Als er sie gefunden hatte, steckte er sie, wie üblich, paffend in den Mundwinkel und sprach weiter. »In unserem Volk gab es immer wieder Holy People, die durch ihre Erscheinungen die Menschen warnten. Die letzte Prophezeiung hat 1996 stattgefunden. Holy People erschienen als Menschen und fragten uns, warum wir Diné die Heiligen Rituale vergessen und den Pfad des Erdengängers verlassen hatten. Eines dieser Wesen blieb vier Tage und Nächte bei uns, um mit uns zu meditieren und unsere Lichtverbindung zu stärken. Wir haben viele Hinweise auf die Zukunft erhalten. Unter anderem auch über dich.« Hierbei klopfte er auf meine Hand, ich fühlte mich wie ein braves Kind, das gelobt wurde.

»Unser Volk hat daraufhin begonnen zu meditieren, wir haben die alten Rituale wieder aufgenommen und die Heiligen Berge besucht. Viele Diné pilgerten zu den Orten ihrer Vorfahren und den Heiligen Plätzen der Götter. Es gab während dieser Zeit viele Erscheinungen von Lichtwesen, mehr als in den letzen 50 Jahren zusammen und unsere Regierung ernannte sogar einen Nationalen Feiertag, den ›Navajo Nation Unity Prayer Day‹ zur Erinnerung an diese Prophezeiungen. Die Holy People erklärten uns, dass nun eine Zeit der Reinigung anbrechen würde und dass der endgültige Ausgleich folgen würde. Jedes der Wesen verschwand mit der Vorhersage, weiter mit unseren Ältesten in Kontakt zu bleiben. Konkret bedeutet das, wenn ein blauer Stern sich vor die Sonne schiebt und ihr das Licht nimmt, hat die Zeit des Ausgleichs begonnen.«

Spätnachts bogen wir in den schmalen Weg zum Trailerpark. In dieser Nacht fiel es mir schwer, zur Ruhe zu kommen. Ich spürte die Verantwortung, die auf den Diné und anderen Indianerstämmen lag, und hatte das Gefühl, dass ein kleiner Teil auch auf meinen Schultern ruhte.

Einige Zeit später habe ich in alten Zeitungen und Archiven der Diné folgende Aussagen von Augenzeugen gefunden: *»Das Nächste, was ich hörte, war ein lauter Knall über meinem Kopf, dann folgte ein Flüstern. Es hörte sich an, als würde jemand vor meinem Haus sprechen. Ich ging nach draußen um zu sehen, was es war, und da standen zwei ältere weißhaarige Navajo-Männer. Ich bekam Angst und wollte wieder in das Haus gehen, als einer der beiden zu sprechen begann. Er sagte, habe keine Angst, wir sind hier, um dir zu helfen. Du weißt, warum wir hier sind.« (Sarah Begacy, Reportage aus der Salt Lake Tribune, 17. Mai 1996)*

»Teile der Warnungen betrafen die vier Heiligen Berge und die Tatsache, dass die Navajos weniger Opferungen durchführten, was zu einem Ungleichgewicht führt.« (Hopi Tutuveni, 14. Mai 1996)

»Die Alten (Holy People) waren gekommen, um zu fragen, wo all die Menschen waren. Niemand opferte mehr Blütenpollen, Mais und Steine an den Heiligen Plätzen.« (Gespräch aus den High Country News, 5. August 1996)

Bei den Hopi-Indianern fand ich ähnliche Prophezeiungen, die sich konkret auf das Jahr 2012 richten. Dort hieß es, dass diese große Reinigung durch das Zusammenwirken aller Elemente, Erde, Feuer, Wasser und Luft, stattfinden wird. Diese Reinigung wäre eine endgültige Befreiung des Geistes und würde kein physisches Leben zurücklassen. Im Glauben der Hopi haben sich die Menschen länger als bei den Diné in der vierten Welt befunden und steigen jetzt in die fünfte Dimension ab. Das Zeitalter der Menschen gilt als das mit dem empfindlichsten energetischen Gleichgewicht, das von dem Wissen um die anderen Zeitalter mit erhalten bleibt. Nur wenn der Mensch es versteht, das Wissen der anderen Welten zu erhalten und zu integrieren, es zu achten, wird er überleben können.

Meinen Lesern möchte ich sagen, dass es wichtig ist, nicht vor etwas Angst zu haben, das wir nur durch ein Leben ohne Angst verändern können. Immer wieder haben der Glaube an das Licht und die entsprechenden Taten Energien beeinflusst und Leben gerettet. Ich möchte Sie auffordern, nicht nur Licht zu denken oder Ihre Spiritualität auf das »Schicken von Licht« zu beschränken. Leben Sie das Licht, greifen Sie ein, wo es Handlungsbedarf gibt, schützen Sie aktiv die Schwachen und, wenn nötig, gehen Sie den indianischen Weg, verteidigen Sie das Licht. Es ist eine Zeit angebrochen, in der jeder Einzelne von uns seinen Glauben aktiv leben muss. Das feine energetische Gleichgewicht unseres Planeten reagiert in allen Welten und Ebenen auf praktiziertes Licht. Verändern Sie jeden Tag, indem Sie einem Menschen, einem Tier und einer Pflanze helfen. Nehmen Sie sich selbst nicht so wichtig. Ego in jeder Form beeinflusst die ausgleichenden Kräfte von Licht und Dunkel zum Negativen hin.

Wenige Tage später nach dem Gespräch mit meinem Lehrer trennte ich mich schweren Herzens von meiner Gastfamilie. Marvin, seine Frau, deren Kinder und meine Lehrer mit deren Familien begleiteten mich zum Flughafen. Kleine Geschenke wurden mir zugesteckt und Tränen kullerten auf beiden Seiten. Als ich mich aus der Umarmung von Marvins Frau löste, hängte sie mir einen kleinen silbernen Anhänger um den Hals, den ein Türkis zierte. Als ich ihn näher ansah, erkannte ich eine Rabenfeder, die auf den Stein graviert war. Der Stein lag heilend auf meinem Herzen. Langsam hob sich meine Stimmung und mein Herz fühlte sich leichter an. Mit einem Lied der Diné, das mir durch den Kopf ging, stieg ich in die Maschine.

Am nächsten Tag war ich wieder in Deutschland und musste mit all dem Wissen und den Energien, die ich aus dem Reservat mitgebracht hatte, erst im Alltag umgehen lernen. Meine Wahrnehmung war viel feiner und klarer geworden, mein Spüren für lichte und dunkle Kräfte um ein Vielfaches sensibler, auch meine Heilkräfte hatten sich verändert. Wo ich früher einfach nur glaubte, Energie geben zu müssen, erkannte ich nun den geistigen Ursprung des Problems, das, was ein Mensch zwischen sich und Gott legt. In der Tierkommunikation hatte sich eine neue Welt aufgetan. Ich konnte nun nicht nur besser mit den Tieren sprechen, sondern auch Kontakt zu deren Ahnen, Kraftplätzen und Lichtwesen aufnehmen.

Über die kommenden Monate normalisierte sich mein Leben. Dennoch verging kein Tag, an dem ich nicht an meine Lehrer, Marvin und die wahrhaft Göttliche Landschaft dachte, die ich hier schmerzlich vermisste. In den kommenden Jahren bin ich immer wieder zu meiner Ersatzfamilie gereist. Ich freute mich, dass keiner der Menschen, die ich liebte, zu altern schien, und jedes Mal war es, als hätte ich das Reservat nie verlassen. Sicher, manche Diné änderten sich. Marvin schenkte ich ein Handy, das er mangels Funknetz nie nutzte und Elena kochte pflichtbewusst in den von mir gebrachten Töpfen.

Sonst ist alles beim Alten geblieben. Das ist gut so.

Nachwort

Etwa ein halbes Jahr nach meiner Rückkehr aus dem Reservat ging ich in München im Englischen Garten spazieren. Meine beiden Hunde Cairo und Mercucio liefen frei und ich genoss den entspannten Spaziergang. Mein Handy klingelte, für einige Augenblicke war ich abgelenkt und verfolgte meine beiden Racker nicht. Als ich das Gespräch beendet hatte, war von beiden keine Spur zu sehen. Ich schloss die Augen, um die Richtung zu spüren, in die sie gelaufen waren. Einige Bilder, die ich empfing, lenkten mich auf einen Seitenweg, den ich entlanglief. Dann sah ich die beiden in einiger Entfernung umhertollen. Sie spielten mit einem alten Mann, der auf einer Parkbank saß und freundlich auf die beiden einsprach. Beim Näherkommen spürte ich Wärme in meiner Brust und ein Gefühl von Freude. Ohne Zweifel war es ein Indianer, der da mit meinen Hunden spielte. Sein weißes, langes Haar fiel in einem Zopf über die typische Jeanskluft und silberner Schmuck funkelte in der Sonne. Ich ging auf ihn zu und er begrüßte mich freundlich mit meinem Namen. Argwöhnisch betrachtete ich sein Gesicht, er kam mir bekannt vor und auch wieder nicht. Er reichte mir die Hand und stellte sich als Ben vor. »Ben für Benjamin«, erklärte er auf Deutsch.

Er sah Benjamin ähnlich, dem Benjamin, den ich auf den Mesas kennengelernt hatte, wenn sein Gesicht auch jünger wirkte und er weniger gebeugt saß. »Da ich mich leichter bewegen kann als du, dachte ich, du würdest dich über einen Besuch freuen.« Ein sanftes

Lächeln umspielte seine Augen. Er nahm meine Hand und ich stellte fest, dass Bens Hände erstaunlich »irdisch« waren. »Ich sehe, es ist alles in Ordnung.« Mit dieser Bemerkung stand er auf und verabschiedete sich. Langsam verschwand er hinter der nächsten Wegbiegung.

Meine Hunde Cairo und Mercucio hatten sich während unseres Gesprächs gesetzt, beide waren sehr ruhig geworden. Jetzt starrten sie in die Richtung, in die Ben verschwunden war. Ich setzte mich wieder auf die Bank, das Sonnenlicht fiel wärmend in mein Gesicht und ich hatte das Gefühl, sehr behütet zu sein.

GROSSER GEIST

Bin nicht mehr taub
Kann dich wieder hören
Die vierflügelige Libelle
flüstert mir zu
Wir sind Brüder
Ich hör deine Stimme
im Wind, in den Bäumen …
Ich laufe durch das hohe Gras
nicht mehr alleingelassen
mit Mutter Erde wieder vereint
Ich zog sie an mich
und hörte die Ameisen reden
die nie den alten Weg vergaßen …
Ich bringe die heiligen Steine

Tahca Isnala (Joe Rice), Akwesasne Notes, 1975

Anhang

Die wichtigsten Heiligen Rituale

Meinen interessierten Lesern möchte ich nachstehend einen Überblick über die bedeutendsten Rituale der Diné geben. Sie finden heute noch in den bezeichneten Gegenden statt und sind Rituale des Lichts und der Preisung Gottes. Je nach Vorbereitung steht es Reisenden offen, vor Ort an den Zeremonien teilzunehmen. Sie tragen einen großen Teil bei zur Transformation von belastenden Energien auf der Erde und haben den Sinn, das Licht für alle Menschen zu stärken.

Telji – Der Nachtgesang: Er findet in einem Canyon im Norden der Jemez Mountains statt, auch im Canyon de Chelly. Dies ist mittlerweile das beliebteste Navajo-Ritual und wird im ganzen Reservat zelebriert. Voraussetzung ist ein Priester, der das Ritual beherrscht, und Teilnehmer, die ein neuntägiges Ritual körperlich wie finanziell tragen können.

Tsilthkehji – Das Bergritual: Ein Ritus, der seinen Ursprung im Land der Apachen hat und nun überall im Diné-Reservat gegeben wird. Ein neuntägiges Ritual, das von einem Spender finanziert werden muss.

Atsah – Der Adlergesang: Ein Ritual, das auf Mount Taylor gegeben wird.

Yohe – Der Perlengesang: Ein selten gegebenes Ritual, das zwischen den Chuskai Mountains entlang des San Juan Rivers gegeben wird.

Nilthchiji – Der Windgesang: Ein bekanntes Ritual, das zwischen Chuskai und den Jemez Mountains gegeben wird.

Hozhone – Der Gesang der Schönheit: Der mystische Hintergrund zu diesem Ritual liegt im Mountain Chant. Dieser erzählt von zwei Schwestern. Eine heiratete den Bären und begründete auf diese Weise den Berggesang. Die andere heiratete die Schlange und begründete den Gesang der Schönheit. Dieser Gesang entwickelte sich im Süden des Lebensraums der Hopi und formte daraus den Schlangengesang. Heute finden die Rituale nördlich der Chuskai-Berge bis Ganado statt.

N' Dlohe – Gesang der Preisung: Der mystische Ursprung des Gesanges liegt östlich der Chuskai Mountains. Er gerät mittlerweile in Vergessenheit, da es keinen praktizierenden Priester mehr gibt.

Tohe – Der Wassergesang: Ein Ursprung des Gesanges liegt im Chaco Canyon und endet entlang des San Juan Rivers. Dieses Ritual ist dem Nachtgesang ähnlich, in dem es ein entsprechendes Sandbild gibt. Der Wassergesang wird auch im Land der Hopi praktiziert, wo er ebenso mehr und mehr in Vergessenheit gerät.

Etosi – Der Federgesang: Der Ursprung dieses Heiligen Gesanges liegt um den Pazifischen Ozean herum und zieht sich in den nördlichen Bereich des Lebensraumes der Diné. Ein weiterer Brauch, der in Vergessenheit gerät.

N' Dah – Der Squaw-Gesang: Der Ursprung dieses Gesanges geht auf den »Scalp Dance«, den Lobesgesang der Götter nach dem Töten von Monstern, zurück. Ein beliebtes Zeremoniell, das im ganzen Reservat gegeben wird.

Mah-IH – Coyotes Gesang: Ein Gesang, der seinen Ursprung auch auf die Gegend um den Pazifischen Ozean zurückführt und sich bis in den Canyon de Chelly ausgedehnt hat. Dieses Heilige Zeremoniell wird nun nah am Canyon de Chelly gegeben und weiter südwestlich. Das Ritual gerät in Vergessenheit.

Willachee – Der Gesang der Roten Ameise: Das Ritual wurde ursprünglich an der Grenze zum Hopi-Reservat gegeben und hat sich von dort über das Gebiet der Navachos verbreitet.

Beshe – Der Gesang des Messers: Ein seltenes Ritual, das seinen Ursprung im Gesang der Schönheit hat.

Nahtohe – Shooting Chant: Eine neuntägige Zeremonie, die häufig mit den Ritualen des Mountain Chants verbunden wird. Sie hat ihren Ursprung in den Schöpfungsmythen der Diné und ist weit über das Reservat verbreitet.

Tsaha – Der Eulengesang: Ein Ritual, von dem angenommen wird, dass es nicht mehr praktiziert wird.

Hanelthnayhe – Der Gesang der Abwehr: Ein kurzes Ritual, das zur Bekämpfung von negativen Energien und Hexenkraft genutzt wurde.

Hozhonji – Der Gesang des Segens: Ein ursprünglich kurzes Ritual, das heute in Verbindung mit Sandmalereien im ganzen Reservat gegeben wird. Aufgrund seiner großen Ausdruckskraft hat es heute die ursprünglich gegebene Länge von drei Tagen überschritten und wird als beliebtes Ritual oft mit anderen Gesängen verbunden.

Sontsoji – Gesang des Großen Sterns: Ein Ritual, das sich mit den Sternen befasst und seinen Ursprung nahe den Chuskai Mountains hat.

Glossar

Calling God heißt in der Sprache der Navahos Hashchèèoghaan und ist identisch mit Yellow Body.

Dimensionen sind Ebenen der Existenz, die sowohl unabhängig von Zeit und Raum als auch von unserem Planeten sind. Tiere und Menschen existieren in unterschiedlichen Dimensionen.

Engel sind in allen Kulturen bekannt und haben ihren geschichtlichen Ursprung im Nahen Osten. Dort hat man diese ausschließlich feinstofflichen Wesen als Vorboten Gottes auf Erden verehrt und noch immer sind sie weltweit die direkte Verbindung zu unserem Schöpfer. Es gibt viele Tausend Engelwelten, die von den sieben Erzengeln und deren Schöpferwesen, den sieben Elohim oder Schöpfungsstrahlen, regiert werden. Auch die Tiere, Pflanzen und Steine sind wie in der Genesis beschrieben von diesen Wesen erschaffen worden. Engel sind nicht an eine Religion gebunden. Der Erzengel, dem die Kommunikation mit Tieren untersteht, ist Uriel.

Gott auch Schöpfer, Allah oder Jehova genannt. Nicht personifizierter Ursprung allen Lebens.

Hohes Selbst bezeichnet das Überbewusstsein, das als Vermittler zwischen dem auf der Erde inkarnierten Wesen und der Seele wirkt.

Karma bezeichnet einen Mangel an Liebe oder eine unvollkommene Verbindung zur Einheit, also Gott. Karma wird hauptsächlich durch Emotionen und Gedanken des letzten Lebens in dieses Leben übernommen. Karma führt den Gedanken des Ausgleichs lebensübergreifend weiter. Es ist eine Folge der Abtrennung und ermöglicht es, sich selbst auf dem Weg zur Einheit als Göttliches Wesen zu erfahren.

Morphogenetisches Feld bezeichnet von Menschen und Tieren produzierte Energiefelder, die sich mit dem kollektiven Wissen der Erde verbinden.

Pranaatmung: siehe nächste Seite

Pranakanal: Energetischer Kanal, der entlang der Wirbelsäule verläuft und die Chakren mit Prana speist.

Schwingung kann hoch (positiv) oder niedrig (negativ) sein. Je höher etwas »schwingt«, desto lichter, spirituell entwickelter ist das Wesen. Die höchste Schwingung wird durch Gott dargestellt.

Sephirot: Einteilungen im kabbalistischen Lebensbaum. Die zehn Sephirot bilden innerhalb des jüdischen Mystizismus wichtige Punkte in der menschlichen Entwicklung. Die einzelnen Sephirot werden über 22 »Pfade« erreicht, die jeweils einen Weg der spirituellen Entwicklung darstellen.

Talking God: Einer der wichtigsten Götter im Glauben der Navahos. Man nennt ihn auch sanfter Redner oder »Yei bi Chei« in der Sprache der Diné. Er ist ein Helfer und Fürsprecher der Menschheit und der Hüter der Geheimnisse der Erde. Ihm ist der Nachtgesang, eines der längsten Rituale, gewidmet. Wegen seiner Liebe für die Menschen und Fürsorglichkeit um deren Wohlergehen wird er auch als einer der Großväter der anderen Götter gesehen. Für die Navahos manifestiert sich Talking God in einem Singvogel, »Bluebird« (Hüttensänger), und führt die Menschen durch seine Anwesenheit.

Die Pranaatmung

Sie sollten diese Übung täglich mindestens einmal durchführen. Um optimale Ergebnisse zu erzielen, sollten Sie Ihre tägliche spirituelle Praxis damit beginnen. Die Übung dient zur Erdung und Zentrierung unseres Bewusstseins und hilft dabei, sich in einen ruhigen und konzentrierten Zustand zu bringen.

- Setzen Sie sich bequem auf einen Stuhl und schließen Sie die Augen.

- Atmen Sie nun im Kronenchakra Licht/Prana ein und im Wurzelchakra aus. Wiederholen Sie dies mindestens 15-mal.
- Atmen Sie nun im Wurzelchakra Licht/Prana ein und im Kronenchakra aus. Wiederholen Sie auch dies mindestens 15-mal.
- Atmen Sie nun immer abwechselnd im Kronenchakra Prana ein und im Wurzelchakra aus und im Wurzelchakra ein und im Kronenchakra aus. Wiederholen Sie dies mindestens 20-mal.
- Atmen Sie nun gleichzeitig im Kronen- und im Wurzelchakra ein und lassen Sie das Licht im Herzchakra zusammenfließen. Lassen Sie zu, dass es sich dort einen Augenblick sammelt, und atmen Sie das Licht dann durch das vordere und hintere Herzchakra aus.
- Stellen Sie sich vor, dass Sie mit dem ausgeatmeten Licht Ihre Aura dehnen. Wiederholen Sie diese Übung mindestens 10-mal.

Bildhinweise

Seite 19: Ein Heilger Red-Wood-Baum. Durch den Baum sprechen die Wesen aus den höheren Welten mit den Menschen. Rechte bei der Autorin

Seite 25: Porträt eines jungen Navajo. Der aus Muscheln gemachte Schmuck wird vom Vater an den Sohn vererbt, ca. 1900. Rechte bei Harold Carey

Seite 30: Elephant Butte in Monument Valley. Bei genauem Hinsehen kann man drei Höhlen erkennen. Im Glauben der Navajos manifestieren sich Holy People in den Höhlen und nutzen diese als Eintrittspforte für unsere Welt. Rechte bei der Autorin

Seite 35: Aufbau eines traditionellen Sandbildes für ein Ritual, ca. 1900. Rechte bei Harold Carey

Seite 40: Das Weben der Teppiche ist traditionell Aufgabe der Frauen. Ihre Aufgabe ist es auch, die alten Muster von einer Generation in die nächste zu überliefern. Um 1900, von Edward Curtis

Seite 81: Three Sisters, eine Heilige Bergformation in Monument Valley. Rechte bei der Autorin

Seite 92: Junge Indianerin, um 1900, von Edward Curtis

Seite 97: Ein Navajo-Singer beim Aufbau von Licht. Foto ca. 1900. Rechte bei Harold Carey

Seite 111: Yei bi Chei und Totem Pol, der Göttersitz. Foto der Autorin

Seite 126: Winterhogan, ca. 1900, von Edward Curtis

Seite 145: Der Beginn eines Rituals, ca. 1900, von Edward Curtis

Seite 155: Ein Winterhogan von innen. Die Bauweise im Winter ist massiver als die eines Sommerhogan. Fotograf unbekannt, ca. 1900

Seite 169: Navajo mit Ritualmaske, ca. 1900, von Edward Curtis

Seite 189: Mädchen vom Stamm der Ogalala, 1907, von Edward Curtis

Seite 208: Traditioneller Lebensraum, ca. 1900, von Edward Curtis

Seite 223: Navajo-Männer nehmen mit der Verkleidung die Energie der Götter auf. Diese Verbindung wird derart stark, dass der Mensch dahinter nicht mehr zu spüren ist. Foto ca. 1900. Rechte bei Harold Carey

Seite 231: Häuptling Two Strike vom Stamm der Brules, 1907, von Edward Curtis

Seite 238: Zum Sonnenuntergang öffnet sich der Übergang zwischen den Welten. Zu dieser Zeit verlassen viele Seelen die Erde und neue Seelen treten ein, um geboren zu werden. Rechte bei der Autorin

Literaturhinweise

Barbara Ann Brennan: Lichtarbeit, Verlag: Goldmann (1998)
(ISBN-10: 3442141516, ISBN-13: 978–3442141517)

Stephen Hawking: Das Universum in der Nussschale, Verlag: dtv (2004)
(ISBN-10: 3423330902, ISBN-13: 978–3423330909)

Jiddu Krishnamurti: Einbruch in die Freiheit, Verlag: Integral (2001)
(ISBN-10: 3548740448, ISBN-13: 978–3548740447)

Michael Laitman: Quantum Kabbala, Verlag: Allegria (2007)
(ISBN-10: 3793421058, ISBN-13: 978–3793421054)

Nicole Schöfmann: Hundeflüstern, Verlag: Allegria (2007)
(ISBN-10: 3793420906, ISBN-13: 978–3793420903)

Nicole Schöfmann: Katzenflüstern, Verlag: Allegria (2006)
(ISBN-10: 3793420337, ISBN-13: 978–3793420330)

Kontakt für Fragen, Readings und Ausbildungen

Für Menschen: info@sunriseschule.de/www.sunriseschule.de

Für Tiere: info@tiermedium.de/ www.tiermedium.de

Postadresse: Die Sunrise Schule, Postfach 201746, 20207 Hamburg

Telefonzentrale: Die Sunrise Schule Hamburg
Telefon: + 49 40 88150899
Das Büro ist täglich von 9 bis 10. 30 Uhr und 19. 30 Uhr bis 20 Uhr besetzt.

Die Sunrise Schulen
Hier haben Sie die Möglichkeit, Workshops, Seminare und Ausbildungen zu spirituellen Themen wie z. B. Indianischer Lichtarbeit, Tierkommunikation oder Lichtheilung zu absolvieren. Weiterhin bieten wir ein umfangreiches Programm im Bereich der Heilung, Fortbildung und spiritueller Reisen an.

Das Master Teacher Programm
Das Programm wurde für alle ausgebildeten Lehrer der Sunrise Schule konzipiert.

Ziel dieser Ausbildung ist, den Absolventen der Sunrise Schulen die Möglichkeit und Fähigkeit zu vermitteln, selbstständig Schulungen durchzuführen und Schüler auszubilden. Die Sunrise Schule vermittelt Spiritualität mit einem einzigartigen Spektrum an Wissen von Licht und Energieaufbau und möchte dies an eine stetig wachsende Zahl von Teilnehmern weitergeben.

Weitere Informationen erhalten Sie im Internet und über die oben genannte Adresse.

Bezugsquellen
Feinstes Räucherwerk, ausgewählte Bücher und Edelsteine erhalten Sie über den Versand der Sunrise Schule:
info@sunrise-shop.com/www.sunrise-shop.com
Telefon: 0221–3976 0831